JN069424

City Soul 2

1970s-2020s

シティ・ポップと楽しむ　ソウル、AOR＆ブルー・アイド・ソウル

DU BOOKS

はじめに 「本書ならではの選曲で、音楽的好奇心を刺激する」

■ 時代の音楽を表した、 シティ・ソウルというキーワード

『シティ・ソウル ディスクガイド』の前巻、Vol.1を出したのは2018年の5月でした。長く続く80sリヴァイヴァルにより、音楽シーンにおけるサウンドやスタイルの流行りが劇的に、大きく変わったこと。そして、世界的なAOR〜ヨット・ロック・ブームと、それとも関連する日本のシティ・ポップ・ブームの驚くほどの盛り上がり。僕には音楽が、それを取り巻く状況が、これまでとは激変したように感じられました。そこで、新しい時代に合った洋楽ガイドをと考え、思いついたのがシティ・ソウルというキーワードです。

シティ・ソウルという言葉は、以前から音楽メディアやレコード店では目にするものですが、明確な定義はありません（世界的にも同じです）。本書では以下のようにゆるく定義しています。

1、制作者の深い音楽知識、リスニング体験をもとに、ソウルとジャズ、ロックなどの<u>クロスオーヴァーにより生みだされる洗練されたポップ・ミュージック</u>。

2、ヒップホップが世界の音楽シーンの中心にあるいまの観点でセレクトした、<u>ヒップホップ世代にも受け入れられる、ある種のグルーヴを備えた作品</u>。

そうして、いまの音楽シーンに特に合うソウル、AOR ＆ ブルー・アイド・ソウルをあらためて紹介したのが『シティ・ソウルディスクガイド』でした。おかげさまでこの本は、多く方にご購読いただきました。本と同じコンセプトのコンピレーションCDもシリーズで発売され、また音楽配信サイト、Spotifyの公式プレイリスト『CitySoul』（僕が選曲しています）はフォロワーが10,000人を越え、やはり多くの方に楽しまれています。

そのような多くのご好評に後押しされる形で、この続巻『シティ・ソウル ディスクガイド2』を刊行することになりました。

■ ブギー、アンビエント、アジア、 3つの新たなキーワード

前巻の刊行から約2年半が過ぎたいま、変わらず80sリヴァイヴァルと、日本のシティ・ポップ・ブームは継続中です。が、新たなドレンドも生まれました。ひとつは、ブギーと呼ばれる主に80年代に流行った、ファンク、ディスコの発展形となるダンス・ビートの人気が再燃していること。2010年代の初めから世界的にはリヴァイヴァルしていたブギー人気が、シティ・ポップ人気から派生する形で日本でも火がついたという状況で、より広範囲に渡り80年代の作品が振り返られるようになりました。もうひとつは、アンビエント〜ニュー・エイジ人気の盛り上がりです。こちらも海外の動き

が日本でも定着した形で、アンビエント作品そのものに加え、アンビエント的な要素のある歌モノやインスト作品も人気を博しています。ですので今回は新たに、ブギーと、アンビエントというキーワードも重視して選曲・選盤を行っています。

そして、これは近年のトピックですが、アジア、特に台湾や韓国のもので本書で紹介したいと思う作品が増えています。ただそれは、配信サーヴィスの普及で彼らの作品をやっと容易に聴けるようになった、僕らがようやくアジアの作品のすごさに気づいた、ということでもあります。欧米在住のアーティストでもアジア系の才能は増えていて、本書では厳選して「アジア」の好作も取り上げています。

もうひとつ、ここに記しておきたいのは、1992～2014年の作品掲載が極端に少ないことについて。2010年代以降の音楽シーンは、特に70年代末～80年代の音楽シーンの影響が大きいもの。90年代～00年代の作品の多くとは音楽性に大きな相違があり、いまこの年代の作品を積極的に振り返りたいと思わない。というのは、ライターのみなさんにも共通する思いのようで、皆でリストアップした結果、この年代の作品が少なくなっている点はご容赦ください。個人的には、ヒップホップのサンプリング文化も影響した、シミュレーショニズムが幅を利かせた90～00年代の作品の多くは、2010年代以降の時代の気分に合わない点が

多々あると思い、この年代の作品についてはいつかまた別の場所で取り上げてみたいと考えています。

■ 定番人気作ばかりではない
　ライター各人こだわりの選曲

前巻同様に本書では、アルバム名に加えて、いま最もおすすめしたいという曲のタイトルも大きく記しています。アルバムの中には、古くさいと感じる曲もあるはず、なのでまずはそのおすすめ曲から聴いて、それが気に入れば次の曲…と聴き進めてもらうと、お気に入りとなる作品に出会いやすいはずです。

選曲・選盤は今回、僕が半数ほどを挙げ、残りはライターのみなさんにリストアップしてもらいました（特に、前巻刊行直後から選曲を始めていただいた福田直木さんには御礼申し上げます）。全曲ではありませんが、選曲をされた方が解説文も書いています。前巻同様に、人気、評価ともに高い盤ばかりの紹介になるのを避けるため、選曲基準は本書独特のものになっていますこと、ご了解ください。

それでは、前巻同様に音色とBPMにこだわり選んだおすすめ曲を、存分にお楽しみください。

小渕 晃

Contents

収録アルバム名 ···
(オリジナル・アルバムに未収録の場合は、
not on albumと記しています)

発売年 ···
(アーティストの母国で
発売された年を記しています)

··· アーティスト名
(ジャケットの表記に準じています)

レーベル名 ···
(基本的にはアーティストの母国で発売されたものをオリジナル盤と
みなし、発売元となったレーベルを記しています。自主制作などの
理由でレーベル配給がない場合は、not on labelと記しています)

··· 本書が最も
おすすめする曲名

● Lava ● Give It Up

● Cruisin'   Polydor 1981

今も現役で活動を続けるノルウェイの腕利き集団。80
年の1stはインストのフュージョン作だったが、メン
バー・チェンジして出したこの2ndからは歌モノも増え
た。クールな女性Vo.をフィーチャーした"Give It Up"
は、ウォーキング・テンポの16ビートに軽やかなカッティ
ング・ギターと隠し味となるシンセが絡む、とにかく心
地いいメロウ・グルーヴの絶品。海辺の街が多い北欧の
AORにはクルージング・チューンが欠かせないが、こ
の曲がその雛形になったと言いたくなるほどの名曲、名
アレンジ、名演だ。同じ女性が歌う"Easy Come,
Easy Go"、男性Vo.による"Sunday Morning"、そ
してその名も"Cruisin"もそれぞれに素晴らしい。圧倒
的No.1の本作以降はまたパワフルな曲も増えていくが、
84年の『Fire』にはランディ・クロウフォードを招いた
メロウな好曲"You"があったりと、アルバム毎に好曲が
潜んでいるのでどれも要チェック。   小渕 ●

● ①Take Your Time ②Give It Up ③Sunday Morning ④Hideaway ⑤The Ratter ⑥Cruisin ⑦Easy Come,
Easy Go ⑧Sky Rocket ⑨Tears In Your Eyes

··· アルバム収録曲名
(アーティストの母国で発売されたオリジナル盤のものを記しています)

執筆したライター名 ···

··· 収録アルバム、ないしはシングル盤のジャケット
(アーティストの母国で発売されたオリジナル盤のものを掲載しています)

鳥山雄司 ＋ 神保彰 ＋ 和泉弘隆 ＝ PYRAMID

日本を代表するミュージシャン／プロデューサー 3 人に聞く
「クロスオーヴァー」と「洗練」。

シティ・ソウルは、クロスオーヴァーと洗練をキーワードに、音色とBPM（テンポ）を重視して選曲、紹介している音楽ガイド。それぞれが日本を代表するミュージシャンである3人に聞いたのは、リアルタイムで体験してきた彼らだからこそ話せるクロスオーヴァー〜シティ・ソウルのはじまりについて。そして、音楽の洗練、進化し続けるサウンドとテンポについての考察だ。海外のアーティストと並んで、自らがクロスオーヴァー・ミュージックの歴史をつくってきたレジェンドたちの言葉に耳を傾けたい。
インタヴュー・文：小渕 晃

■ 70年代半ば、クロスオーヴァーの時代

　「大阪の友達の息子さんが、打ち込みで音楽をつくっているんです、妹さんが歌って。驚いたのは、アイアート・モレイラといった70年代のディープなところを、レコードを聴き、かっこいいと感じて、耳コピして打ち込んでるって言うんです。音楽的な理論はなにも知らないわけで、聴こえてくる音だけで判断して、全部やっている。そういう20代から30代前半の人たちがすごく増えているなって、最近感じます」
　近年のシティ・ポップ〜クロスオーヴァー

で洗練されたポップ・ミュージックの世界的な盛り上がりをフォローする本ですと、本書について説明すると、鳥山雄司はまず上記のエピソードを語った。鳥山を始め、神保彰も和泉弘隆も日本を代表するトップ・ミュージシャンであるばかりでなく、アレンジャー／プロデューサーとしても優れた音楽家であり、音楽シーンの動向は意識せずとも常に理解している。3人はいまの、新しい時代のクロスオーヴァーな音楽シーンの盛り上がりを、楽しんでいるようだ。
鳥山「PCがない、YouTubeがない時代は、この演奏はどのようにやっているんだろ

うって、耳だけで情報を得るしかなかった。ドラムだったら、このフィルインはどういう手順で叩いてるんだろうと、そこから自分で研究しなければいけなかったし、ギターだったら、この音は2弦なのか3弦なのかというところから、指づかいまで研究する必要があった。だからぼくらの世代とは全くベクトルが違う世代が、いまは活躍している」

── 耳コピを、1日に何時間もしていたことで得たものは、とても大きかったと思うのですが。

神保「ただ実は、正しくコピーできてなかったりしたんです（笑）。想像でやっていたから、全く違う指使いだったり、手順にしていたり。でも、それはそれで、自分なりのオリジナル・テクニックに繋がっていったりしましたよね」

── みなさんは、洋楽か邦楽か、ロックかソウルか、などと音楽を分けて聞いていましたか？

鳥山「それは人によって、家庭環境もすごく影響する話だと思いますが、ウチは（同じギタリストだった）父親がハワイアンとジャズをすごく聴いていたんです。なので基本的に歌謡曲はダメという家で。ただ子供の頃はグループ・サウンズが流行っていて、バンドでやってるのをTVで観るとかっこいいんですね。それでも、日本語が載ってる音楽にすごく抵抗があって、インストゥルメンタルかクラシック、ジャズか、ハワイアン、アメリカン・ポップスを聴いていました。そこがスタート地点になっているので、ふたりとは全然バックグラウンドが違うんですけど。中学、高校になって仲間ができて、これ知ってる？って教え合うようになっても、洋楽を聴く一派にいて。当時の流行りだったフォーク・ソングは聴かなかった。僕の周りには、なんでも聴くという人はいなかったんじゃないかな」

和泉「僕の家は、父親が日曜日になると午前中から、大音量でクラシックのシンフォニーか何かをレコードでかけていた。かと思えば急に歌謡曲にはまって、いしだあゆみさんの"ブルー・ライト・ヨコハマ"や、森繁久弥さんの"知床旅情"なども聴いていました。僕がそれをピアノでコピーして弾くと、10円もらえたりね（笑）。それで演奏できる曲のメニューをつくって、難しい曲は20円にしたり。ピアノは小さな頃に始めたんですけど、加山雄三さんの"お嫁においで"っていう曲は、知り合いにもらったウクレレでコードを覚えたんです。そうしてウクレレのコードをピアノに置き換えて学んだ。すると、リズムは全部ビギン（ラテン音楽のスタイルのひとつ）でいいから、歌謡曲はもう全部弾けるぞって。それからは音楽が急に、もっとおもしろくなりました。小学校の時はギターを掻き鳴らしていた。カレッジ・フォークの時代でね。でも鍵盤男子が少なかったので、中学からはオルガン弾けとかピアノ弾けとか、やらされてるうちにだんだんロックにハマって。高校に入るあたりからはジャズにどっぷりなんですけど。だからルーツに、歌謡曲はあるのかな」

神保「僕もグループ・サウンズが、小学校低学年の頃にあって。当時、日本中を席巻したんですよ。グループで、大勢でステージに出てくるのが、それまではあまりなくて、楽器ってかっこいいなと。特に僕はドラムに目がいったんですけど。本格的に音楽を始めたのは高校に入ってから。スティーヴ・ガッドとハーヴィ・メイソンのふたりを軸に、いろいろな音楽を聴いていきました。スティーヴさんは70年代80年代のニューヨークの音楽シーンで、スタジオ・ミュージシャンとして引っ張りだこの人気で、ありとあらゆるセッションに参加していたドラマー。同じ時期に西海岸では、ハーヴィさんがやはりありとあらゆるセッションに参加していた。僕はレコード・ジャケットの裏のパーソネルを見て、スティーヴさんとハーヴィさんの名前が載っているものは全部、手当たり次第聴くってことをやっていた。そうすると、ありとあらゆる音楽が自然に聴けたんです。ふたりとも、チャートのトップに入るような曲でも演奏しているし、すごくコアなジャズもやっている。

そんなふたりのドラマーを軸に音楽を聴いたことで、あまりジャンルというものにとらわれず、いろいろなものを聴けた気がします。その中でシティ・ソウル的なというと、まずはスティーリー・ダンの『Aja』ですね。タイトル曲のトラックがもう衝撃的で、すごくポップな曲だけど、7分もあって…」

鳥山「途中からポップじゃなくなるんだよね」

神保「そう、途中からすごい展開になって、どうなっちゃうの？という曲なんですけど。スティーヴ・ガッドの名演はいくつもあり

ますが、この曲でのプレイは初期を代表する名演のひとつですね。ウェザー・リポートのウェイン・ショーターが、ポップスでサックスを吹いている、というのも衝撃的でした」

鳥山「ポール・サイモンの『One-Trick Pony』は、スティーヴ・ガッドやエリック・ゲイル、リチャード・ティーといった、スタッフの面々とほぼ全てをやっているアルバムで。スティーリー・ダンだけではなく、アメリカではもっとトラディショナルな音楽をやっている人たちも、ジャズとのクロス

鳥山雄司（とりやま ゆうじ）

1959年生まれ。ギタリスト、アレンジャー、プロデューサー。1981年、大学在学中にデビュー・アルバムを発表。80年代にリリースしたソロ・アルバムは特にいま、世界中で人気が高い。また80年代に演奏、アレンジ、プロデュースで関与した、CINDY、彩恵津子、秋元薫、和田加奈子、崎谷健次郎らの作品は現在のシティ・ポップ・ブームの下、やはり再評価が進んでいる。90年代以降は、TV番組『世界遺産』のテーマ曲「The Song of Life」を始め多くのヒット、人気曲を生みながら、ギタリストとしてもトップであり続け、アレンジャー、プロデューサーとしても松田聖子、吉田拓郎、葉加瀬太郎など、幅広いジャンルのアーティストを数多く手がけている。
http://www.toriyamayuji.com

recommended discs

late 70s - early 80s

Gene Dunlap
Party In Me
(Capitol) 81

Rickie Lee Jones
Rickie Lee Jones
(Warner Bros.) 79

George Duke
Dream On
(Epic) 82

Quincy Jones
Sounds…
And Stuff Like That!!
(A&M) 78

Patti Austin
Every Home Should
Have One
(Qwest) 81

2017 -

Tom Misch
Geography
(Beyond The Groove) 18

Disclosure
Energy
(Island) 20

The Chainsmokers
Memories…
Do Not Open
(Disruptor) 17

J.Lamotta Suzume
Brand New Choice
(Jakarta) 20

Cory Wong
Elevator Music For An
Elevated Mood
(no label) 20

オーヴァーをどんどん進めていて、それも
当時すごく衝撃的で」

神保「ハーヴィ・メイソンは、マーリナ・ショ
ウ『Who Is This Bitch, Anyway?』での
プレイが印象的でしたね」

鳥山「あのアルバム、かっこいいよね。ラ
リー・カールトンもジョー・サンプルもやっ
ているし」

—— クロスオーヴァーで、洗練された、そ
ういった音楽をやりたいと思うきっかけに
なった作品は、何でしたか。

鳥山「この3人はみんなそうだと思うんです
けど、デオダートという、ブラジルのアレ
ンジャーで、後にはアーティストになった
人がいて、"Also Sprach Zarathustra
(2001)" や "Rhapsody In Blue" などと、
クラシックをポップスにして聴かせた人で
す。CTIという、名物プロデューサーのクリー
ド・テイラーが立ち上げたレーベルの目玉
として、ボブ・ジェイムズと並んで、ブラ
ジル人がアメリカの市場にポンと投げ込ま
れ、それでつくったという感じのね。クロ
スオーヴァーの本当のハシリで、クラシッ
ク、ジャズ、ソウル、ロックを全部混ぜて
いた。そういった曲が、6、7分ある長いも
のだったけど、当時開局したばかりの
TOKYO FMでヘヴィローテーションされて
いました。(FMだからモノラルではなく)
ステレオで聴ける、いい音だって、テープ
レコーダーを繋いで録音していましたね。
エアチェックというのをみんながしていた
時代。

　とにかくデオダートをかけまくっていた
んです。当時のTOKYO FMは歌謡曲はか
けなくて、ジャズばかりかけていた。その
選曲に洗脳されたというのが、世代的に間
違いなくありますね。ラジオでそこまでか
かると、それはもうかっこいいものになる
んです。だから最初は、CTIはレーベル・
カラーがすごく強かったので、CTIのよう
な音楽をやりたいと思いましたね。

　もうひとつは、ウチにはクインシー・
ジョーンズのレコードが多くあったんです
けど、彼がブラザーズ・ジョンソンをフィー

connected
discs
part 1

Paul Simon
One-Trick Pony
(Warner Bros.) 80

Stuff
Stuff
(Warner Bros.) 76

Marlena Shaw
Who Is This Bitch,
Anyway?
(Blue Note) 75

Deodato
Prelude
(CTI) 73

Quincy Jones
Mellow Madness
(A&M) 75

Jeff Beck
Blow By Blow
(Epic) 75

Average White Band
Shine
(Arista) 80

Boz Scaggs
Middle Man
(Columbia) 80

Don Sebesky
The Rape Of El Morro
(CTI) 75

鳥山雄司 ＋ 神保彰 ＋ 和泉弘隆 ＝ PYRAMID

チャーしてつくった『Mellow Madness』。それまでドラムはグラディ・テイトとかでしたけど、ここで初めてハーヴィ・メイソンを使って、ブラザーズ・ジョンソンが入ってきて、すごくファンクだなと感じて。これは、レーベルはA&Mなんです、まだクリード・テイラーがいた時代の。それでクリードがA&Mを抜けると、後にクインシーも自らクウェスト・レコードを立ち上げて。そこでもう、何か直感的に、こういうレーベルのサウンドがいいと確信したんですね。クウェストとCTIと、アリスタ。アリスタはブレッカー・ブラザーズがいて、とにかくハードコアな、ファンクとジャズが混ざったような作品ばかり出していたので。なので僕は、こういうレーベルのものをつくりたいと、好きなレーベルが指針になっていました。高校2年の頃です。

高1の時は、まだジェフ・ベック大好きといった感じで。彼の『Blow By Blow』は、マハヴィシュヌ・オーケストラに影響されたものですけど、ファンクとロックとジャズを混ぜていて。あのアルバムで、当時ロッ

クの人たちがクロスオーヴァーにドーンと流れたのは間違いない。スティーヴィ・ワンダーが"哀しみの恋人達（Cause We've Ended As Lovers）"という曲を書いているけど、スティーヴィとジェフ・ベックって『Talking Book』からの付き合いだから、長いんですね。だから、ロックとソウルの垣根を取り払ったジェフ・ベックとスティーヴィ・ワンダー、という事実があって。まあマーケティング的にもすごくうまく乗せられて（笑）、当時僕らはクロスオーヴァーに流れていったんです」

■ レーベル・パワーが名作を生み、
　クロスオーヴァー・ミュージックを
　発展させた

神保「CTIの手法っていうのはやはりすごく斬新でしたね。それまでレーベル・カラーといった、ジャケットのデザイン性にまでこだわってやってた人たちっていなかったと思うんです。ブルー・ノート・レコードは頑張っていたけど。サウンドも、ルディ・

神保 彰（じんぼ あきら）

1959年生まれ。ドラマー、アレンジャー、プロデューサー。1980年、大学在学中にCASIOPEAに加入。1986年にはソロ・アルバムのリリースも開始。1989年には秋元薫、国分友里恵らとSHAMBARAを組みアルバムを発表。シティ・ポップ再評価の中で大変な人気を誇る作品となっている。90年代以降はさまざまなユニットで世界を舞台に活動しつつ、ワンマンオーケストラも推進。世界のトップ・ドラマーを紹介するサイト『DRUMMERWORLD』に名前の乗る日本人ふたりの内のひとり。2011年からは国立音楽大学ジャズ専修客員教授も務めている。
http://akira-jimbo.uh-oh.jp/index.html

recommended discs

Earth, Wind & Fire
All 'N All
(Columbia) 77

Earth, Wind & Fire
I Am
(ARC) 79

Steely Dan
Aja
(ABC) 77

Steely Dan
Gaucho
(MCA) 80

Donald Fagen
The Nightfly
(Warner Bros.) 82

ヴァン・ゲルダーっていうブルー・ノートのサウンドをつくった、エンジニアの神様みたいな人を引っ張ってきて」

鳥山「ルディ・ヴァン・ゲルダーはCTIでは、エンジニアだけじゃなくてマスタリングもしていましたね。ミックスもマスタリングもヴァン・ゲルダーという盤が名盤とされていて。彼がマスタリングしたアルバムのヴィニール（アナログ盤）には、その名前が刻印されている」

―― CTIのレコードは、ヒップホップでサンプリングされまくったんですけど、ドラムがファットで、独特なサウンドですよね。

鳥山「ボブ・ジェイムズが演った"Take Me To The Mardi Gras"とか、あのイントロは格好のネタですね。リヴァーブ感とか独特で。それまでのジャズのレコードは、天井の低い、学校の教室で録ってますといったサウンドだったのが、すごく天井の高い、抜けが良いところで録ったような、奥行きのあるサウンドになっていて。明るいですよ」

和泉「あとはCTIといったら、ドン・セベス キーの存在。後になって彼が書いたアレンジについての本が出て、そこに出てくる例が、みんなCTIのアルバムで。斬新なことを、いきなりレコードで試しちゃうという人で、僕も後からずいぶん追っかけたんですけど。CTIは、彼の功績も大きいのかなと」

鳥山「ジム・ホールの有名な"アランフエス協奏曲（Concierto De Aranjuez）"もね、ドン・セベスキーの存在なしではなかった曲」

神保「以前だったら、スタジオにいるミュージシャン同士の会話から、ヘッド・アレンジでつくってたような曲でも、ちゃんとアレンジャーが入って、しっかりプロデュースされたサウンドになっているんですね、CTIは」

鳥山「だから80年代までの、70年代の混沌から生まれてきた、我々が洗礼を受けた作品って、レーベル・パワーがすごいんです。なのでCTIを揃えて、アリスタを揃えて聴くという感じで。そこに1枚だけEMIやアトランティックのものが入ってくる、という

和泉 弘隆（いずみ ひろたか）

1958年生まれ。キーボーディスト、アレンジャー、プロデューサー。高校在学中にナイト・クラブなどでの演奏を始め、レコーディングにも参加し始める。1982年、THE SQUARE（現T-SQUARE）に加入、1998年に退団するまでに30枚以上のアルバム制作に関与。グループの代表曲である「OMENS OF LOVE」や「宝島」を始めとした多くの曲の作曲、アレンジも担った。1988年には初のリーダー・アルバムを、1997年にはソロ・ピアノ・アルバムをリリース。ソロや、さまざまなユニットでの活動と並行して、他のアーティストやサウンドトラック（TV、ゲームなど）への作品提供、アレンジ、プロデュースも手がけている。
https://mistyfountain.com

recommended discs

Bill LaBounty
Bill LaBounty
(Curb) 82

Randy Goodrum
Fool's Paradise
(Polydor) 82

Ned Doheny
Life After Romance
(Geronimo) 88

Valerie Carter
Wild Child
(ARC) 78

Mark-Almond
Other Peoples Rooms
(Horizon) 78

ことはなかった」

神保「アリスタで印象に残っているのは、アヴェレイジ・ホワイト・バンドの『Shine』ですね。デイヴィッド・フォスターがプロデュースしているアルバムで、とにかく1曲目から最後までハズレがない。曲の粒が揃ってて、"Whatcha' Gonna Do For Me"のオリジナル・ヴァージョンもある。すごい名盤だなって、当時はそればっかり聴いていた記憶があります」

鳥山「デイヴィッドさんとは、一度仕事してるんです。ニール・セダカの娘さんのデラ・セダカが、日本の映画の主題歌を歌うってことで、プロデューサーのデイヴィッドも日本に来て。マイク・ベアード、ニール・スチューベンハウスとマイケル・ランドウに、もうひとりギターが欲しいからお前こい！って呼ばれて、『夜のヒットスタジオ』かなにかで弾いたんです。まだジェイ・グレイドンの方が有名だった頃」

神保「デイヴィッド・フォスターがプロデュースした作品には、彼の色が強く出ますよね。アヴェレイジ・ホワイト・バンドのドラマーだったスティーヴ・フェローンと会った時、僕が『Shine』が大好きなんだと言うと、"俺はあのアルバムは好きじゃない、自分たちの色が出ていない"って返されました」

鳥山「デイヴィッドさんってやっぱりすごくビジネスマンだから。例えばボズ・スキャッグズの『Middle Man』をつくった時も、1日1曲つくったそうです。午前中にボズの家に行き、曲を書いて、午後はスタジオに行って。それで1日1曲完パケまで進めて、それを10日間繰り返せば10曲できちゃうんだと。初めから構築されているんでしょうね、曲がもう自分の頭の中で。自分の中では出来上がっているから、手がけた作品にはデイヴィッド色が強く出てくる。アース、ウインド＆ファイア（EW&F）も、"After The Love Is Gone"もそうです。すごくいい曲で大ヒットしたけど、モーリス・ホワイトとアル・マッケイ以外のメンバーは"あれは俺たちの曲じゃない"って、ブーブー言ってたそうだし。

大プロデューサー様ですから」

■ クロスオーヴァーの　世界的な人気再燃とリンクする　スーパー・グループ、PYRAMID

── みなさんも、プロデューサーとしての視点も大切にされていて。どの作品にもトータルのコンセプトがあって、パッケージで作品づくりを考えられていますよね。

鳥山「パッケージは考えるよね」

神保「PYRAMIDの3枚目のアルバムは、もろにCTIみたいな。CTIオマージュを意識していました」

鳥山「70年代をすごく意識してつくりましたね。一転して4枚目のアルバムは、ブラザーズ・ジョンソン、まあクインシー・ジョーンズですけど、そのあたりがいまはキテいるよねと。まさしくシティ・ソウル的な観点で、若者がいまこのあたりを聴いていると。PYRAMIDは、僕ら3人は学生時代にもコピーとか演ってたけど、あまりうまくいかなかった。それで、大人になったいまならうまくできるのではと、始めたんですけど。やっているうちに、"あれ、なにか世界中でこういうのを、いま、やってるんだ"と。インコグニートなんかもいきなり70年代後半のサウンドになったりしてね」

── 2005年にPYRAMIDの1stアルバムを出されたわけですが、その時はどういった音楽シーンの動きに触発されたのですか？

和泉「あの時はただ、3人で音を出すのが、また楽しいねということで。それで演奏していくうちに、かつて影響を受けた楽曲にリスペクトを込めつつ、カヴァーもやりましょうということになって」

鳥山「ボブ・ジェイムズとかやっぱりやりたいよねって、彼のヴァージョンの"Feel Like Makin' Love"をやったり。ジョージ・ベンソンだったら"Affirmation"とか。曲ありき、だったかもしれない。ラムゼイ・ルイスがEW&Fと演った"Sun Goddess"もカヴァーしたけど、ソニック的にああいう聞こえ方のものがもともと好きで。聴い

てて一番落ち着くのがああいったサウンド」
和泉「"Sun Goddess"なんてもう、パッ
と聞こえた瞬間の感じが本家本元より気持
ちよくて。ものすごくタイトで、音の粒が
もう本当にクリスピーで、鼓膜が気持ちい
い！みたいな。鳥山くんの緻密なカッティ
ングに絡めていく、シンセの音が気持ちい
い！って。なんともいえないサウンドの良
さがありますね」
鳥山「"Sun Goddess"も、曲のつくりが、
90年代とか2000年代の小難しいフュージョ
ンとかに比べるとシンプルじゃない。そこ
がいままたいいのかな。テーマがあって、
サビがあって、あとはもう勝手にアドリブ
で演ってくださいっていうのが」
和泉「PYRAMIDがやったカヴァーを集めた
動画がYouTubeに上がっていて、思わず
ずっと聴いてしまいましたよ。いい曲順で
したね（笑）」

■ サウンドについての終わりなき探求

鳥山「例えば、ダフト・パンクがナイル・ロ
ジャーズとやったり、それでシックも戻っ
てきたり。ああいうムーヴメントは微笑ま
しいですよね。日本はそういうのがないと
いうか。頑張って、ティン・パン・アレイかっ
こいい、とかね。いまだったら、僕が聴く
と佐藤博さんの曲に聞こえるような、キー
ボード・メインでつくった曲がたくさんあ
るんですけど。いわゆるニュー・ミュージッ
クを生み出した人たちのオマージュと思え
るような曲がね。時代はまわっている、進
んでいると思うんですけど、やっぱり日本
だなと思うのは、ガラパゴス化するところ。
日本の中だけでまわっているから、海外の
ムーヴメントに連動していかない」
── ダフト・パンクのその『Random
Access Memories』は、サウンドもまた
スゴくて、古いだけじゃなく新しいですよ
ね。
鳥山「彼らフランス人ですからね。ラテン的
なフランス人のミックスは、アメリカやイ
ギリスと違い、すごくワイドレンジでコン

connected
discs
part 2

Bob James
One
(CTI) 74

George Benson
Breezin'
(Warner Bros.) 76

Ramsey Lewis
Sun Goddess
(Columbia) 74

Daft Punk
Random Access Memories
(Columbia) 13

Larsen-Feiten Band
Larsen-Feiten Band
(Warner Bros.) 80

Culture Club
Colour By Numbers
(Virgin) 83

Daryl Hall, John Oates
Private Eyes
(RCA) 81

Pat Metheny Group
Offramp
(ECM) 82

Sly & The Family Stone
Fresh
(Epic) 73

ブ（レッサー）もきつい。全部の音にアタックがあるというか。特にクラブでかけて気持ちいいようにつくっています。そういった音づくりは、いま多いですよ。イギリスが特に多いけど、トム・ミッシュとかディスクロージャーとか。ディスクロージャーは音楽的にはまだ勉強中という感じで、ディープ・フォレストの現代版に僕には聴こえちゃう。トム・ミッシュは、ギタリスト版のスティーヴィ・ワンダーというイメージもあるし、これからどうなるか楽しみです。できれば一緒にやってみたいくらい」

── PYRAMIDの4枚目のアルバムは、イギリスの名手ティム・ヤングにマスタリングを依頼していますが、どういった狙いですか。

鳥山「ちょうどあのアルバムをつくっているときに、僕の80年代の作品の中から、いまイギリスのクラブでブレイクしている曲を集めてヴィニールをつくりたいというオファーがあったんです。『Choice Works 1982-1985』というタイトルで、こういう曲順で出したいとサンプルの音源が届いたのですが、それをマスタリングしていたのがティム・ヤングだった。マスターはCDしか残っていなくて、441kHz16bitの一般的なCD用音源をどうやってこういうアナログっぽい音にしたのか、すごく驚きまして。それでPYRAMIDの最新作も彼にお願いしました」

── イギリス、アメリカなど海外のレコードと、国内のレコードは音が違うとよく言われます。

神保「僕はすごく違いを感じます。でも、PYRAMIDのアルバム、特に2ndはすごく好きなアルバムで、鳥山スタジオで録ったんですけど、あれはすごく、いまでも良い音してるなと思っています。自分の中では、あれが国内でのベスト・レコーディングですね」

鳥山「おおっ、やった！（笑）」

神保「自分のリーダー・アルバムをつくるときはロスアンジェルスやニューヨークに行ってしまうんです。日本で録った自分の音には、何か1枚膜がかかっているような感じがして。なかなかその膜が取れない。どうやったら取れるんだって、いまだに謎なんです」

鳥山「昔はね、電圧が違うんじゃないかとか、いろいろなことを試していましたけど。位相もあるよね。フェーズに対して、海外のエンジニアはすごくシビアです。ニューヨークのスタジオでやっていると、歪んでいるんじゃないの？と感じるほど、よくわからないサウンドなんかも聞こえてくるんですけど、うねった感じはしないんですね。日本だと気をつけていないと、低音などがうねって録られているものがあって。歪みに関しても、考え方が日本と海外では違うようですね。再生装置が歪んでいるということと、インプットが、もとの音が歪んでいるということの区別が、海外の人たちにはついているようで」

── 本当に奥が深い話なんですね。

神保「鳥山くんはそのあたり、そうとうわかってると思います」

鳥山雄司 solo albums 1981 - 1985

Take A Break
(Agharta) 81

Silver Shoes
(Agharta) 82

鳥山雄司
(Agharta) 83

A Taste Of Paradise
(Agharta) 85

Choice Works
1982-1985
(Time Capsule) 18

■ 世界中で再評価の進む 鳥山雄司の80年代作品

—— 海外のDJは背景などわからず、サウンドだけで良い悪いを判断するでしょうから、鳥山さんの80年代のレコードをいま非常に欲しがるというのは、最初からサウンドがワールドスタンダードだったから、なのでしょうね。

鳥山「初期のレコードが再評価されるのは嬉しい話なんですが、ファーストは大失敗作なんです、実は。19歳ぐらいでつくっていたから、小僧が口を出すなという感じだったので、もう全て人任せで。絶対にこれ違うんだけどな、という状態で制作が終わってしまった。それで案の定、ヴィニールになると、ギターの音が引っ込んでしまっていて、ほうらみろということになり（笑）。同じ過ちは繰り返したくないので、セカンドはロスアンジェルスでレコーディングさせてくださいとお願いしました。ちょうど仲良くなったラーセン=フェイトン・バンドと、彼らも起用していたアル・シュミットという名エンジニアにもやってもらって。そこでいろいろと勉強させてもらったんです。なるほど、低音というのはこういうことなんだなとか。まず低音なんですね、彼らは」

—— サードとフォースは、時代の変化に沿ってサウンドが変わり、それがまたいま、イギリスなどでウケているわけですが。当時、インスパイアされた音楽はどういったものですか？

鳥山「あの頃は、MTVが始まって、イギリスのニュー・ロマンティック、カルチャー・クラブなんかがバンバン流れていました。あとはホール＆オーツ、"Private Eyes"などの頃でしたけど、そういった曲をインストでやりたいと思ったんです。そうしたら、当時所属していたポニー・キャニオンのディレクターが、マーヴィン・ゲイがハワイに居た頃に使っていたというスタジオがノースショアにあるから、そこでレコーディングしよう。それで行ってみると、シンク

ラヴィアが使い放題だと。当時出たばかりの、FM音源の超強力なシンセで、3,000万円くらいしたのかな？　それで、やった！となり、楽器演奏と半々くらい、合わせて使いました。フォースも同じく、イギリスの流れありきで。ただ、パット・メセニーの『Offramp』、あの1曲目ってシンクラヴィアのクリックで始まっているんです。クリック音も使うんだって、少しマネさせてもらったりしました。あの頃はみんな、すごく実験的だったんですよ。『Offramp』もすごく良いアルバムで、セールスも良くて、でも実験的なつくりだという。そういう音楽が売れる時代だったのでしょう」

■ 時代毎に流行りの変わるBPM＝ テンポについての考察

—— みなさんにはこれもぜひ、お訊きしたいのですが、音楽においてテンポとはどういうものだとお考えですか？　PYRAMIDが特別なのは、心地いいグルーヴを生むテンポ感がワールドスタンダードで、特別だからだと思うのですが。

神保「その時代時代によって、流行りのテンポ感といったものがある気がします。80年代の初頭、自分が音楽を始めた頃は、なんとなく120というBPM、テンポが基準になっていました。120だと誰もがノリやすいんですね。そこから考えると、いまはずいぶんダウンしてるというか。だんだん時代とともに、少しづつ、心地よいと思うテンポは遅くなってきているという気はします。PYRAMIDに関しては、テンポ決めもほぼ鳥山プロデューサーが担っていて。いろんな時代の音楽を、いまの曲もすごく聴いていて、その上で総合的に判断し決めているので、間違いないんですね。彼がつくる最初のデモの段階から、すごく納得しますよ。ああ、いいテンポだなって」

和泉「テンポに関しては、鳥山プロデューサーに何か言った覚えはないですね」

神保「うん。自分がつくったデモとは変わっていたりするけど、こっちの方が全然いい

よねというテンポに変わっていますね」

鳥山「ふたりの手クセがわかっている、というのもあるんです。これ以上速いと魅力的じゃないかなとか、遅くなるとモタるかなとか。流行りのテンポが下がってきたのは事実で、ただ、下がってきたけどダブル・ビートになっているというね」

神保「そう、下がってきた分、ドラムン・ベースのようなビートが94年ぐらいから出てきて、倍で取るというノリが出てきた」

鳥山「昔だと、ここでサンバのようにするとリズム的にうるさいから、もっとテンポを下げよう、ハーフで取ろうなどと言っていたのが、いまは機械音、クリック音慣れしているというのか、ダブル・ビートでも"縦の線"の感覚がみんなしっかりしてきたので、細かい音符が入れられるようになったんです。昔は、こんな細かい音符、いらないよという感じでしたけど。

　この間、吉田美奈子さんのアルバムを、アルファ時代のものを聴いていたんです。もう、ファンクですよね。思いっきりファンクで、ドラムがこんなデカくていいのというぐらいデカくて。細かい音符がないんですよ。でも要所要所はすごくグリッドしていて。あらためて、これはこれでかっこいいなと思って、若い音楽好きはもしかしたら、いまと違う、そういう大きなノリにグッとくるのかなって」

── ダブル・ビート、細かい音符を入れるというのは、いつ頃生まれたものでしょう。

鳥山「洋楽でいうとアンディ・ニューマーク。2拍、4拍目をちゃんと叩かない」

神保「スライ＆ザ・ファミリー・ストーンの『Fresh』、あの1曲目"In Time"のアンディ・ニューマークのドラミングというのは、本当に当時衝撃的で。みんなひっくり返りましたね」

── "In Time"もそうですが、テンポが遅く、ユルくなると、腕の差が出るといいますか。本当に演奏がウマくないと、絶妙なユルいテンポを気持ちよく聞かせられないのではと思います。

神保「つんのめっちゃうと、すごくかっこ悪いんです。遅いテンポで前のめりになるとね。突っ込むのを我慢して、演奏できるようになるには、ある程度の年輪みたいなものは必要なのかも知れません」

鳥山「あとは、楽器を鳴らすタイム、音の長さで、だいぶ調整している感じはあります。テンポが速ければやはりそれだけタイトになるし、ユルいテンポだったら、後ろにディケイがあるというか。ドラムはそれぞれのテンポに合った、絶妙なチューニングっていうのが、あると思いますね」

神保「最近は、ヒップホップからの流れだと思いますが、分割できないタイミングで音が入るのが、ビートの世界のトレンドのひとつになっています。いままでは、16分割32分割できるものと、3分割6分割できるものは、別々に扱われていましたが、いまは両方ありになった。さらに、5で終わるタイミングのものとか、人間の生理として出てこなかったリズムが生まれてきた。ビート・メイカーがプログラミングでつくったものを、人間が生で演奏するとどうなるかという、いわゆるデジタル・ネイティヴの世代が新しいビートを生み出している。機械が人間のプレイに影響を与えているという、おもしろい現象が起きています」

鳥山「ニューヨークのミュージシャン周り、スナーキー・パピーとかね。32分だけハイハットが速いとか、やめてくださいって（笑）」

── プログラミング由来のリズム、ビートは、ミュージシャン、楽理のある方には、気持ち悪く感じるものですか。

鳥山「最初は、これはなんだろう？と思うけど、クセになるんですね」

神保「そう、クセになる。気持ちよくなってくるんです」

── いまのそういった細かい、割り切れないようなビートというのは、要するにラテンのリズム由来なのでしょうか。

神保「誰かが言っていたけど、ドラムン・ベースが生まれたきっかけは、ドラムを置くべきところに間違えて、ベースの音源を置いてプログラミングしたというんですね。そ

れがとんでもなくおもしろい感じになったと」

鳥山「ポリリズムとも違うよね。完全にデジタル・ネイティヴだと思います。クオンタイズが、7で終わったり5で終わったりっていう、5連符7連符の世界と、いままでなじみのあった16分音符の4分割、3分割が混在できるという。機械だとできるじゃないですか。それを人間が生演奏でやるから、とんでもないことになってる。おもしろいなと思いますよ」

神保「ドラマーとしてはやはり、刺激を受けます。自分の引き出しになかったもので、でもよく聴いてみると、でたらめにやっているわけではなく、ちゃんと、すごくコントロールしていないとできないリズム、演奏なんです」

鳥山「理論にがんじがらめになると、融通が効かなくなっちゃう。カニエ・ウェストとか、ああいう本当にラップしたくて、衝動に突き動かされてトラックつくっている人たちは、理論優先ではないから、なんでこんなふうにズレるの、というところはあるんですけど、やはり聴いていると気持ちいいんですよ。そのうちクセになってね」

　PYRAMIDの3人に話を聞きたいと思ったのは、特に2018年リリースの最新作『PYRAMID4』に顕著だけれど、完全に現在進行形のクロスオーヴァー・ミュージックを奏でているから。明らかにいまの音楽シーンからのフィードバックも加味して、ワールドスタンダードな極上のシティ・ソウルを聴かせてくれるからだ。音楽理論を解した上で、デジタル・ネイティヴ世代の直感的な音楽制作法をもおもしろがり、アルバム制作に活かしてしまう3人のレジェンド。日本にはPYRAMIDがいると、古いレコードばかりを追いかける海外の和モノ・ディガーたちに教えてあげたい。

　最後に、ボーナス・トラックを。「師匠みたいな存在」だという佐藤博さんについて、鳥山さんはこんな話をしてくれた。

鳥山「青山純、伊藤広規はもともと、僕と一緒に佐藤博さんのバンドでやっていて、佐藤さんの推薦で山下達郎バンドに入ったんだよ。佐藤さんはその後、アメリカに行って、ランディ・クロウフォードのツアーに参加して、ずっとアメリカをまわっていた。その時に、どこかのスタジオでロジャー・ニコルズと仲良くなって、こういうのがあるとリンドラムを教えてもらったって。『Awakening』はだから、リンドラムに触発されて出来たアルバム。リンドラムとジュピター8と、MC-4でほとんどをつくってた。天才なんです、彼は。ただスティーヴィ・ワンダーからの影響はあったかな」

. . . .

PYRAMID

高校生の時からのバンド仲間である鳥山雄司、神保彰、和泉宏隆が2005年に結成。現在までに4枚のオリジナル・アルバムと、ベスト・アルバム1枚をリリース。

PYRAMID
（ビデオアーツ・ミュージック）
05

TELEPATH 以心伝心
（ビデオアーツ・ミュージック）
06

PYRAMID3
（HATS UNLIMITED）11

The Best
（Super Paw）15

PYRAMID4
（Super Paw）18

Part 1

1970s

シティ・ソウルのはじまり
〜 クロスオーヴァーと洗練の時代

70年代は、社会の変化にも伴い音楽シーンが内
省へと向かい、ソングライトや演奏は洗練・深
化を続けました。すると、ジャズやクラシック
をロック、ソウルと結びつけるクロスオーヴァー
な音楽志向が、人種の別に関係なく強まります。
そこへディスコの一大ブームが巻き起こり、さ
らにスタイル・ミックスが進むと、1976年から
盛り上がりが本格化したAOR、それに、洗練を
極めたメロウなラヴソングであるクワイエット
ストームが台頭。アダルト志向の成熟した音楽
が多くのリスナーに求められた時代でした。

City Pop, City Soul
In
Japan
1970s

この時代、日本のシティ・ポップは…

はっぴいえんど
風街ろまん
(URC) 71

久保田麻琴と夕焼け楽団
Sunset Gang
(Showboat) 73

荒井由美
MISSLIM
(Express) 74

シュガー・ベイブ
SONGS
(Niagara) 75

鈴木茂
LAGOON
(Panam) 76

大貫妙子
SUNSHOWER
(Panam) 77

マリ&レッド・ストライプス
(ビクター) 77

Yellow Magic Orchestra
(Alfa) 78

上田正樹
PUSH & PULL
(Kitty) 78

桑名晴子
Million Stars
(Philips) 78

高橋幸宏
Saravah!
(Seven Seas) 78

南佳孝
South Of The Border
(CBSソニー) 78

70年代、多くは欧米のブルース・ロック、ハード・ロックを参照する中、より技巧的でクロスオーヴァーなザ・バンドやジェイムズ・テイラーらの作品にもインスパイアされていたはっぴいえんど周辺人脈がシティ・ポップを実践し始める。関西の逸材たちも、東京やハワイの才能と組んでエポック作をリリース。欧米のソウル、ポップスをどう知り、どう解釈するかが作品の質を左右する時代だった。　　　　小渕

Larry Carlton　Wavin' And Smilin'

Singing / Playing　Blue Thumb 1973

クロスオーヴァー系ギタリストの第一人者であるラリー・カールトンが、クルセイダーズに加入したばかりの73年に発表したソロ2作目。ボブ・シラー作のこの曲は最もブルー・アイド・ソウル色が強く、AORの感性を数年先取りしたその洗練度は、アレンジを手掛けたマイケル・オマーティアンによるところが大きいと思われる。バックもクルセイダーズの面々がしっかりとサポート。収録曲の半数以上でラリー本人がヴォーカルを披露しており、代表曲"Room 335"を収録した次作以降でのインスト中心の作風とは大きく異なっている点も興味深い。　　福田

Jay Gruska　What We've Just Ended

Gruska On Gruska　ABC / Dunhill 1974

黄金期のスティーリー・ダンに通じる構築的なコード・ワークを聴かせる、ジェイ・グルスカのデビュー・アルバム中の1曲。本作のバックにも参加しているクルセイダーズの音楽から受けたインスピレーションを、プロデューサーのマイケル・オマーティアンとの共同作業で丁寧に織り込んだ、プレAORの名曲だ。隙間をさりげなく埋めるギターのオブリガードが有効に機能し、意表をつくコードの羅列をしなやかに縫い合わせている点も聴きどころ。81年にはマクサスを結成して唯一作を残し、84年には10年越しの2ndソロを。その後はTV音楽の道へ進んだ。　　福田

Lonette McKee　The Way I Want To Touch You

Lonette　Sussex 1974

女優としても知られるデトロイト出身のSSW、ロネット・マッキー。同郷の名コンビ、デニス・コフィー＆マイク・セオドアが手がけたこのデビュー作の中で、最もシティ・ソウルのコンセプトに合致しているのはこの曲だ。クルセイダーズの面々やジェイムズ・ギャドソン、ジェイムズ・ジェマーソンら錚々たるミュージシャンが起用されているが、ここでは一聴してそれと判るデイヴィッド・T・ウォーカーの可憐に舞うギター・プレイが聴きどころ。最近では『The Ladies Of Too Slow To Disco 2』にも収録されており、今後の再評価が楽しみな楽曲だ。　　福田

Soul Survivors　Start All Over

Soul Survivors　TSOP 1974

67年に放ったヒット曲"Expressway To Your Heart"以降は鳴かず飛ばずだったソウル・サヴァイヴァーズが、メンバーを一新して復活を遂げた74年作。新たに迎え入れたニール・ラーセンが作編曲や演奏面で大きく貢献しており、彼のシグネイチャー・サウンドとも言うべきハモンド・オルガンを大々的にフィーチャーしたこの曲のサウンド・メイキングは、ニールのソロ作やフル・ムーン～ラーセン＝フェイトン・バンドにも通じる。そういえば、スティーリー・ダン"Hey Nineteen"の歌詞にもソウル・サヴァイヴァーズの名前が登場していたっけ。福田

Stephen Michael Schwartz　Get It Up For Love

Stephen Michael Schwartz　RCA 1974

Mr.シティ・ソウルのひとり、ネッド・ドヒニーはソングライターとしての人気も高かった。『Hard Candy』の冒頭を飾る"Get It Up For Love"は、デイヴィッド・キャシディやタタ・ヴェガのディスコな、AWB feat. ベン・E・キングの軽快なカヴァーでも知られるが、初出は実はこのスティーブン・マイケル・シュワーツのヴァージョン。ラリー・カールトンがアレンジ&演奏、マイケル・オマーティアンも弾く、ファンキーかつクールなまさに早すぎたシティ・ソウル名曲だ。シュワーツは後に子ども向け音楽の歌い手へと転身。今も歌い続けている。　小渕

Dave Mason　Split Coconut

Split Coconut　Columbia 1975

60年代にはトラフィックに籍を置き、ジミ・ヘンドリクスら多くのレジェンドとの共演でも知られるイギリス出身のギタリスト、デイヴ・メイソン。ツアーの合間を縫って制作した6thアルバムのオープニングを飾るこの表題曲は、レイドバックした西海岸サウンドが目立つ本作の中では異色なほどにファンキー。自身のバンド・メンバーによる演奏はタイトに締まっており、特にドラムのリック・ジェーガーが繰り出す「ダチーチーチー」のフィルインがシビレる。他の収録曲にはクロスビー&ナッシュやマンハッタン・トランスファーが参加、AOR前夜的な趣きも。　福田

Andy Pratt　Set Your Sights

Resolution　Nemperor 1976

ボストンのシンガー・ソングライター/マルチ・インストゥルメンタリスト、アンディ・プラット。ヒットは73年の"Avenging Annie"だけだが、例えばトッド・ラングレンのように挑戦的なポップスを作り続ける天才肌の人で、一部で人気を博す。アリフ・マーディンとがっちり組み、スティーヴ・ガッド、アンディ・ニューマークがドラムを叩くこの3rdアルバムはファンキーかつ、プレAORなアレンジも楽しめる1枚。一度聴けば忘れないギター・ワークも絶品な"Set Your Sights"は、ユルいテンポの心地いいメロディアス&メロウな名曲だ。　小渕

The Bob Crew Generation　Menage A Trois

Street Talk　Elektra 1976

フォー・シーズンズ、フランキー・ヴァリのプロデューサーとして知られ、自身もシンガー・ソングライターとして数々の名曲を世に送り出したレジェンド、ボブ・クルー。その彼が若手ミュージシャンを集めて結成したグループのディスコ・アルバム。巨匠がディスコを手がけるとこんなに華やかでエレガントなサウンドになるのかと、感動すら覚える最高の1曲。壮大なストリングスとホーンが織りなす豪華なサウンドは、まるでミュージカルでも見ているかのような気分にさせてくれる。ぜひミュージカルを楽しむ気持ちで聴いていただきたい。　エミ

David Batteau　Happy In Hollywood

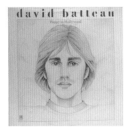

Happy In Hollywood　A&M 1976

後にソングライターとして大成するボストンの才人。兄弟デュオ、バトーで73年にフォーキーな人気アルバムを残した後の、これは1stソロ。デイヴィッド・ボウイ仕事で名を上げたUKのケン・スコットがプロデュース、LAの職人たちが腕を振るった、フォーキーながら細部にまで凝ったつくりが楽しめる、知る人は知る秀作だ。ドラムは全てジェフ・ポーカロで、彼のグルーヴ感のすごさが味わえる、遅いのにノセてくれるタイトル曲は絶品。続く"Festival Of Fools"はフォーキー・サンバな、最高に楽しいパーティ・チューンだ。　　　　　　　　　　小渕

Foxy　Let's Love

Foxy　Dash 1976

ファンキーな"Get Off"の大ヒット、およびABBA "Voulez-Vous"への演奏参加など、一般的にはハデ目のディスコ・バンドとして知られるフロリダ出身ラテンR&Bグループ。本曲はイントロのギター一発で心を掴まれる、流麗なストリングスと軽やかなカッティングが光る爽やかなポップ・チューン。ダンス・ナンバーが占める1stアルバムにひっそりと収録されている、隠れた名曲だ。ブレイク後の3rdにもAOR調の佳曲"Lady"が収録されており、こうした路線でディスコ後の時代をサヴァイヴする彼らも聴いてみたかった。　　　TOMC

Jimmie Spheeris　Child From Nowhere

Ports Of The Heart　Epic 1976

アラバマで、移動遊園地を営む一家に生まれたシンガー・ソングライター、ジミー・スフリース。誰にも好かれるナイスガイだったようで、サイケ・フォークな1st、ジャズ・ロック味もある2nd、3rdを、NY、LAのさまざまな面々と制作。AOR時代を迎え出したこの4thは、全曲スロウでメロウな、アコースティック・サウンドがどこまでも心地いいアダルトなつくりの名作だった。中でも"Child From Nowhere"は、スタンリー・クラークのベースと、チック・コリアのリリカルなピアノにハッとする、これぞ一期一会な名曲。早逝したのが残念な逸材。小渕

Mike Greene　Smile To Me

Midnight Mirage　Mercury 1976

アトランタ出身のマルチ楽器奏者でありながら、80年代以降はグラミー賞の主催で有名なレコーディング・アカデミーの会長を歴任するなど、実業家としての顔も持つマイク・グリーン。彼の2ndアルバムは低い知名度ながらも、随所にアカデミックな雰囲気を漂わせるジャズ・ロック系の優れた音楽性を有しており、もっと広く知られるべき作品だろう。作中で最も爽やかな"Smile To Me"はAORとしても楽しめる仕上がりで、スティーリー・ダンやペイジズが好きな方の耳にはすんなり馴染むはず。ジャケはルソーの『眠るジプシー女』を改変したもの。　　　福田

Moon　Day Dreaming

Too Close For Comfort　Epic 1976

Vo.のNoel McCalla、ギターのLoz Netto、サックスのNick Paynを始め、この後もソロで、グループで活躍するUKのタレントたちが若き日に集ったムーン。この時期はクルセイダーズを手がけていたステュワート・レヴィンがプロデュースしたこの1stアルバムは、メンバーのUSソウルへの憧れを無理なく形にしたような、ナチュラルなサウンド、グルーヴが耳に心地いいブルー・アイド・ソウルの佳作だ。ハイ・サウンドを思わせるメロウな"Day Dreaming"や、こちらもレイドバックした"Back To Your Old Ways"など好曲多し。　　　　　　　小渕

The Sons Of Champlin　Here Is Where Your Love Belongs

A Circle Filled With Love　Ariola 1976

78年には『Single（独身貴族）』でソロ・デビュー。81年にはシカゴに加入し、『16（ラヴ・ミー・トゥモロウ）』の成功の起爆剤となったビル・チャンプリン。自身の名を冠し、60年代からベイエリアを拠点に活動するバンド、サンズ・オブ・チャンプリンの76年作にも、後のAOR方面での活躍と地続きなブルー・アイド・ソウルの佳曲が鏤められていた。ジェイ・P・モーガンも同年作で取り上げたこの曲は、ソロ〜シカゴでも親密な関係が続くデイヴィッド・フォスターが手がけたストリングスに乗りしっとりと歌い上げる、スロウ16ビートの妖艶シティ・ソウル。　　福田

Tom Jans　Why Don't You Love Me Dark

Blonde　Columbia 1976

AORの原点とも評されるボズ・スキャッグス『Silk Degrees』の大ヒットがシーンに与えた影響は非常に大きく、70年代終盤には、特に"Lowdown"の革新的なグルーヴを模倣した曲があちこちで見られた。クリス・クリストファーソン＆リタ・クーリッジが歌い、数多くのカヴァーを生んだ"Loving Arms"の作者として知られるSSW、トム・ヤンスのこの曲もそのひとつ。イントロのスラップ・ベースからニヤリとさせられるが、曲の骨子を引用しつつも、オリジナリティのある展開を付け加えた構成力はさすがだ。トムは84年に36歳の若さで天逝。　　福田

Cream De Coco　Disco Strut

B-side of Wiggle Wiggle Wiggle　Free Spirit 1977

ボハノン・ハミルトンやジョニー・テイラーのバックを務めていた、アトランタ拠点の女性シンガー3人組、クリーム・デ・ココ。タミコ・ジョーンズやジョン・エドワーズ（スピナーズ）らを手がけていたトミー・ステュワート率いるソングライター・チームがプロデュースした、彼女たちの唯一作となったシングルだ（12インチ、7インチ盤が存在する）。名門サルソウルのサブ・レーベル＝フリー・スピリットからのリリース。B面"Disco Strut"はパトリック・アダムズを彷彿させるモーグ・シンセが高揚感を誘う、出色のダウンテンポ・ディスコ。　　　　　能登谷

Doucette　Love Is Gonna Find You

Mama Let Him Play　Mushroom 1977

カナダの歌うギタリストで、軽快なロックンロール・アルバムを数枚残
したジェリー・ドゥセット。この1stは、若きデイヴィッド・フォスター
とスカイラークを組んでいたドラマー、ドゥリス・マクスウェルら地元
の仲間と制作。この時期ならではの作風で、唯一メロウなシティ・ソウ
ルが聴けるアルバムだ。メロディが立った"All I Wanna Do"もいいが、
目玉は"Love Is Gonna Find You"。小気味いいギター・カッティング
がフワフワと漂う、マイゼル・ブラザーズのスカイ・ハイ・サウンドを
模したようなドリーミー・メロウ・チューンでリピートしまくり。　小渕

Gary Ogan　Everybody Wants Your Love

Gary Ogan　Paradise 1977

70年代初頭にはビル・ラムとのデュオ名義でフォーキーな唯一作を残
し、その後はレオン・ラッセルの下でドラムを叩いていたマルチ奏者、
ゲイリー・オーガンのソロ初作。レオン主宰のパラダイス・レコード発
で、彼はプロデュースとピアノでも参加。ニュー・ソウルからの影響が
顕著な"Everybody Wants Your Love"が白眉で、イントロのサッ
クスでいきなりノックアウト。チャーミングなコーラスはレオンの奥様
メアリー・ラッセルで、マッキー・フェアリーを思わせるゲイリーの曇っ
た声も心地よい。82年の次作もAORファンからの支持を集める。　福田

Harvey Mason　Till You Take My Love

Funk In A Mason Jar　Arista 1977

クロスオーヴァー・シーンで活躍するドラマー、ハーヴィ・メイソンの
ソロ3作目に収められたこの曲は、デイヴィッド・フォスターと共作し
たダンサブルな人気ナンバー。ハーヴィのファンクネスとフォスターの
メロウネスが絶妙な塩梅でブレンドされており、演奏面でもTOTO／エ
アプレイ派のAOR陣営と、ヴォーカルのメリー・クレイトン、タワー・
オブ・パワー・ホーンズ、フィル・アップチャーチらソウル人脈が入り
混じり、ハイブリッドな音楽性に更なる磨きをかけている。本作にはマー
ヴィン・ゲイ"What's Going On?"のカヴァーも。　　　　　福田

Jackie Lomax　Fine Lines

Did You Ever Have That Feeling?　Capitol 1977

ビートルズのアップル・レコードからデビューしたことで知られる
SSW、ジャッキー・ロマックスの77年作は、当時の潮流に合わせて
AOR的な質感を強めたブルー・アイド・ソウルの好作に。A面ラスト
の"Fine Lines"は、フェンダー・ローズの眩しい響きと泥臭いヴォー
カルのブレンドが、何とも言えない哀愁を感じさせ、マックス・ミドル
トンのムーグ・シンセサイザーのソロも瑞々しい。ボズ・スキャッグス
"Lowdown"風な"Part Of My Life"もオススメ。印象的なジャケは
ビートルズ『Revolver』も手掛けたクラウス・フォアマンによる。　福田

Lisa Dal Bello　My Mind's Made Up

Lisa Dal Bello　MCA 1977

ボズ・スキャッグス"Miss Sun"の終盤で力強いヴォーカルを披露し、当時TOTOのジェフ・ポーカロとの恋仲も噂されていたカナダ出身のシンガー、リーサ・ダル・ベロ。この1stアルバムは、デイヴィッド・フォスターの初期プロデュース作品としてAORファンに古くから知られる人気作。"My Mind's Made Up"は、同時期にフォスターが手がけたジェイ・P・モーガン"I Fall In Love Everyday"あたりに通じる熱気を孕んだファンキー・メロウなトラックだ。80年代以降はルックスも豹変し、オルタナティヴ・ロックへと方向転換。　　　　　　　福田

Maritza Horn / Lars Beijbom　Subway Baby

Subway Baby　Philips 1977

バークリーへの留学経験を持つマルチ楽器奏者、ラース・ベイボンと、ソロ活動も知られるシンガー、マリッツァ・ホーンというふたりのスウェーデン人によるユニットの唯一作は、古くからレアグルーヴ方面で人気のジャジー・ポップス集だ。表題曲"Subway Baby"は、コードを半音ずつ平行移動させる終盤のアイデアに、スティーヴィ・ワンダー"Too High"からの影響がチラリ。'77時代のセルジオ・メンデスにひと捻りを加えたような質感の"Let's Live In Clouds"も美しい。LPにはジャケット違いの再発盤がある。　　　　　　　福田

Rhead Brothers　Don't Lose The Rhythm

Dedicate　EMI 1977

ジョンとスティーヴのリード兄弟による英国出身デュオのデビュー作。バーズに影響を受けた美しいヴォーカル・ハーモニーを聴かせるブリティッシュ・フォークを下敷きに、ロバート・アーワイやマックス・ミドルトンらジェフ・ベック・グループ〜ゴンザレス〜ハミングバード界隈の演奏陣がファンクやジャズの要素を注入。"Don't Lose The Rhythm"は、フェンダー・ローズのメロウな響きとタイトなリズムがバランスよく前に出ている。2ndは完成するも発売寸前で回収され、長年幻の存在であったが、近年では再発が進み容易に聴くことができる。　　　　福田

Stephen Sinclair　Lady I Love

A+　United Artists 1977

オリヴィア・ニュートン・ジョンへの楽曲提供でも知られるロンドン出身のSSW、スティーヴン・シンクレア。TOTOのジェフ・ポーカロとデイヴィッド・ハンゲイトや、リトル・フィートのビル・ペイン、フレッド・タケット、エド・グリーンらがバックに名を連ねるこの2ndは、ジャジーな前作に比べ、洗練されたAORの趣きが。全体ではさすがに「A+」と言えるほどのクオリティではないのだが、"Lady I Love"の掴みどころのないコード進行とリラックスしたグルーヴには不思議な魅力が。間奏部分ではホーンが加わり、グッと盛り上がるのもニクい。　　福田

Sunshine　Dance Romance

Sunshine　???? 1977

3人のイタロ・アメリカンが結成したNY発のソフト・ロック・バンドの唯一作。全員がヴォーカルを取れる強みが活きた"Dance Romance"は、ハワイアンAORに近いリラックスしたムードのサンシャイン・ポップス。"Reach Out"もハート・ウォームな佳曲だ。大手ルーレットからの発売で、マイケル・ブレッカー、クリス・パーカーら豪華バック・ミュージシャンを迎えており気合十分に思えたが、本作以外に目立った音楽活動がないのが不思議。当時はジャケを差し替えて国内盤（邦題『春風のうわさ』）も発売されており、17年には韓国発でCD化も。　福田

Waters　If There's A Way

Waters　Warner Bros. 1977

70～80年代に数多くのスタジオ・セッションにコーラスとして参加したオレン、ルーサー、ジュリア、マキシンの4人によるファミリー・グループ、ウォーターズの2作目。プロデュースのスティーヴ・バリ＆マイケル・オマーティアンを筆頭に、ジェイ・グレイドン、エド・グリーンらリズム・ヘリテッジの面々がサポート。"If There's A Way"ではジェイのギターが大きくフィーチャーされているのも聴きどころで、ヴォーカルも曲も濃過ぎず、AOR寄りのメロウ・ダンサーに仕上がった。ジェイの秘蔵音源集に収録されたデモ音源との聴き比べもおもしろい。　福田

Yvonne Elliman　Love Me

Love Me　RSO 1977

ハワイ生まれの日系アメリカ人シンガー、イヴォンヌ・エリマンの4作目。艶やかなタイトル曲は、同じRSOレーベルに所属したビー・ジーズの作で、ハーブやストリングスを贅沢に使ったエレガントなムードが堪らない。"I Can't Get You Outa My Mind"やバーバラ・ルイスのカヴァー"Hello Stranger"など、アルバムを通してメロウ・チューンのオンパレードで、映画『サタデー・ナイト・フィーバー』サントラのヒットの影に隠れがちだが、改めて再評価したい1枚だ。ソロ活動前の彼女はエリック・クラプトンのバンドでバック・コーラスを務めていた。　福田

Andrew Gold　Genevieve

All This And Heaven Too　Asylum 1978

リンダ・ロンシュタットや、かつて在籍したブリンドルの同僚ウェンディ・ウォルドマンらのレコーディングでの裏方仕事が認められ、75年にソロ・デビューしたSSW、アンドリュー・ゴールド。3作目収録のこの曲は、持ち前のポップ・センス溢れるメロディに、ジャズやボッサのエッセンスをブレンドし、物憂げな世界観を見事に表現したメロウ・グルーヴ。ポップスにおけるリズム・マシンの導入は78年時点ではまだ一般的ではなく、試しに使ってみたかっただけ、といったミスマッチもよく見られるが、この曲にはしっかり馴染んでいる点もさすがだ。　福田

Blair　Nightlife

Nightlife　Solar Sound　1978

ブラックバーズの創立メンバーだったギタリスト、バーニー "ブレア" ペリー。ソングライトも行う彼はトータルなアルバム制作を志し、グループを脱退、自身のレーベルを設立してこの唯一のソロ作を発表した。アレンジも全て自身で担った本作は、オーケストレイションもきらびやかな、生まれ故郷NYを彩るサウンドトラック。当時の夜のNY、その興奮とスリルを閉じ込めたかのようなタイトル曲は、7分かけてジワジワと盛り上げるシティ・ジャズ・ファンク・ディスコの人気曲だ。コーラスで若き日のアンジェラ・ウィンブッシュも参加。　　　　小渕

Blue Magic　I Waited

Message From The Magic　ATCO　1978

フィリー・ソウル代表格のヴォーカル・グループによる5th.。ディスコ・ブームに乗り切れず得意のバラードでも成果を出せなかった不遇期ながら、マイゼル兄弟との仕事でも知られるスキップ・スカボロウのプロデュースにより、生音中心に丁寧に編まれた本作のサウンドはキャリア随一の完成度。本曲はアルバムからの唯一のシングルで、EW&Fでお馴染みラルフ・ジョンソンのドラムが牽引する爽やかなミディアム・グルーヴ。次々作『Magic #』(83年)ではAOR〜シンセ・ブギー方面に大胆に接近しており、本書的にはこちらもオススメ。　　　TOMC

Brand New Funk　Low Down

Brand New Funk '78　Vibration　1978

覆面ディスコ・ファンク・バンドの唯一作だが、仕掛人があのシルヴィアなので中身がすごい。シュガー・ヒル〜オールドスクール・ヒップホップのバンド・サウンドの要だったダグ・ウィンビッシュ、ギターのバーナード・アレクサンダーを始めとした手練が集結。ボズ・スキャッグス "Low Down" の、ダグのスラップ・ベースがブンブンうなりまくる、チンピラ感溢れる再演はこの曲のベスト・カヴァーだろう。ラフ&タフな "Classic Funk" もシビれるディスコ・ファンク。キメまくりのジャズ・ファンク・ジャム "Tastee" も最高だ。　　　　小渕

Brian Elliot　Tickets To Rio

Brian Elliot　Warner Bros.　1978

前巻ではクニモンド瀧口氏がインタヴュー中で選んでいた1枚。ワシントン出身のSSW、ブライアン・エリオットは、鍵盤奏者としての活動がラヴィン・スプーンフルとの仕事で知られるプロデューサー、エリック・ジェイコブセンの目に留まり、本作でソロ・デビュー。"Tickets To Rio" は、タイトル通りのブラジル風な要素は見当たらず、フルートの音色が爽やかなシティ・ソウル。本人が弾く鍵盤以外のパートにはLAの売れっ子セッションマンが集結しているのも注目点だ。本作以降はマドンナのNo.1ヒット "Papa Don't Preach" への楽曲提供が有名。　　福田

Chicago　Love Was New

Hot Streets　Columbia 1978

オリジナル・メンバーであったテリー・キャスを銃暴発事故で亡くし、後任に元オデッセイのドニー・デイカスを迎えてバンド存続の危機を免れた12作目。ディスコの導入など、従来のファンからは賛否のある作品だが、"Love Was New"は心地よくハネるビートでどこまでも爽やか。代表曲の多いバンド初期と、デイヴィッド・フォスターを迎えて再起した『16』の間に位置する、フィル・ラモーンがプロデュースを手がけた本作と次作『Chicago 13』("Street Player"収録)の2枚は、いま改めて広く聴かれるべき作品だと再認識。　福田

Cuba Gooding　We're In Love

The 1st Cuba Gooding Album　Motown 1978

メイン・イングリーディエントのリード・シンガー、キューバ・グッティングのソロ・デビュー作に収められた、パティ・オースティンのカヴァー曲。『Havana Candy』収録のオリジナルに比べ、煌びやかなフェンダー・ローズが前面に出たモダンな質感に。プロデュースはブライアン・ポッター＆デニス・ランバートのソングライター・コンビで、アレンジはデイヴィッド・フォスター。翌年にはEW&Fやデニース・ウィリアムズらを手がけて大当たりするフォスターのソウル仕事の前哨戦としても位置づけられる。本作は山下達郎氏のお気に入りとしても有名。福田

Dane Donohue　Can't Be Seen

Dane Donohue　Columbia 1978

ウェストコーストの魅力が詰まったAORの名盤として名高いデイン・ドナヒューの唯一作から、ひときわビートの立ったこの曲を。仄かに漂うスティーリー・ダンの香りは、ベッカー＆フェイゲンと学生時代にバンドを組んだこともあるプロデューサー、テレンス・ボイランのエッセンスだろう。アーニー・ワッツのサックスからジェイ・グレイドンのギターへバトンを繋ぐ中盤のソロ・パートも、たまらなくスリリング。他もラリー・カールトン、チャック・レイニー、スティーヴ・ガッドらお馴染みの顔ぶれが勢揃い。1枚限りで消えたのがもったいない。　福田

Don Brown　Don't Lose Your Love

Come On!　First American 1978

1973年にアルバム1枚を残したブラウンスミスというフォーク・デュオの片割れ、ドン・ブラウンが、シアトルのレーベル、ファースト・アメリカンから発表した2枚目のアルバム。AOR〜ブルー・アイド・ソウルの良曲揃いだが、中でも抜きん出て素晴らしいのが、ひたすら心地よいモダン・ディスコ・トラック"Don't Lose Your Love"。安レコだったのだが、2014年にリイシュー・レーベル、ライト・イン・ジ・アティックのシアトル産モダン・ソウルを集めたコンピでピックアップされ、LP盤はここ数年で高騰の一途を辿っている。　能登谷

Exile　You And Me

Mixed Emotions　Curb 1978

ウッズ・エンパイアやロイヤル・ガーナーに取り上げらた次作収録曲
"Destiny"のフロア人気が高いエグザイル。その雛形とも言えるこの
"You And Me"も、ロッキー・ロビンスやギャラクシーも歌った絶品
フローターだ。カントリー・ミュージックを出発点とするバンドだが、
オーストラリア出身のヒット・メイカー、マイク・チャップマンをプロ
デューサーに迎えた本作から、両曲を書いたバンドのフロントマン、J・
P・ペニントンを中心に、都会的なサウンドを会得していることがよく
わかる。本作所収の"Kiss You All Over"は全米1位に輝いた。　福田

The Faragher Brothers　Baby When You Make It With Me

Open Your Eyes　Polydor 1978

ダニー、ジミー、トミー、デイヴィーの4兄弟が結成したファミリー・
バンド、ファラガー・ブラザーズ。4作中で最も音楽的に洗練されてい
るのは3枚目の本作で、アルバム冒頭を飾る"Baby When You
Make It With Me"は程良い高揚感に酔う一級品のブルー・アイド・ソ
ウル（甲高い女性コーラスはご愛嬌）。1st、2ndも人気があるが、次作
の4thはロック色を強め、持ち前の魅力は半減。80年代以降はトミー
がソングライターとして活躍し、『Stayin' Alive』サントラにも参加。
末弟デイヴィはセッション・ベーシストとして引っ張りだこに。　福田

Frank Weber　Complicated Times As

The Time Flies　RCA Victor 1978

ビリー・ジョエルと関連づけて語られることも多いピアノマンSSW、
フランク・ウェバー。スタッフのリチャード・ティー＆スティーヴ・ガッ
ドを始め、NYのジャズ系ミュージシャンが結集した本作は、カラッと
爽やかなLA産のAORとは異なる東海岸AORの魅力に溢れている。穏
やかな曲が続くA面から一転、B面の冒頭"Complicated Times"では、
もろスタッフなバンド・アンサンブルが炸裂。ガッドは随所でトリッキー
なプレイを繰り出しており、ドラム・ソロはないものの、スティーリー・
ダン"Aja"に匹敵するハッチャケ具合は聴きものだ。　福田

Freda Payne　Tell Me Please

Supernatural High　Capitol 1978

デトロイト出身の美形ソウル・シンガー、フリーダ・ペイン。70年代前
半のインヴィクタス在籍期と比べるとセールスは落ち込み、流行りの
ディスコにも挑戦したキャピトル期の2作目。ガラージ・クラシック"I'll
Do Anything For You"あたりに注目が集まるが、意外にもミディアム
〜スロウの出来が素晴らしい。特に、プロデュースとアレンジも手掛け
た職人スキップ・スカボロウ作の"Tell Me Please"をシティ・ソウル的
にプッシュ。チャック・シセル"Do You Believe"もそうだが、数々の
名曲を生んできたスカボロウの都会的なセンスには改めて脱帽だ。　福田

Gentle Persuasion　One On One

Gentle Persuasion　Curb 1978

60年代から活躍するフィリーの大物ソングライター、ジェリー・ロスが、女性セッション・シンガー3人を組ませ仕立てたディスコ・ユニットの唯一作。懐かしのオールディーズなどを、ヴァン・マッコイらのアレンジで歌謡ディスコにして聴かせるアルバムで、他の曲に用はないのだけど、1曲だけシティ・ディスコの好曲が。その"One On One"は、歌うリード・ベースが曲を引っ張る、一度聴けば忘れられないグルーヴィ・ディスコ歌謡の傑作。ヴァン・マッコイの大ヒット"The Hustle"を模したフルートも効いている。　　　　　　　　　　　　小渕

Graham Dee　As Long As I'm Close To You

Somethin' Else　Pye 1978

パイ・レコードから発表した2枚のアルバムでAORマニアに知られる英国出身のSSW、グレアム・ディー。作風はストレートなポップ・ロックからジャズ・イディオムを多用した構築的なものまで、曲によってヴァラエティに富んでおり、その器用なセンスはルパート・ホームズにも通じる。2nd収録のこの曲はとりわけクロスオーヴァー色が強く、演奏陣も一段と気合が入っている様子。共同プロデュースとアレンジは、後年モリッシー・マレンやワークシャイらUKのジャズ系アーティストを多数手がけるリチャード・ナイルズ。2014年にもアルバムあり。　福田

J.O.B. Orquestra　The Soul

Open The Doors To Your Heart　Govinda 1978

鍵盤奏者／プロデューサーのジョルジ・バレイロが、ISKCON（クリシュナ意識国際協会）の布教用に制作した宗教音楽の好盤として、古くからRASA『Everything You See Is Me』と比肩する支持を集めるJOB・オーケストラ。高揚感のあるフィリー・ソウル調に仕上げた"Open The Doors Of Your Heart"あたりがフロア・キラーだが、メロウなミディアム〜スロウの楽曲群も負けじと高クオリティ。"The Soul"はよく聴けばボズ・スキャッグス"Lowdown"的なコードの繰り返しなのだが、ヴォーカルと演奏の色気によって構成の単調さを感じさせないのが凄い。　福田

James Vincent　How Can I Thank You Enough

Waiting For The Rain　Caribou 1978

サンタナから分派したラテン・ロック・バンド、アステカに在籍し、80年代にはCCM系レーベルから作品を発表しているギタリスト、ジェイムズ・ヴィンセントのソロ3作目。前作までで見せていたインスト基調のジャズ・ロック・サウンドをポップに進化させ、クロスオーヴァー色の強いブルー・アイド・ソウルの趣きに。本人の濃ゆい歌声がクセになる"How Can I Thank You Enough"がベスト・トラックで、当時一世を風靡していたジョージ・ベンソンへの憧憬からか、終盤のギター・ソロにスキャットを重ねているのが微笑ましい。　　福田

Jerry Corbetta　Caribbean Lady

Jerry Corbetta　Warner Bros. 1978

シュガーローフのリーダーだったジェリー・コルベッタ唯一のソロ・ア
ルバムは、スティーヴ・バリやマイケル・オマーティアンらリズム・ヘ
リテッジの面々が制作に関わっており、AORの好盤として知られてい
る。特にジェイ・グレイドンのギター・プレイが大きくフィーチャーさ
れた"I Wish I Was Makin' Love"や"If I Never Had Your Love"が
その筋では人気だが、シティ・ソウル的感性で選ぶなら、名手ヴィクター・
フェルドマンのヴィブラフォン・ソロが色っぽい"Caribbean Lady"
に軍配。本作発表後、ジェリーはフォー・シーズンズに加入。　　福田

John Hall　Night

John Hall　Asylum 1978

オーリアンズのジョン・ホールが、バンド脱退後に発表した2枚目のソ
ロ作(オーリアンズ結成前に1stがある)。スティーヴ・ガッド、チャック・
レイニーにクルセイダーズやTOTOの面々など、東西の腕利きセッショ
ンマンがタイトな演奏で支えており、安心して聴いていられる好盤に。
冒頭の"Night"は、エド・グリーンの叩く、ハネ過ぎず、スクエアでも
ない絶妙なグルーヴが心地よいシティ・ソウル。バンド時代からの武器
である美しいハーモニーはもちろん、時折ブルー・ノートをなぞるジョ
ンの歌とギターのメロディ・ラインが渋くて堪らない。　　福田

Love Apple　Man On The Side

Love Apple　Numero 1978? (2012)

クリーヴランド出身で、70年代に発表した音源が再発見され、近年に
なってカルト人気を博すルー・ラグラン。彼が曲を提供したラヴ・アッ
プルは、地元の女性Vo.3人組で、ドラム、ピアノ、ギターだけをバッ
クに6曲を吹き込んだこれはデモテープ。それが名物再発レーベルから
2012年になってヴァイナル化されると一部で話題に。日本では坂本慎
太郎氏がレコメンし人気に火がついたが、音楽好きなら誰が聴いても感
じるところがあるはずのガレージ・ソウルお宝盤。普遍的なソングライ
トの良さに加えて、主役3人の真摯な歌も胸を打つ。　　小渕

Matthew Cassell　All I'm Missing Is You

Matt The Cat　no label 1978

サンフランシスコを拠点として活動したシンガー・ソングライター／マ
ルチ・プレイヤー、マシュー・ラーキン・カッセルの2nd。ジャズの
イディオムを存分に取り入れたソングライト、演奏によるAOR作品で、
今なら容易に注目を集められるほどハイレヴェルだが、これが当時は自
主制作で終わった極レア盤なのだから音楽業界とは難しい。"All I'm
Missing Is You"は、ゆったりとしたテンポのファンク・ビートにメロ
ディアスな歌を乗せたこれぞクロスオーヴァーな逸曲。前年の1stアル
バムも、聴くほどに味わい深い曲ばかりの秀作だ。　　小渕

Messenger　Bringin' The Message

Bringin' The Message　Light 1978

別枠掲載のソロ作も人気のリック・リソーと、CCM系ソングライター、サイ・サイモンソンを中心とするグループの2作目。76年の1stも素晴らしい内容だが、この2ndの方が洗練度が高く、歌詞の宗教色を除けば良質なAOR〜ブルー・アイド・ソウルとして楽しめるだろう。オープニングを飾る表題曲 "Bringin' The Message" の上品なファンクネスは、本作にも参加しているシーウィンドの初期作品にも通じる。流麗なストリングスの入ったジャジーなスロウ・ナンバー群はジョージ・ベンソン『Breezin'』からの影響が大きく、こちらも魅力的だ。　福田

Nicolette Larson　Lotta Love

Nicolette　Warner Bros. 1978

カリフォルニアで、この時期No.1の愛されガールだったニコレット・ラーソン。この1stアルバムの冒頭曲は、さすがのメロディづくりが光るニール・ヤング曲のカヴァーながら、原曲とは異なるディスコ・ビートにアレンジされ大ヒット。ジム・バージェスによる音圧アップな12インチ盤もつくられ、欧米ではディスコの定番に。近年リエディット、カヴァーが量産され人気再燃していた。翌年の2ndアルバムに収録されたマイケル・マクドナルドとのデュエット "Let Me Go, Love" もメロウ極まるスロウ・ジャムの名曲なのでぜひ。　小渕

Rhythm Heritage　Float On By

Sky's The Limit　ABC 1978

「S.W.A.Tのテーマ」のヒットで有名なディスコ・プロジェクト、リズム・ヘリテッジは、マイケル・オマーティアン、スティーヴ・バリ、ジェイ・グレイドンら70年代からポップス／AORシーンをリードしていたメンバーの顔ぶれに違わず、ディスコ以外の多彩な音楽性でも魅力を放つグループだ。3rdアルバム収録の "Float On By" は、盛り上げすぎない知的な楽曲構成と、切ないギター・ソロが絶品のメロウ・フローター。ラムゼイ・ルイスも演っていたインスト "Skippin'" もオススメ。翌79年にもレアな4作目『Disco Derby』がある。　福田

Samuel Jonathan Johnson　My Music

My Music　Columbia 1978

シカゴのキーボーディスト／シンガーの唯一作。メジャー中のメジャー発ながらほとんど知られてなかったレア盤で、スペイシーなディスコ・ダンサー "Sweet Love" や、ハジけるブギー "You"、ディスコ・ファンクの "Reason For The Reason" が近年、海外の著名DJにプレイされるようになり、再発〜注目を集める1枚だ。バカラックの "What The World Needs Now Is Love" を朗々と歌い上げるなど、天然さんらしさも散見されるが、ソングライトやアレンジのそこかしこに天才肌のきらめきが。優雅なメロウ・フローター "My Music" は絶品。　小渕

Spaceark　Take Her Out Dancing

Spaceark Is　Color World 1978

1973年にLAで結成された人種混声バンド、スペースアーク。サザン・ソウルやファンキーなロックを志向していた75年の1stから3年、この2ndはグッと洗練されたメロウ・グルーヴィな佳曲が詰まった好盤だ。スムーズなビートに転がるエレピと、ワウ・ギターが心地よく絡む"Take Her Out Dancing"は名曲。憧れはEW&Fだったのだろう、ブラジル味を取り入れたボッサ・ビートの"Sexy Lady"や、"Phantom Lover"も、みなぎるポジティヴ・ヴァイヴも好感触。2020年には未発表音源集を発表、ごった煮ながら好曲あり。　　　　小渕

Stevo　Messing Up A Good Thing

Musica Negra　Oliva Cantu 1978

ソングライターとして名を上げ、76年にはヒットした"Bump And Hustle Music"を含むソロ・アルバムも残したトミー・ステュウートを中心に、特異なソロ作（別枠掲載）で知られるハリー・ケイスらアトランタの精鋭が集ったスティーヴォ。この唯一のアルバムはトミーのソングライトが光る、シャレたファンキー・ソウル集。ウォーキング・テンポで、歌うギターがリリカルな"Messing Up A Good Thing"は、山下達郎さんの「素敵な午後は」を思い出させるシカゴ・ソウル調のメロウな好曲。同じくメロウな"Universal Love"もいい。　　　　小渕

Sun　Dance (Do What You Wanna Do)

Sunburn　Capitol 1978

オハイオのファンク・グループ。ファースト、セカンドはゴリゴリのファンクだが、メンバーが大幅にチェンジし作られたこのサード・アルバムは、前2作とは打って変わって洗練されたまさにシティ・ソウルな内容となっている。中でも特に人気が高いのがこの1曲。日本でもサンプリングねたとしても有名な、昔からDJに愛されているナンバーである。小気味いいギターのカッティングとメロウなエレピにもイチコロ。ちょい甘なヴォーカルもたまらない。ちなみにサンを脱退したメンバーらで結成されたグループがデイトンである。　　　　エミ

William D. Smith　Sweetie Pie

Smitty　????? 1978

ライ・クーダーやボブ・ディラン作品への参加、あるいはロバータ・フラックやケニー・ランキンへの楽曲提供で知られるキーボード奏者、ウィリアム・D・スミスによる、マッスル・ショールズ録音のソロ2作目。オープニング・ナンバーの"Sweetie Pie"は、共作者エリック・マーキュリーの75年作が初出だが、ここではより疾走感のあるアレンジに。サックス・ソロの入りに合わせて16ビートの質感が強まる演出がなんとも爽やかだ。ラリー・カールトンやナンシー・シャンクス、FCCらのカヴァーもある"Where Did You Come From"もナイス。　　　　福田

Adrian Gurvitz　The Wonder Of It All

Sweet Vendetta　Jet 1979

ロンドンのエイドリアン・ガーヴィッツは早熟のシンガー・ソングライター／ギタリスト。数々のロック・バンドでの活動を経て出したこの1stソロは、TOTOのメンバーら主にLAの腕利きと組んだ、AORディスコ・ソウルと呼びたいコンセプト・アルバム的なつくり。"Love Space"などで聴ける、ジェフ・ポーカロらによる端正な人力4つ打ち風ビートは、ダフト・パンクらに受け継がれているような。ここでのいち推し"The Wonder Of It All"は、完璧なまでのメロウ・スムーズ・グルーヴに甘い歌声がハマった、ビー・ジーズも真っ青の名曲だ。小渕

Alain Chamfort　Let Me Try It Again

Poses　CBS 1979

「ボンジュールお目、目さん」というカネボウ化粧品とのタイアップ・ソングが、70年代に日本でヒットしたフランスのシンガー・ソングライター、アラン・シャンフォー。この79年の4thアルバム収録曲"Let Me Try It Again"には、ジェーン・バーキンも作曲で関わっている。メインにフィーチャーされたアープ・シンセによるサスコードのバッキングに合わせ、アドリブでプレイされるエレピのサウンドが気持ちいいスロー・ナンバー。こういったフランス的な楽曲の空気感は、現代のシンセウェーヴの作品などに通じるところがあるように感じる。　Pigeon

Alan O'Day　Tonight You Belong To Me

Oh Johnny!　Pacific 1979

山下達郎氏の英語詞ライター／アドヴァイザーとして日本では知られる、LA出身のアラン・オデイ。これはメジャー発としては2作目で、前作に続きマイケル・オマーティアンがアレンジを担当。誰が聴いても南佳孝さんの「スローなブギにしてくれ」を思い出すだろう"Tonight You Belong To Me"は、印象的なベースが魅力たっぷりなの、グルーヴィなスロー・ロッカ・バラードの名曲だ。他にもハードボイルドな演出が効いたシティ・グルーヴ好曲がいくつか。特にビートの効いたミックスになっているのは、盟友である山下達郎氏の作品と同様だ。　　小渕

Babadu!　I Love Music

Babadu!　HANA.I.A 1979

ハワイ産シティ・ソウルの最高峰のひとつで、ババドゥ！なるあだ名を持つシンガー・ソングライターの唯一作。カラパナそしてレムリアのキーボーディスト、カーク・トンプソンのアレンジ／プロデュースも冴えに冴えた、ハワイ流ガレージ・ポップ・ソウルが存分に楽しめる名盤だ。ここでのいち推し"I Love Music"は、ビリー・ジョエル"The Stranger"にも山下達郎氏「Paper Doll」にも似ている、シカゴ・ソウルのステッパーズ・リズムを用いたアルバム中で最もファンキーな名曲。他にも爽快メロウな秀曲が満載のお宝盤。　　小渕

Barry Manilow　Rain

One Voice　Arista 1979

「哀しみのマンディ」「歌の贈りもの」のヒットで知られ、日本では半ばアイドル的人気を誇っていたバリー・マニロウ。彼の作品＝MOR（ミドル・オブ・ザ・ロード）という先入観を持ってしまいがちだが、特に70年代終盤〜80年代前半にかけては多彩な音楽性を取り入れており、本人も近年のカヴァー集などでAORからの影響を明かしている。6作目のスタジオ・アルバム収録の自作曲 "Rain" は、ソウルやジャズ由来のエッセンスを鏤めた都会的なサウンドが今も新鮮。どの作品も時間とお金のかかった丁寧な作りなので、聴き直すと発見が多い。　　　福田

Ben Sidran　Hi-Fly

The Cat And The Hat　Horizon 1979

"ドクター・ジャズ" の異名を取るベン・シドランは、レコード・コレクターだった父の影響で幼少期からジャズに親しみ、音楽書も発表している知性派。60年代からスティーヴ・ミラーやボズ・スキャッグスらと交流し、70年代のソロ作ではジャズとロックの自己流クロスオーヴァーを追究してきた。8枚目の本作は、彼の音楽的洗練のひとつの完成形とも言えるもので、ジャズのスタンダードに詞を付けて歌った構成がユニーク。"Hi-Fly" はランディ・ウェストンが50年代に書き、キャノンボール・アダレイの演奏でも知られるナンバーの見事な再解釈。　　　福田

Bobby Lyle　Dream Lady

Night Fire　Capitol 1979

メンフィス出身のピアニスト、ボビー・ライルによる、キャピトルでは3作目となるソロ・アルバム。レアグルーヴ方面で人気の高い前2作『The Genie』『New Warrior』と、89年の次作『Ivory Dreams』以降のスムーズ・ジャズ・シーンでの活躍の間に挟まれ、印象の薄い本作。だが、内容は白スーツを纏ったジャケット通りの都会的なヴォーカル・アルバムで、シティ・ソウル・リスナーへの訴求力満点。"Dream Lady" はフュージョン・タッチの軽快なグルーヴと、ボビー本人のドスの効いたヴォーカルの対比がユニークだ。　　　福田

Chris Rainbow　Love You Eternally

White Trails　EMI 1979

スコットランドのポップ・ロック・ミュージシャン、クリス・レインボウのサード・アルバムにして最後のソロ・アルバム。一人多重録音による極上のハーモニーが存分に味わえる至福の1枚。幾重にも重なる美しい歌声とメロディは鳥肌モノ。彼の代表曲のひとつとも言える "Love You Eternally" は、ぜひ山下達郎好きの人に聴いていただきたい。中盤のListen 〜からの怒涛の多重コーラスは圧巻のひと言。クリス・レインボウはこのアルバムのリリース後、アラン・パーソンズ・プロジェクトやキャメルなどでも活動し美声を披露している。　　　エミ

Chuck Cissel　Do You Believe

Just For You　Arista 1979

ブロードウェイ・ミュージカル出身のシンガー、チャック・シセルの1stは、ディスコ意識のシングル・ヒット "Cisselin' Hot" あたりのハデなトラックよりはむしろ、ミディアム〜スロウの温かく重厚なサウンド・メイキングが彼の伸びやかな歌声にマッチしているように思う。アルバムのラストを締めくくる "Do You Believe" は、アレンジを纏め上げた名手スキップ・スカボロウの上品なローズ・ピアノ、ポール・ジャクソンJr.の十八番カッティングなど、演奏面も完璧なメロウ・ダンサー。ブラコン〜シティ・ソウル方面での再評価を期待したい才能だ。　福田

Cortex　I Heard A Sigh

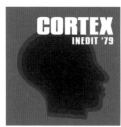

Inedit'79　Underdog 1979 (2006)

ボビー・ティモンズやレス・マッキャンなど、ファンキー・ジャズの名手たちの影響を色濃く受けた鍵盤奏者、アラン・ミオンを中心としたフランスの伝説的ジャズ・ファンク・バンド。サンプリング・ソースとしてもマッドリブからタイラー・ザ・クリエイターに至るまで、幅広い世代から愛されている。本作は79年に録音されるも何故か当時未発表となった幻の4th。代名詞であるエレピのサウンドを軸にしつつ、どこか陰のある楽曲が並ぶさまは、彼らの傑作群においても特に「今っぽい」内容。ボビー・ハンフリー『Blacks And Blues』のファンにも◎。TOMC

Darrow Fletcher　Rising Cost Of Love

not on album　Atlantic 1979

60年代中期から70年代末までさまざまなレーベルからコンスタントにシングルを発表するも、ヒットに恵まれずアルバム・リリースにはこぎつけられなかったダロウ・フレッチャー。近年の再評価によりその多くが45コレクターたちのフェイヴァリットに挙げられるように。この7インチは最後のリリース曲。ミリー・ジャクソンやジーン・テレルなどにも歌われている楽曲だが、こちらは重心低めの研ぎ澄まされたアレンジが光るグレイト・ヴァージョン。コブシのきいた歌声が、彼の不遇のアーティスト人生を知るとさらに刺さって聴こえる。　能登谷

Edgar Winter　Make It Last

The Edgar Winter Album　Blue Sky 1979

兄ジョニー・ウィンターの作品に参加した後にソロ・デビューし、自身のグループを率いての活動でも知られるアルビノのロック・レジェンド、エドガー・ウィンター。兄に比べ、活動初期からジャズやソウルなどの要素を取り入れる器用さを持ち合わせており、79年発表の本ソロ作は大胆にディスコ・サウンドを取り入れた異色作に。この "Make It Last" も4つ打ちビートだが、ディスコ色は強くなく、洗練されたコード進行と洒脱なサックス・ソロはむしろAOR的。いかついジャケにビビらず、フラットな視点で聴くと非常に興味深いアルバムだ。　福田

Evelyn "Champagne" King　I Think My Heart Is Telling

Music Box　RCA Victor 1979

"Shame"と"Love Come Down"、ダンス・クラシックを2曲も持つイヴリン・キングだが、本書で推すのは"I Think My Heart Is Telling"。ライター・シェイド・オブ・ブラウン"Things Ain't the Same"〜リル・ロブ"Neighborhood Music"とチカーノ・ラップのヒット曲でネタ使いされおなじみとなった秀曲だ。スロウなのにバウンシンなドラム＋ベースに、一度聴けば忘れないメロディアス＆ブルージーなギター・リフが絡むシティ・ブルース。前作中の、アイス・キューブ"You Know How We Do It"ネタの"The Show Is Over"もぜひ。　　小渕

Evie Sands　Lady Of The Night

Suspended Animation　RCA Victor 1979

10代半ばでデビューし、長い不遇の時代を経て60年代終盤に1stアルバムを、74年にはプレAOR的な2ndを発表したNY出身の美形SSW、イーヴィ・サンズの3枚目。豪華なバック・ミュージシャンに注目してしまいがちだが、全曲のソングライティングに携わった彼女の作曲の才を再確認したい。彼女の曲は多くの大御所に歌われており、本作冒頭の"Lady Of The Night"はヘレン・レディ、ルーシー・ホーキンズらにも取り上げられた力強く艶やかなブルー・アイド・ソウル。本作以降は作家活動に専念していたが、98年にカムバック作を発表した。　　福田

Father's Children　Hollywood Dreaming

Father's Children　Mercury 1979

60年代後半の結成以来、事務所の倒産など相次ぐトラブルで長く不遇をかこったファンク・バンドが、元クルセイダーズのウェイン・ヘンダーソンをプロデューサーに迎えようやくリリースしたLA録音の1st。元来泥臭い演奏を売りにしていた彼らだが、本作は滑らかなホーン・アレンジやエレピを軸に、分離の良い非常に洗練されたサウンド・デザインで統一されている。中でも"Hollywood Dreaming"はDJ・スピナのミックスで使用されたことでも広く知られる、コーラス・アレンジがシックな雰囲気を醸すミディアム・グルーヴの名曲。　　TOMC

Frannie Golde　Here I Go (Fallin' In Love Again)

Frannie　Portrait 1979

シカゴ出身でLAに渡った後、デニス・エドワーズ"Don't Look Any Further"を始めソウル／ポップのヒット曲を多数共作、ソングライターとして大成したフラニー・ゴールド。シンガーとしても3枚のアルバムを残した彼女のこれは2枚目。トッド・ラングレンの名曲"I Saw The Light"に似たAメロで始まる"Here I Go"はメロウ・グルーヴィな好曲。キャッチーなサビとジャジーなサックスが効いたこれぞシティ・ソウルだ。コモドアーズ"Nightshift"も彼女が共作した曲で、デニス・ランバートとデュエットした作者ヴァージョンもいい。　　小渕

George Benson　Welcome Into My World

Livin' Inside Your Love　Warner Bros. 1979

"This Masquerade"で披露した上手過ぎるヴォーカルが注目を集めてから3年後の、歌ものメインのワーナー3作目。2枚組の大作で、彼を慕うアール・クルーが書いたタイトル曲や、LTDの"Love Ballad"、ヤング・ホルト・アンリミテッド"Soulful Strut"のカヴァーの影に隠れがちな名曲が"Welcome Into My World"だ。クールながら時折熱く燃える曲の抑揚、一聴してそれと分かるスティーヴ・ガッドの印象的なドラミング、ロニー・フォスターの知的なエレピ、エレガントに仕上げるクラウス・オガーマンの弦アレンジ、その全てが高次元で結実。 福田

Greg Smaha　Sunshine

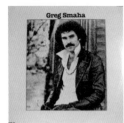

Greg Smaha　RCA 1979

フランス人のグレッグ・スマーハによる全編英語歌唱の（おそらく）唯一作から、近年某コンピにも収められたメロウ・グルーヴを。録音はハリウッドで、演奏もジム・ケルトナー、ドン・グルーシンらアメリカのセッションマン。ルーサー・ヴァンドロスが歌うTOTO "Georgy Porgy"のカヴァーで有名な覆面ディスコ・ユニット、チャームを主導したマイシャ・シーガルがプロデュースと編曲および大半の収録曲の共作を手がけている。謎多きアーティストだが、アルバム通して質が高く、既ににカルト的人気が高まりつつある。フィジカルで入手するなら今のうち。　　福田

Hiroshima　Roomful Of Mirrors

Hiroshima　Arista 1979

ヒロシマは1974年にLAで、ダン・クラモトを中心に日系アメリカ人3せらで結成されたフュージョン・バンドである。当時アメリカで活動していた喜多嶋修や横倉裕と同じく、琴・尺八・和太鼓などを取り入れた和洋折衷なクロスオーヴァー・サウンドを特徴としている。クルセイダーズのウェイン・ヘンダーソンがプロデュースした79年の1stは、他のグループにはない独特の世界観でオリエンタル・ムード満点の仕上がり。テリー・クスモトの甘いヴォーカルと美しい琴の調べが見事に調和したこの曲はAORとしても人気の高い1曲。　　　　　エミ

Hubert Laws　Land of Passion

Land of Passion　Columbia 1979

同じく音楽業界で活躍するロニー、デブラ、エロイーズらの兄で、ジャズ～クロスオーヴァー・シーンを代表するフルート奏者であるヒュバート・ロウズ。多くの同業ミュージシャンがそうであったように、ヒュバートも70年代終盤～80年代前半にかけてヴォーカル・ナンバーに挑戦。79年作の表題曲"Land Of Passion"は、不気味なほどにスロウな16ビートと複雑なハーモニーが独創的な世界観を醸し出している。前作収録の"False Faces"や、次作タイトル曲の"Family"も、妹デブラを迎えてソウルフルに迫る、素晴らしい歌モノだ。　　　福田

Jolis & Simone　Midnight Lady

Jolis & Simone　Columbia 1979

バリー・マニロウやレイ・グッドマン＆ブラウンへの楽曲提供で知られ
るふたりのイタロ・アメリカン、ジェイムズ・ジョリスとケヴィン・ディ
シモーンによるデュオの唯一作から、ほのかにラテンのエッセンスが香
る絶品ブルー・アイド・ソウルを。彼らのデビュー・シングルとして
77年に録音された曲で、バリー・マニロウ繋がりでロン・ダンテがプ
ロデュースしていた。大手である米コロムビアからのリリースの割にほ
とんど盤が出回っておらず、AORファンに知られる穴盤といった感じ
だったが、20年にはダンテのソロ作と併せて無事CD化。　　福田

Kenny Nolan　You're So Beautiful Tonight

Night Miracles　Casablanca 1979

ポップス・ファンには76年の全米3位曲"I Like Dreamin'"のヒットや、
ボブ・クリューと組んでのフランキー・ヴァリやラベルらへの楽曲提供
で、ソウル・ファンにはタヴァレスのバラード・メイカーとしても知ら
れる白人SSW、ケニー・ノーラン。4作中の3作目となる本ソロ・ア
ルバムではディスコに接近。"You're So Beautiful Tonight"はホー
ンが効いたメロウ・ダンサーで、"Maybe I'm Mindless"も美味しい
ミディアムだ。本人的には黒歴史なのかもしれないが、このまま埋もれ
てしまってはあまりにもったいないシティ・ソウル満載の好作。　福田

Lalo Schifrin　Middle Of The Night

No One Home　Tabu 1979

『ダーティハリー』『燃えよドラゴン』など、1950年代から数多くの映画
やテレビのスコアを手がけた大御所作曲家／編曲家であるラロ・シフリ
ン。彼は意外（?）にもディスコ／ファンクの名門、タブーに2枚のアル
バムを残しており、これはその2作目。レオン"ンドゥグ"チャンクラー、
ポール・ジャクソン、パトリース・ラッシェンなど強力な布陣がサポー
トした本作には、ブリージーなフルートで幕を開けるミディアム・フュー
ジョン・ソウル"Middle Of The Night"、ミスティックなメロウ・グルー
ヴ"Memory Of Love"といった逸品を収録。　　能登谷

Madagascar　Rainbow

Spirit Of The Street　Arista 1979

ミラクルズやダイアナ・ロス、マイケル・ジャクソンらとの仕事でも知
られる鍵盤奏者ジョン・バーンズが主導し、エド・グリーンやジェラル
ド・アルブライトら売れっ子スタジオ・ミュージシャンがメンバーに名
を連ねた6人組グループの唯一作から、とりわけ人気の高いモダン・ソ
ウルを。ファンクの重厚なリズムとAORの多彩なハーモニー感覚の良
いとこ取りのようなサウンドが、どこまでも心地よく香る。リード・
ヴォーカルのマーヴァ・キングや、コーラスで参加したビリー・グリフィ
ンのソロ・デビュー作も共通項が多いので、併せて楽しみたい。　福田

Matthew Ward　Hold On

Toward Eternity　Sparrow 1979

CCMシンガー、マシュー・ウォードのソロ・デビュー作。ともにセカンド・チャプター・オブ・アクツというグループで活動する姉のアン・ヘリングが作曲した"Hold On"は、彼の伸びやかなハイトーンとフェイクの多用がスティーヴィ・ワンダーを思わせるゴキゲンなナンバーで、バックもマイケル・オマーティアン、ジェイ・グレイドン、レイ・パーカーJrらが手堅く支えている。アルバムとしては初期ドゥービー・ブラザーズのようなファンキー・ロックが大勢を占めるが、この1曲はジョン・ヴァレンティあたりが好きな方の耳に届いて欲しい。　　福田

Michel Jonasz　Mini-Cassette

Les Années 80 Commencent　Atlantic 1979

フランスのシンガー・ソングライター、ミシェル・ジョナスの6thアルバム。もともとファンク・ソウル色の強い楽曲も発表していたが、79年のこのアルバムではいなたさが薄くなり、ジャケもほぼレオ・セイヤーと見間違えるようだ。"Mini-Cassette"は、ゆるいサンバ・ディスコのようなドラムにスラップ・ベースと、心地よいエレピが載ったシャンソン・ポップ。ドラムからはじまるためDJでも使いやすく、サビのパートの、ワウを効かせたエレピのアレンジが特にかっこいい。恋愛をカセットテープに例えた歌詞も時代感があっておもしろい。　　Pigeon

Midnight　It's Never Too Late

Midnight　Unison 1979

ソロ作『Tanger』も人気のフレンチ・カナディアン・シンガー、ドワイト・ドルイックが、同じくカナダを拠点としたフィリップ・ヴィヴィアルと結成したミッドナイトの唯一作からのシングル・ナンバー。LAの主流AORに比べるとややアップテンポで、自然と腰を動かしたくなる高揚感が魅力なシティ・ポップスに仕上がっており、この手の曲調ではサックスかギターが相場のソロ・パートにハーモニカを配したセンスもおもしろい。同内容を仏語で歌ったMinuit名義の盤も存在するが、ここでは取っつきやすさ重視で英語詞ヴァージョンをご紹介。　　福田

Nancy Wilson　Sunshine

Life, Love And Harmony　Capitol 1979

50年代半ばのデビュー以降、およそ50年に渡り計70枚以上ものアルバムを残した、オハイオ州出身の大御所ジャズ・シンガー。本作はグラディス・ナイトやシャラマーなどとの仕事で知られるラリー・ファーロウが全編曲を担っており、この時点でキャリア20年超である彼女の新たな魅力を引き出すことに成功している。中でも本曲はギル・スコット・ヘロン『Secrets』でも演奏している隠れた名ドラマー、ラルフ・ペンランドの強弱の効いたプレイ、およびラリーのアクの強いシンセ・フレーズが見事に調和した、メロウ・グルーヴの大傑作だ。　　TOMC

Natalie Cole　The Winner

I Love You So　Capitol 1979

ナタリー・コールの5作目のスタジオ・アルバム。デビュー時から彼女を支える当時の夫マーヴィン・ヤンシーと、チャック・ジャクソンのインディペンデンツ出身コンビに、ジーン・バージを加えた3人のプロデューサー陣が共同で書いた"The Winner"は、彼女のコケティッシュな声の魅力を存分に引き出したジャジー・ポップス。自由に駆け巡るピアノの演奏も魅力的で、一見お茶目なプレイにも聴こえるが、最後のコーラス部分ではコードにテンションを付け足し、同じパートを繰り返しても飽きさせない工夫が感じられるのもニクい。　　　福田

Natalie Cole / Peabo Bryson　I Want To Be Where You Are

We're The Best Of Friends　Capitol 1979

ナタリー・コールとピーボ・ブライソンの全編デュエット・アルバム。プロデューサーや演奏陣は曲ごとにピーボ陣営とナタリー陣営に分かれ、交互に指揮を執っているが、ここではピーボ側制作のメロウ・ダンサー"I Want To Be Where You Are"をイチオシに。ジョニー・ペイトとピーボによる整ったアレンジが素晴らしく、終盤に向けて緩やかにヒートアップしていくピーボのレギュラー・バンド・メンバー各人の息もピッタリ。他の収録曲ではボビー・コールドウェルのカヴァー"What You Won't Do For Love"がグッド。　　　福田

The Osmonds　Baby's Back

Steppin' Out　Mercury 1979

アイドル的人気を博したファミリー・グループ、オズモンド・ブラザーズ～ダニー＆マリー・オズモンドの作品には、AORにも通じる良質なポップ・ソングが数多く存在するが、シティ・ソウル的感性で1曲を選ぶなら、間違いなくこの"Baby's Back"が筆頭候補だ。作曲はメンバーらの手によるものだが、ビー・ジーズを思わせる印象的なコーラス・アレンジや歯切れの良いリズム・アレンジは、プロデュースを担当したモーリス・ギブ由来のものであるように聴こえる。コズミック・ディスコ"I,I,I,"はサンプリングねたにも使用されていた。　　　福田

Ronn Matlock　I Can't Forget About You

Love City　Cotillion 1979

エディ・ケンドリックスやキース・バーロウらとの仕事でも知られるデトロイト出身シンガー・ソングライターの唯一作。当時はディスコ調のシングルが辛うじてチャートインしたのみのマイナー盤だが、ポツリポツリ零すような歌い回しのバリトン・ヴォイスと、リオン・ウェアにも通じるウェットな曲調～生音を活かした繊細なアレンジが楽しめる佳作に仕上がっている。本曲はストリングスとブラスの柔らかな音色が美しいミディアム・グルーヴ。AOR調のキャッチーなポップ・チューン"You Got The Best Of Me"も絶品。　　　TOMC

Ronnie Foster　You're The One

Delight　Columbia 1979

ブルー・ノート期のソロ作も高い人気を誇り、80年代はジャヴァンら
MPB方面でのプロデュース・ワークも冴えていた鍵盤奏者、ロニー・フォ
スター。70年代中期から自身のヴォーカルを披露しており、本作では
ブラコン／AORに接近した歌ものが3曲も収められている。中でもス
ロウ16ビートの"You're The One"は白眉の出来で、ロニーの歌は決
して上手くはないが、テナー・ヴォイスとスティーヴィ・ワンダー譲り
のヴィブラートがクセになる。シンセサイザーをふんだんに使った煌び
やかな音作りも、時代がひと周りした今聴けば全く古臭くない。　福田

Rufus　Bet My Dream

Numbers　ABC 1979

リード・シンガーのシャカ・カーンが多忙なソロ活動で不在だった時期
のルーファス作品には、70年代初期から人種混成バンドの先駆けとして
先進的なミクスチャー音楽を提示してきた彼らの本質が詰まっているよ
うに思う。この"Bet My Dream"や、81年の『Party 'Til You're Broke』
収録の"Secret Love"あたりは、何を演っても格好よくまとまるシャカ
の圧倒的な歌のパワーに頼れない分、練りに練ったクロスオーヴァー風
味のアレンジが施されており、改めて聴くと本当に完成度が高い。「ルー
ファスはシャカのバック・バンド」だなんて、とんでもないぞ！　福田

Saint Tropez　Violation

Je T'Aime　Butterfly 1979

官能的な愛のアバンチュールという謳い文句で日本盤も発売されてい
た、美女3人のディスコ・ユニット、サントロペの1stアルバム。セルジュ・
ゲンズブールとジェーン・バーキンの"Je T'Aime"をディスコでやる
企画ものだ。エロスを前面に出すために極度にスロウなナンバーが多く、
シャンソン・ソウルのような仕上がり。エル・ココをヒットさせたリン
ダー＆ルイスが仕掛け人のため、ストリングス・ワークが素晴らしく、
シンセがコズミックでドラムもタイトだ。この"Violation"を焼き直し
た翌年の"Belle De Jour"も最高。　Pigeon

Splendor　Splendorland

Splendor　Columbia 1979

ビリー・ナンとボビー・ナンの兄弟を中心とするグループ、スプレンダー
の唯一作から、グループ名を冠した艶やかなスロウ"Splendorland"を。
プロデュースはフィリップ・ベイリーで、彼の下にソウル系の腕利き
ミュージシャンが結集し、演奏面で見事にバックアップ。EW&Fの
"Brazilian Rhyme"にも入っており、アース関連作のトレードマーク
とも言えるポウリーニョ・ダ・コスタが食器のスプーンを叩いた音色が
間奏部で披露されており、そんなところにもニヤリとさせられる。
"Special Lady"にはサンプリング例がいくつか存在。　福田

Steve Hillage　Open

Open　Virgin 1979

UKのスティーヴ・ヒレッジは、プログレ・バンドとされるゴングでギタリストとして名を上げた後、75年からコズミック、アンビエント、テクノの先駆けともなるソロ・アルバムを量産。システム7としての活動を挟んだ今も現役バリバリのレジェンドだ。80年代の幕開けを睨みエレクトロ～ヒップホップにも特に接近した本作。タイトル曲は、スラップ・ベースもノリノリな重くて軽いファンク・ビートに、ファンキーなギターとシンセ、そしてヴォコーダーが乗る、奇跡的なまでにクールなスペース・エレクトロ・シティ・ファンクの大名曲だ。　　　小渕

Sweet Comfort Band　Undecided

Hold On Tight　Light 1979

CCMに分類されるカリフィルニアのスウィート・コンフォート・バンド。シーウィンドのメンバーがプロデュースした前作に続く3rdアルバムだ。本作にもシーウィンド・ホーンズが参加、明るく開放的な曲の多い彼らだが、CCMチャートも上った"Undecided"は出色の仕上がり。前年に出たロバート・パーマーの「違いを越えた愛」を謳った"Every Kinda People"にもインスパイアされたかと思しき、マーヴィン・ゲイ"Mercy Mercy Me"に似たメロウ・グルーヴが絶品の人気曲だ。ロックンロールに混じってこんなシティ・ソウルが入っているからたまらない。　小渕

Tim Sheppard　I've Got The Feelin'

Songtailor　Greentree 1979

AORを熱心に掘り下げている方でなければ、その名前に聞き馴染みがないであろうティム・シェパードは、76年デビューのCCM系SSW。ジェイムズ・テイラーっぽくアコギが香るフォーキーな作風がメインなのだが、時折この"I've Got The Feelin'"のようにノリの良いグルーヴを聴かせるのがマニア心をくすぐる。80年代には本作のプロデューサー、フィル・ジョンソンやダラス・ホルムと組んだトリオ名義での活動もあるが、ブルー・アイド・ソウル指数が高く曲が粒揃いなのは、やはり本作とその前後1枚あたりだろう。　　　福田

Yoni Rechter　Layla Vayom

Intentions　Hed-Arzi 1979

イスラエルのシンガー・ソングライター、ヨニ・リヒターはプログレ・ロック・バンド、カヴェレのメンバーということもあり、70年代のソロ作品にはプログレッシヴ・ロックの影響が強く感じられる。ジェネシスを脱退したピーター・ガブリエルの楽曲を想像するとわかりやすいだろう。"Layla Vayom"は、フォーキーで印象の強いエレピのリフと、グルーヴのあるドラム、MPB作品で聴かれるようなヨニの語りかけるヴォーカルが心地よい。日本ではプログレ・ファンに聴かれることが多いが、より多くの音楽ファンに聴かれるべきアルバムだ。　Pigeon

音質・音響から考える
シティ・ソウル
column for CITY SOUL

文：チェスター・ビーティー

■ 70年代後半〜80年代の音圧戦争

「あらゆる芸術作品はすべて『特殊な状況の
もとで』描かれたのである」
（高階秀爾『近代絵画史』）

　他の芸術作品と同様に、ポップ・ミュー
ジックもテクノロジーの発達とともに日進
月歩を繰り返してきました。本コラムでは、
アーティスト個人の創作能力ではなく、筆
者の専門領域であるエンジニアリング／マ
スタリングに着目することで「シティ・ソウ
ル」を、「状況」つまり「ガワ」の側面から考え
てみたいと思います。

　まず、本書で取り上げている音楽は、70
年代後半からのディスコ・ブームを抜きに
は語れません。The Doobie Brothersの
エポックな名曲"What A Fool Believes"
（78年）は、ディスコの音圧にいかに対抗す

るか？という問いから生まれた楽曲である
と、私は考えています。拙著『配信映えする
マスタリング入門』でも書きましたが、人間
の耳は、同じ音なら大きな音の方（ここでは
単純化して音圧が高い＝大きな音として話
を進めます）を「良い音」であると感じる性質
があります。例えばラジオで2つの音楽が
流れた場合、音圧面で勝っていないと、ど
んな名曲であっても、良い音楽とは感じら
れないということがあるのです。山下達郎
さんもご自身のラジオ番組で古い音楽をか
けるときに言われていることですね。
　70年代後半、ディスコの音の太さや音圧、
音の大きさになれてしまったリスナーには、
それ以前の音では対抗できなかったのです。
また音圧の面でも、フィル・スペクターが
ヒットを飛ばしていた60年代の音圧ノウハ
ウ（いわゆる音の壁＝ウォール・オブ・サウ
ンド）とは別の技術が70年代には誕生して
いきます。

70年代後半に革命的な音を生み出してい
たのは、ABBAが使用した、スウェーデン
はストックホルムのレコーディング・スタ
ジオ、Polar Studiosです。ここで使用さ
れているコンソールはHarrison 32シリー
ズ[※1]。Michael Jacksonの『Thriller』[※2]
(82年)でも使用された名機を、レコーディ
ング・エンジニアのLeif Mases[※3]が独自
の改造を施し、さらに隠し技的に
dbx160VUというコンプレッサーを多用し
ながら、サウンドにリッチな厚みを付加し
ました。当時の文献を読むと、エンジニア
はみなABBAの音の表現に衝撃を受け、そ
の秘密を探ろうと躍起になったといいます。
この手法は後に、SSL社などを代表するコ
ンソールの標準装備となります。おそらく、
"What A Fool Believes"をプロデュース
したTed Templemanも、ディスコに対
抗できる太い音づくりをバンド・サウンド
で目指したに違いなく、Amigo Studios
にてエンジニアのDonn Landeeとともに
試行錯誤していたのでしょう。当時を回想
したMichael McDonaldのインタヴューに
は、Urei1176などのコンプレッサーを駆使
したり、スタジオ内にベニヤ板などを持ち
込み反響や音圧を作ったり、3Mの24マル
チトラック・レコーダーで何百回も録音し
ながら、苦行のようなレコーディングを乗
り越えたと答えています。またLittle Feat
のBilly Payneとともに演奏とプログラミ
ングを行ったOberheimのシンセ、
8-Voice(77年発売)と、ストリングス・
シンセのARP Solina(Roxy Musicも多用)
も効いていて、ブルー・アイド・ソウルと
いうより音色的にはシンセ・ポップの先駆

けともいえます。その後、Ted
TemplemanとDonn Landeeのチーム
は、Van Halenで80年代を象徴するロッ
ク・サウンドを作り出すことにも成功して
います。

■ コンプレッサーなき日本のシティ・ポップ

　ちなみに、コンプレッション過多な洋楽
に対して、日本のシティ・ポップ史に燦然
と輝く名盤『A LONG VACATION』(81年)、
『FOR YOU』(82年)のエンジニアとしても
知られる吉田保氏は、コンプレッサーは使
わず、スタジオの反響で太くする手法を好
んで採用しています。スタジオのどこで録
れば、音がラグジュアリーに太くなるのか
を熟知していた氏ならではの匠の技術とい
えましょう。氏曰く、当時の歌謡曲では当
たり前だった同時録音の現場とは異なり、
シティ・ポップのレコーディング現場では、
ヘッドアレンジという楽器ごとに単体で録
音する手法が採られたが、これは同時録音
よりもはるかに音圧が落ちるため、音圧を
出すための試行錯誤の末にたどり着いた境
地だったと、筆者がインタヴューした際に
回想されています。またテープを何度もダ
ビングしながら音源を重ね、音圧を稼いだ
とも語り、特にこの手法は山下達郎さんの
多くの作品で聞くことができます。これは
当時、国内でも最高峰のスタジオであった
SONYの信濃町スタジオや六本木スタジオ
であっても、それほどの数のコンプレッサー
を所有していなかったため、苦肉の策から
生み出された手法でありました。

■ エンジニアの視点

　「シティ・ソウル」として愛聴される音楽が誕生した時代は、ひょっとするとロック／ポップスの王道のコード・パターンなど作曲面でのノウハウがアーティストの間で完成されつつあり、それ以外での差別化をはかるため、エンジニアの視点が音楽の売り上げを左右する時代がスタートしたといえるのでないでしょうか。70年代後半から、ヒット・チャートにはエンジニア出身のプロデューサーが多くなっていきます。つまり、彼らが所属していたスタジオという「ガワ」から音楽が生まれていた時代だったのでは。

　そして、現在も、おもしろい音楽からは、よりいっそう「スタジオ」や「エンジニア」を感じることができるのです。たとえばHaimの『Women In Music Pt. III』（20年）は、60s〜70sの最高級のヴィンテージ機材を取りそろえたValentine Recording Studiosならではの音がしています。このStudio Aで使われるコンソールはカスタムされたMCI JH400。2000年代以降、名盤を連発しているレーベル、ストーンズ・スロウの多くの作品は、彼らのスタジオで使われているAPIコンソールの音とともにDeccaやMotown、Staxのスタジオで使われたElectrodyneのEQが通されています。Thundercatの『Drunk』（17年）も、エンジニア兼プロデューサーのFlying Lotusの音への指向性がやはり素晴らしく、Rolandのリズム・マシンTR-707を、パツンパツンに詰まらせた音に仕込んで、70年代のドラム・サウンドを見事に現代に蘇らせています。Derek Ali（MixedByAli）も現

在の象徴的な存在です。Kendrick Lamarのエンジニアとして有名ですが、Dr.Dreのプライヴェート・スタジオがホーム。PC内部でのミックスを持ち味としながらも、同時にSSLの卓を自分の手足のように使って、独自の音世界をつくりだしています。アリの場合は、アレンジャーでもあり、エンジニアでもあり、プロデューサーでもあります。D'Angelo『Voodoo』（00年）、The Roots『Things Fall Apart』（99年）、Erykah Badu『Mama's Gun』（00年）で2000年代の音の潮流をつくりだしたソウルクエリアンズの音づくりも特筆すべき。ジョニ（・ミッチェル）、ジミ（・ヘンドリクス）、プリンスを足したものをつくりたいと考えて、彼らが向かった先が、Electric Lady Studiosでした。ほかにもDaft Punk『Random Access Memories』（13年）のエンジニアであるMick Guzauskiなど、エンジニアとセットで語られる作品が近年は増えてきました。

■ サブスク時代になり、
　　配信映えのマスタリングが誕生

　さらに、配信＋スマフォのイヤホンでの聴取が一般的になってくると、従来のノウハウとは別の音づくりが、早急に求められました。現在、世界中のミックス・エンジニアやマスタリング・エンジニアたちが、配信で良く聞こえる音／他曲より映える音を、いかにつくりだすかにしのぎを削っています。それはときには、楽曲の構成、アレンジにまでおよんでいます。ミュージック・ビジネスの成熟したアメリカでは、アー

ティストがスタジオで良い音楽をつくっても配信時の基準（ラウドネス基準が有名ですが、関心ある方は拙著をお読みください）や、リスナーの聴取環境を理解したマスタリングが施されないと、「今の音」として聞かれないということに意識的です。イントロが短く、3分前後で曲が終わる。Bメロがなく、Aメロからすぐサビへ向かうなどのアレンジ以外に、楽器の構成でも共通点があります。太めのキックやベース、ハンドクラップにヴォーカルだけというシンプルな楽曲。中域の成分をヴォーカルだけにすれば、スマートフォンやPCで聞いても印象的な楽曲になります。

このようにエンジニア視点で各時代の音楽を聞いてみると、名曲、名演を味わうといった以外にも、さまざまな発見があります。

※1　Harrison 32シリーズ
Harrison 32シリーズを開発したWilliam David Harrisonは、もとはMCI社にてMCI JH400シリーズを開発した人物。その後、Harrison社を設立し、Harrison 32を制作。ちなみに世界で最も売れたアルバム1～3位は彼が設計したコンソールで作られています。1位Michael Jackson『Thriller』のHarrison3232。2位のEagles『Their Greatest Hits 1971-1975』では「ホテル・カリフォルニア」を始め多くの楽曲がMCI JH400から作られています。3位のAC/DC『Back In Black』はMCI JH400の後継機でもあるJH500。このコンソールは90年代を代表するSSL社製コンソールのモチーフにもなりました。また80年代にPower Plant Studioで録られたSadeの諸作も同じくHarrisonのコンソールが使われています。エンジニアはプロデューサーも兼任するMike Pela。

※2　Michael Jacksonの『Thriller』
このコラムを書いていた2020年11月16日に『Thriller』のエンジニアだったBruce Swedienが逝去。Quincy Jonesの片腕として多くの名盤を制作。Acusonic Recording Processという彼独自の音響空間技法は秘伝中の秘伝。当時はAcusonic Recording Processというマシンがあると勘違いし、わざわざ日本から買いに来た人もいたという逸話も残っています。

※3　Leif Mases
ABBAを始め、Jeff BeckやLed Zeppelin、Black Sabbathなどの作品を手がけた名プロデューサー／エンジニア。現在は世界中の有名マスタリング・スタジオで必ず使われている、最高級マスタリング機材を制作するMASELEC社のオーナー。

チェスター・ビーティー
音楽制作プロデューサー／エンジニア。1990年代ごろよりドイツの名門レーベル、TRESORやBpitch Controlなどで作品をリリース。BBCの『John Peel Session』で選ばれるなどワールドワイドな活動をおこなう。現在はSONY、YAMAHA、トヨタ自動車などの広告音楽を制作する会社、ラダ・プロダクションを共同経営しつつ、シティ・ポップ再構築プロジェクト「檸檬」のプロデュースなども手がける。日本レコーディングエンジニア協会（JAREC）理事。著書に『配信映えするマスタリング入門』（DU BOOKS）。愛用のコンソールはMCI JH416。

Part 2

1980 - 1983

シティ・ソウルの最初の黄金時代

ディスコ・ブームは、音楽産業を巨大なものに
変えました。聴く側も、演じる側も数が桁違い
に増えたことで、ソングライトや楽器演奏のレ
ヴェルは上がります。また機材が次々に開発さ
れ録音技術も向上。1981、1982年にアナログ・
レコーディングの技は頂点を迎えます。ゆえに
この時代のレコードは全てが格別。クロスオー
ヴァーな音楽スタイルが成熟しきっていた時期
でもあり、名盤とされるアルバムが多く生まれ
ました。もう二度と再現することはできない、
この時代だけの名作を存分にお楽しみください。

City Pop, City Soul In Japan
1980 - 1983

この時代、日本のシティ・ポップは…

竹内まりや
Miss M
(RCA) 80

大滝詠一
A LONG VACATION
(Niagara) 81

桐ヶ谷仁
Windy
(Alfa) 81

松下誠
FIRST LIGHT
(Air) 81

吉田美奈子
MONSTERS IN TOWN
(Alfa) 81

稲垣潤一
246:3AM
(Express) 82

佐藤博
awakening
(Alfa) 82

山下達郎
FOR YOU
(Air) 82

亜蘭知子
浮遊空間
(Warner Bros.) 83

大橋純子
POINT ZERO
(Philips) 83

国分友里恵
Relief 72 hours
(Air) 83

松原正樹
Painted Woman
(Agharta) 83

実力者と、新たな才能が海外と同様に名盤を連発したこの時期。シティ・ポップの代名詞『A LONG VACATION』はドナルド・フェイゲン『The Nightfly』と並ぶ、ポップスでは世界で最も音が良いレコード。レコードづくりの技術が音楽をさらに引き立てているのは『FOR YOU』も、『MONSTERS IN TOWN』も同じ。わずか10数年で、このジャンルでは欧米のシーンと同時進行となったことに驚く。　　　　　　　小渕

049

A Taste Of Honey　Good-Bye Baby

Twice As Sweet　Capitol 1980

「今夜はブギ・ウギ・ウギ」や「SUKIYAKI」（坂本九「上を向いて歩こう」のカヴァー）のヒットで知られるジャニスとヘイゼルの女性デュオ（男性ふたりもメンバーだったが既に脱退）の3枚目は、ジョージ・デュークをプロデューサーに迎え、アダルト・コンテンポラリー的仕上がりに。"Good-Bye Baby"は超スロウ・テンポのメロウ・ソウルだが、色っぽいヴォーカルと締まった演奏が聴き手を退屈させない。作者にペイジズのスティーヴ・ジョージの名があるのは意外だが、曲を聴けばその上品なセンスが彼由来のものだと納得。　　　　　　　福田

Alfonso Surrett　Gimmie Your Love

Comin' Out　MCA 1980

シカゴのアルフォンソ・スレットは、70年代半ばからリロイ・ハトソン、そしてカーティス・メイフィールド作品のバック・シンガーとして経験を重ねた後、この唯一のアルバムをリリース。ふたりの師匠ゆずりのポジティヴで都会的なシカゴ・ソウル・マナーに、オハイオ・プレイヤーズのメンバーが参加していることでラフなファンク・テイストも合わさって味わい深い1枚に。ステッパーかつファンクで"Make It Feel Good"はまさにそれでクセになる。ただイチ推しは"Gimmie Your Love"、これぞシティ・ソウルなメロウ・ダンサー名曲だ。　　　小渕

Ambrosia　Biggest Part Of Me

One Eighty　Warner Bros. 1980

ソロ作も人気のデイヴィッド・パックらがLAで組んだアンブロージア。ロックンロールが基本でも、ブルー・アイド・ソウルな名曲も少なくない彼らのシティ・ソウルといえば"Biggest Part Of Me"。シカゴ・ソウルなステッパーズ・ビートにめくるめくメロディを乗せたメロウ＆グルーヴィな名曲だ。"You're The Only Woman"もメロウな人気曲で、"Livin' On My Own"はベースがかっこいいクールでグルーヴィな佳曲。前作中の"How Much I Feel"は、よりフォーキーなつくりだけど美メロとコーラスの美しさは際立ったやはりメロウな好曲。　　　小渕

Aretha Franklin　What A Fool Believes

Aretha　Arista 1980

アレサの、80年代最初の1枚。新たな時代を迎えデイヴィッド・フォスターを呼んだりもしているが、今聴いて全てがおもしろいとは言えない。ただドゥービー・ブラザーズの大ヒットを見事に自分の曲にしてみせた"What A Fool Believes"のカヴァーは素晴らしい。ドラムはジェフ・ポーカロ、ベースはルイス・ジョンソンのモダンなビートに乗って、圧倒的なリズム解釈でハジけるように歌う女王の歌には、新時代の女王として当時飛ぶ鳥を落とす勢いだったシャカ・カーンも真っ青だっただろう。シャッフル・ビートが楽しい"Take Me With You"もいい。　　　小渕

Ashford & Simpson　You Never Left Me Alone

A Musical Affair　Warner Bros. 1980

モータウンのスタッフ・ライターとして数々の名曲を生み、モータウンを離れた後はアーティストとして成功した夫婦作家デュオ、アシュフォード&シンプソンの80年作。"You Never Left Me Alone"は、ハデさはないものの静かな感動が込み上げる芳醇なミディアム・バラード。ソウル系のアーティストのアルバムは、踊れる曲とスロウの両極端といったつくりが多いが、じっくり聴かせつつもリズムが立ったこういう曲が入っていると、一層まとまりが良くなると思う。"Love Don't Make It Right"は全米6位のヒットとなった。　　　　福田

The Blackbyrds　What We Have Is Right

Better Days　Fantasy 1980

新たな時代のジャズ(・ファンク)を演じるために生まれたブラックバーズは、常にモダンであること、変わり続けることが命題だった。7枚目にして最終作となったこれはジョージ・デュークがプロデュース。見事に最先端のブギーを聴かせた、今また旬な秀作だ。ただいち推しは、ステッパーズ・ビートが心地いいメロウでメロディアスな名曲"What We Have Is Right"と、同タイプの"Love Don't Strike Twice"。"Do It, Fluid"でデビューした彼らがここまで変わり続けて、完璧にやりきって解散したと思うと感慨深い。　　　　小渕

Bob Bailey　Did You Know?

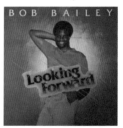

Looking Forward　Good Life 1980

ゴスペル・パフォーマーとしてのソロ活動の他、数多くの大御所アーティストのバックアップ・シンガーも務めるボブ・ベイリーのデビュー作。"Did You Know?"はマクラリーズのハワード・マクラリーによる作品で、フルートの印象的なイントロと複雑なコード・ワークがなんとも心地よい。本作のバックにも顔を見せているシーウインドの曲を取り上げた"The Devil Is A Liar"も非常にスリリング。次作『I'm Walkin'』もAOR的質感を強めた好盤なのでオススメだ。ハワードのソロ作『So Good』も系統が近いので、併せて要チェック。　　　　福田

The Brecker Brothers　Not Tonight

Detente　Arista 1980

トランペットのランディと、テナー・サックスのマイケルによる兄弟フュージョン・バンド、ブレッカー・ブラザーズの、珍しい歌もの作品に熱視線。マイケルとニール・ジェイソンが書いた"Not Tonight"は、フルートを効果的に使い、軽快なノリのライト・ファンク〜AORな仕様に。ヴォーカルはセッション・シンガーのカール・カールウェルによるもの。彼は本作のプロデューサーであるジョージ・デュークや、EW&F周辺で活躍しており、個人的にはシーウインド"The Two Of Us"で聴かせたハイトーンが印象的だった。　　　　福田

The Brothers Johnson　Closer To The One That You Love

Light Up The Night　A&M 1980

ヒット・シングル"Stomp"収録アルバムという印象の強い、ブラザーズ・ジョンソンの4作目。ここではメンバーふたりとロッド・テンパートンの共作によるシルキーなミディアム"Closer To The One That You Love"を推薦。レイ・パーカー Jr.の一連のメロウなヒット曲の、フュージョン成分を強めたようなつくりで、大人の余裕が堪らない。得意のディスコ／ファンクはもちろん、バラード"All About The Heaven"やインスト曲まで隙のない名作であることは、クインシー・ジョーンズのプロデュースなのだからあたりまえか。　　　福田

Cast　Take A Message

Cast　Ciao 1980

ギターのMauro Paoluzziを始めイタリアの敏腕ミュージシャンが集ったキャストの唯一作。モデルになったと思しきアヴェレイジ・ホワイト・バンドからヘイミッシュ・ストゥワートらを迎えた曲もあり、キメまくりのジャズ・ファンク・インストなどでも楽しませる。ただAORマニアに人気なのは男女Vo.で聴かせるメロウ・グルーヴ"Sweetness"や、爽快に盛り上げまくる"Found The Paradise"といった名曲の存在ゆえ。ここでのいち推しは、めくるめくコード進行、転調がクセになる、歯切れいいグルーヴの"Take A Message"に。　　　小渕

Chris Montan　Doesn't Mean Much To Me

Any Minute Now　20th Century Fox 1980

ディズニー／ピクサー映画の音楽プロデューサーとして数々の大仕事を成し遂げてきたクリス・モンタン。本作にコーラスで参加しているカーラ・ボノフのツアー・メンバーとしてキャリアを積んだ後、シンガー・ソングライターとして唯一残したのがこのアルバムだ。ローレン・ウッドとのドリーミーなデュエット"Is This The Way Of Love"で始まる、どこまでもソフトかつジェントルなつくり。ハードボイルド歌謡な"Intentions"もいいが、ハネるリズムに心も揺れるメロウ&グルーヴィな"Doesn't Mean Much To Me"をいち推し。　　　小渕

Crystal Clear　Stay With Me

not on album　Polydor 1980

昨年日本で再発され世界中のマニアが喜んだ、7インチ・オンリーのお宝モダン・ソウル人気曲。フィリーでジャズ、ソウルのソングライターとして活躍したモリス・ベイリーの下で、80年にシングルを2枚だけ残したスタジオ・ユニットがクリスタル・クリアー。それでも"Stay With Me"は、カーティス・メイフィールド"Trippin' Out"似のギター・カッティングで始まり、女性Vo.がシスター・スレッジ"Thinking Of You"のメロディで歌い出す、盛り上がり必至のメロウ・グルーヴ必殺曲だ。もう1枚の"Oomph In My Life"もいい曲。　　　小渕

David Gates　Silky

Falling In Love Again　Elektra 1980

60〜70年代のソフト・ロックを代表するバンド、ブレッドを率いていたデイヴィッド・ゲイツのソロ4作目は、AOR〜フュージョンの隆盛にも敏感に反応した色彩豊かな内容に。特に"Silky"は、ブレッド時代から持ち合わせていた端正な和声感覚に、さりげなくラテン・テイストをブレンド。転調を多用した複雑な構成を軽快なリズムで聴きやすくまとめた絶品ブルー・アイド・ソウルだ。この前後のアルバムにもAOR的な楽曲がいくつか収録されており、ソフト・ロックのファン以外にも広く評価されるべきアーティストだと思う。　　　福田

Dionne Warwick　We Never Said Goodbye

No Night So Long　Arista 1980

バート・バカラック作品の歌い手、あるいはホイットニー・ヒューストンの従姉妹としても知られるディオンヌ・ワーウィックが、バリー・マニロウと組んでグラミー賞に輝いた「涙の別れ道」のヒットの翌年に発表した80年作。アイザック・ヘイズとエイドリアン・アンダーソンのペンによる"We Never Said Goodbye"は、前作収録の人気曲"Deja Vu"を凌ぐ色気を孕んだメロウ・ソウル。プロデュースはスティーヴ・バッキンガムで、彼が同年に手がけたメリッサ・マンチェスター『For The Working Girl』も、本作と非常に近い雰囲気だった。　　　福田

Dwight Druick　Quand Tu Te Laisses Aller

Tanger　Bobinason 1980

ドルイック&ロランジュやミッドナイト（別枠掲載）などでの活動でも知られる、カナダはモントリオール出身のSSW、ドワイト・ドルイックによる唯一のソロ作。TOTO "Georgy Porgy"や、ドゥービー・ブラザーズ "Open Your Eyes"などのカヴァーも人気だが、やはりビートの際立った彼のオリジナル"Quand Tu Te Laisses Aller"が素晴らしい。アルバム通して粒揃いの内容で、仏語歌唱のいわゆるケベコワ系AORでは3本の指に入る名作。ちなみに、ベースを弾いているのはパット・メセニー・グループに在籍したマーク・イーガン。　　　福田

Far Cry　Because It's There

The More Things Change...　Columbia 1980

マドンナやセリーヌ・ディオンにも曲提供してきた職人ソングライターのPhil Galdstonが、カナダのSSW、Peter Thomと組んだユニットの2作目。Galdston & Thom名義での1枚目はフォーキーなつくりだが、これはエリオット・シャイナーがプロデュース、ドナルド・フェイゲン始めスティーリー・ダン人脈も参加した、その筋では人気の高い1枚だ。"Because It's There"はスロウなシャッフル・ビートで始まりサビからはメロディアスに盛り上がる、展開のうまいソングライト、アレンジの妙がさすがの好曲。随所で職人技の光る1枚だ。　　　小渕

Frank Pisani　Please Don't Make It Funky

not on album　Pépite　1980 (2020)

おそらくはイタリア系のシンガーで、本書とは縁のない歌謡ポップスの
シングルをいくつか残したフランク・ピサーニ。が、シカゴのローカル・
レーベルで、プロデューサーに言われるままに録音したと思しきB面曲
"Please Don't Make It Funky"は、ボズ・スキャッグス "Lowdown"
マナーのスムーズ・ビートと、ホーン、そして隠し味となるシンセ、ハン
ドクラップが絶妙に合わさったAORディスコの名曲。今年フランス
のレーベルから再発された7インチにはリエディットVer.も収録。コン
プの効いた2020年型ブギー・サウンドが◎だ。　　　　　　　　小渕

Funky Communication Committee　Let The Love On Through

Do You Believe In Magic?　RCA　1980

マッスル・ショールズのブルー・アイド・ソウル系グループ、FCCの
2ndから、ボズ・スキャッグス "Lowdown" へのリスペクトに溢れた
"Let The Love On Through" を。イントロのフルートやギター・ソ
ロのパートまでソックリで思わず苦笑いしてしまうが、彼らなりの解釈
で上手くまとめているのはさすが。プロデュースはロバート・バーン～
バーン＆バーンズでもおなじみのクレイトン・アーヴェイ＆テリー・ウッ
ドフォード。"Don't Hold Back" やウィリアム・D・スミスの "Where
Did You Come From" カヴァーなど、アルバム通して佳曲多し。福田

Gene Chandler　Does She Have A Friend?

'80　Chi Sound　1980

60年代初頭から活躍するシカゴの「公爵」、ジーン・チャンドラー。こ
の偉人のシャレたセンスがそのままシカゴ・ソウルの粋に繋がったと言
いたいほどで、70年代末～80年代初頭にはディスコ～モダン・ソウル
の佳曲を連発。特にこの "Does She Have A Friend?" は、ウォーキ
ング・テンポのステッパーズ・ビート上でメロディの良さが際立つ、ハ
ツラツとした歌を聴かせた名曲。トム・トム84がアレンジした "I'll Be
There" などもハッとするほどの名曲で、このあたり、80年前後のシカ
ゴ・ソウルものは改めて全て聴き直したくなる。　　　　　　　　小渕

Googie And Tom Coppola　Let This River Flow

Shine The Light Of Love　Columbia　1980

シンガーのグージーとピアニストのトムによる夫婦デュオの唯一作。
ハートだらけのジャケと宗教色の強い歌詞とは対照的に、サウンドは
ファンキーなフュージョン系で、クラブ・シーンやAORファンの間で
古くから高い支持を集めている。難しいメロディをサラッと歌い上げる
"Let This River Flow" でのグージーの愛らしい声は、シーウィンドの
ポーリン・ウィルソンあたりにも通じる。マイケル・ブレッカーのサッ
クスが光る曲もあって美味しい。プロデュースはソウルの名作を数多く
手がけた名手ジェリー・ピーターズ。　　　　　　　　　　　　　福田

James Felix　Open Up

White As Snow　Light 1980

アンドレ・クラウチのグループに籍を置いたCCM系シンガー／ベーシストの唯一作は、王道AORなポップスとゴスペルの香るブルー・アイド・ソウルを中心とする、均整のとれた内容。"Open Up"は、R&Bフィーリングに満ちた洒落たスロウで、流麗なピアノ・ソロは後にコイノニアやシカゴに参加する若き日のルー・パーディニによるもの。ソウル系では他に"He Is Coming Back Again"もおすすめ。本作以降のジェイムズはカリズマの1st『Dream Come True』でもヴォーカルを披露しているほか、CCMシーンで作曲家としても活動。　　　　　福田

Jay Alanski　Amoureux D'Elle

Tendre Est La Nuit　Vogue 1980

フランスのシンガー・ソングライター、ジェイ・アランスキーのデビュー・アルバムから、ちょっと切なく、けれどアップリフティングなディスコ・ポップのような楽曲を。演奏者に、ナイル・ロジャースでも憑依しているようなカッティング・ギターのコードワークが絶妙で最高。正直、仏産のシティ・ソウルとしては個人的に一番だと思っているアルバムで、他も捨て曲のようなものがない。デルフォニックス「ララは愛の言葉（La-La Means I Love You）」のフランス語カヴァーなども入っていて、アメリカのソウルの影響を強く感じる1枚だ。　　　　　Pigeon

The Joey Jefferson Band　Mr Music Man (Vocal)

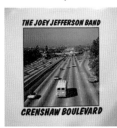

Crenshaw Boulevard　Mutt & Jeff 1980

LAのギター奏者兼プロデューサーのジョーイ・ジェファーソン率いるバンドの2nd。ジョーイ自身のレーベル、Mutt & Jeffからのリリース。75年の1stはジャズ・ファンクの要素が強かったが、この80年の2ndはクロスオーヴァー・フュージョンな味わい。LAのマイナーなローカル・フュージョン色がメジャーにはない、ゆるくて心地よい独特の空気感を醸し出している。ホッジス、ジェイムズ&スミスをヴォーカルに迎えた"Mr Music Man"はメロウの極み。ジョーイ・ジェファーソンのまろやかなギターに酔いしれたい。　　　　　エミ

John & Arthur Simms　Love Will Getcha'

John & Arthur Simms　Casablanca 1980

ジョンとアーサーの兄弟デュオがカサブランカに残した唯一のアルバム。プロデュースはディスコ作品を多数手がけたアレック・R・コンスタンディノスが担当し、AORやフュージョン・シーンで活躍する鍵盤奏者、グレッグ・マティソンのアレンジが爽やかなB面ラストの"Love Will Getcha'"が、頭ひとつ抜けた素晴らしいモダン・ソウルに仕上がっている。ジョンはこれ以外の活動が少ないが、アーサーはバッド・ニュース・トラヴェルズ・ファストに在籍していたほか、映画サントラでの歌唱やセッション活動、楽曲提供などが多数あり。　　　　　福田

Keith Barrow　Tell Me This Ain't Heaven

Just As I Am　Capitol 1980

甘いファルセットとメロウな作風がトレードマークのシンガー、キース・バーロウ。マイケル・ストークスが手がけた前2作『Keith Barrow』『Physical Attraction』の人気が高いが、そこに80年代的な質感とタイトさが加わったこの4作目も、負けじと高クオリティ。特に"Tell Me This Ain't Heaven"はミディアム16ビートに乗せた美メロに酔うメロウ・フローターで、レオン・ペンダーヴィスのピアノやデイヴ・トファニのサックスもお見事。キースは本作リリース後にエイズに罹り、残念なことに83年に早世してしまった。　　　　　　　　　　福田

Kristle Murden　I Can't Let Go

I Can't Let Go　Light 1980

クリストル・マーデンは、「CCM界のクインシー・ジョーンズ」の異名をとるアンドレ・クラウチのグループに居たゴスペル・シンガー。彼女が80年に発表した唯一のソロ・アルバムである本作は、アンドレのプロデュースの下、エイブ・ラボリエルらコイノニアのメンバーら腕利きセッション・ミュージシャンが結集。"I Can't Let Go"は、ハドリー・ホッケンスミス（ブルース・ヒバード作品のプロデュースでも知られる）のハーモナイズド・ギターが爽快なAORナンバー。ゴージャスなモダン・ソウル"I'll Go"も絶品だ。　　　　　　　　　　福田

Krystyna Pronko　Specjalne okazje

1980　Wifon 1980

ポーランドのジャズ・ロック歌手、クリスティーナ・プロンコの3rdアルバムから、スローなディスコ・ソウル・ナンバーを。エレピが気持ちよく、控えめなブラス・ワークもちょうどいい。尺も長くDJプレイに使いやすい。楽曲の雰囲気は、山下達郎の「Dancer」に近いものを感じる。実はジャズ系DJには他の楽曲の人気が昔から高く、DJの間では有名な盤だったが、近年になって、この曲がローファイ・ヒップホップのアーティストなどにサンプリングされ、人気が逆転している印象だ。アルバム通してスローな楽曲が多くオススメの盤。　　　　Pigeon

Kwick　Let This Moment Be Forever

Kwick　EMI America 1980

スタックスではニューカマーズの名でシングル数枚をリリースしていたメンフィスの3人が、ひとり加え4人組となり、クウィックとグループ名も変えて出した1stアルバム。"Let This Moment Be Forever"は、EW&F"That's The Way Of The World"を下敷きにしたステーバーズ・ビートのメロウな好曲。この曲も書いた地元の大物アレン・ジョーンズは、バーケイズ仕事など「パクり」のおもしろさでも知られる人。彼が続いてプロデュースした2ndとも、ニヤリとさせられる仕掛けの効いたモダン・ソウル／ブギーが詰まっていて楽しめる。　　小渕

L.T.D.　Lovers Everywhere

Shine On　A&M 1980

この後ソロでもヒットを連発したジェフリー・オズボーン。彼が在籍した時代のLTD最終作だ。マイゼル兄弟がプロデュースした76年の"Love To The World"がクラブ・シーンでは人気だが、1980年ならではのモダンな感覚をまとった本作は今聴きたい1枚。ラテンのリズムをそれとなく聴かせる、絶妙なテンポの"Lovers Everywhere"は、アレンジも担ったジェフリーがこのクロスオーヴァーな時代の申し子だったことがよくわかる、突出したメロウ・グルーヴの名曲。ポップなつくりのブギー"Love Is What You Need"なども楽しい。　小渕

La Toya Jackson　My Love Has Passed You By

La Toya Jackson　Polydor 1980

ジャクソン・ファミリーの中では、弟のマイケル、妹のジャネットに比べると、特にここ日本ではなかなかリスナーに恵まれていない印象のあるラトーヤ。本曲は華やかなホーンとストリングスのアレンジが光る、EW&F "That's the Way Of The World"にも通じる美しいミディアム・スロウ。間奏のスティーヴィ・ワンダーのハーモニカや、レイ・パーカー Jr. らの手堅いバッキングも楽曲の完成度の高さに大きく寄与している。他にもジャネットが作曲に参加したメロウ・グルーヴ"Lovely Is She"を始め、もっと知られるべき名曲揃いだ。　TOMC

Larsen-Feiten Band　Who'll Be The Fool Tonight

Larsen-Feiten Band　Warner Bros. 1980

72年のフル・ムーンの1st（前巻掲載）に続いて、ニール・ラーセンとバジー・フェイトンが組んだユニットの1stアルバム。ふたりの時代を先駆けたクロスオーヴァーなセンスが結実したのが"Who'll Be The Fool Tonight"。全米29位のヒットとなったメロウなAORソングの定番だ。ラテンも取り入れた"Make It"や、ホール＆オーツばりにポップでダンサブルな"She's Not In Love"なども別格の良さ。本作でまたも同業者からのリスペクトを集めたふたり。本書に登場する鳥山雄司氏も2ndアルバムに彼らを招き共演している。　小渕

Lucio Battisti　Perche' Non sei Una Mela

Una Giornata Uggiosa　Numero Uno 1980

イタリアの大御所シンガー・ソングライター、ルーチョ・バッティスティ。スロウなバラード・ダンサーだが、心地よいエレピのバッキングと独特なアルペジオのベース・ラインがキャッチーでおもしろい。アルバムのアートワーク同様、フィードバック・ギターの処理など、ミニマルなようで繊細なサウンド処理が美しい。本作を含むイギリスでレコーディングされたアルバム数作は、ビー・ジーズにも関わっているジェフ・ウェストリーによるプロデュースで、より都会的なサウンドに仕上がっている。80年代のイタリアで5番目に売れたアルバムだそうだ。　Pigeon

The Manhattans　It Couldn't Hurt

After Midnight　Columbia 1980

ニュージャージー出身の大御所ヴォーカル・グループによる、全米5位
の大ヒット"Shining Star"を擁するキャリア屈指の人気作。本曲はプ
レイヤー"Baby Come Back"などを手がけた、ブルー・アイド・ソ
ウル方面を中心に知られるデニス・ランバートとブライアン・ポッター
の名コンビによる、アルバム中唯一のアップテンポ。彼らにしてはハジ
けたイントロからギター、ストリングス、ブラスが鮮やかに折り重なる
が、終始下世話にならず品のある爽やかさが香る名曲だ。角松敏生氏が
1stの1曲目で本曲を大胆に引用していることでも有名。　　　TOMC

Maxine Nightingale　I'm Givin' It All To You

Bittersweet　RCA Victor 1980

ロック・ミュージカルでの活躍でも知られるイギリス出身のソウル・シ
ンガー、マキシン・ナイチンゲール。その80年作から、アレンジも手
がけたフュージョン系キーボーディスト、ミシェル・コロンビエのロー
ズ・ピアノが香るタイトなグルーヴの"I'm Givin' It All To You"をシ
ティ・ソウル的にプッシュしたい。70年代のヒット作の陰に埋れがち
だが、ローレン・ウッド、クリス・モンタン、デイヴィッド・ラズリー
らが書いた曲が取り上げられており、エイブ・ラボリエルやジョン・ロ
ビンソンらのシュアーな演奏も魅力のAOR寄りな快作だ。　　　福田

Melba Moore　Closer

Closer　Epic 1980

ディスコ・ヒットを放った70年代と、夫と設立したハッシュ・プロダ
クションの顔となる80年代中盤に華々しい活躍を見せたメルバ・ムー
ア。そのはざまに位置し、やや印象の薄い80年作。タイトル・ナンバー
の"Closer"は、本作が当時の日本ではAORシリーズのラインナップに
括られて売り出されていたことにも頷けるクリスタルな質感のメロウ・
グルーヴ。プロデュースはフィリー・サウンドを支えたブルース・ホウ
ズ&ヴィクター・カースターフェンで、ほのかにフィリーの香りを残し
つつもモダンな音に仕上げた手腕は見事。　　　　　　　　　　福田

Michael Franks　All Dressed Up With Nowhere To Go

One Bad Habit　Warner Bros. 1980

ジャズやボッサからのインフルエンスを昇華し、唯一無二の魅力を持つ
マイケル・フランクス。メジャー5枚目となる本作では、初期3作を手
がけた名匠トミー・リピューマがプロデューサーに復帰。囁くような
ヴォーカルの魅力を損わず、以前よりも幅広い音楽性に挑戦しているの
が興味深い。意表を突くファンキーな"All Dressed Up With
Nowhere To Go"では、アレンジも担当したジェリー・ヘイ率いるシー
ウィンド・ホーンズのキレのある演奏はもちろんのこと、テニソン・ス
ティーヴンスによる茶目っ気のあるローズ・ピアノが堪らない。　福田

Ndugu & The Chocolate Jam Company　Take Some Time

Do I Make Feel Better　Epic 1980

サンタナからハービー・ハンコック、マイケル・ジャクソンまで、ジャンルを跨いだ膨大な数の作品に参加している超絶技巧派ドラマー、レオン"ンドゥグ"チャンクラーによるチョコレート・ジャム・カンパニー名義のセカンド・アルバム。グレッグ・フィリンゲインズ、アル・マッケイらの強力サポートを受け、ンドゥグ本人がヴォーカルをとった"Take Some Time"は、緻密なストリングス・アレンジにも魅了される非の打ちどころのないエクセレント・バラード。エリカ・バドゥ"Umm Hmm"（2010年）での愛のあるサンプリングも◎。　　能登谷

Nimbus　Open Your Eyes

Children Of The Earth　no label 1980

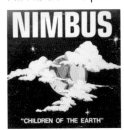

デトロイト周辺で活動していたという学生バンドが出したプライヴェート・プレス盤で、オリジナルはウルトラレアだが、CD、ヴァイナルとも再発され容易に聴けるようになった。しっかりとポップ性もあるガレージ・ソウル／フュージョンを確かな演奏で聴かせる力作。"Open Your Eyes"は、ジワジワと盛り上げるスラップ・ベースがかっこいい、メロウ・ファンキー・グルーヴの秀曲。歌謡AORな"Baby You Know"、ドラマティック＆メロディアスな好曲"Free Yourself"など、曲毎にさまざまなスタイルを聴かせ、飽きさせない。　　小渕

The 9th Creation　Let It Shine

A Step Ahead　Past Due 1980 (2019)

AD・ブリスとJD・ブリスの兄弟を中心としてカリフォルニアで結成、残した作品の多くがファンク～ソウル・ヘッズに長らく支持されているグループ、ナインス・クリエイション。彼らが1980年に録音を行ったスタジオが麻薬取締局のガサ入れに遭い、そのマスターテープが没収される不運に見舞われ、当時リリースを断念せざるを得なかったという幻の未発表アルバムが、なんと2019年になって日の目を見た。本書的なハイライト・トラックは間違いなく"Let It Shine"。こみ上げるヴォーカルも堪らない一級品のモダン・ソウル・トラック。　　能登谷

Odyssey　Love's Allright

Happy Together　RCA Victor 1980

主にフリー・ソウルの文脈で知られる"Battened Ships"をリリースした同名グループとは一切無関係なので注意。こちらはNYで結成され、当時のディスコ勢では珍しくUKチャートで本国を遥かに凌ぐシングル・ヒットを記録したバンド。マッチョイズムと無縁の繊細な歌声、そして何よりメロディの強さが光る、現代のAOR好きにもアピールするであろう名曲揃いだ。メジャー配給としては最後となる本作も完成度が高く、中でも本曲は流麗なストリングス、コーラスと要所のスウェイ・ビートが効いた極上のダンス・ポップ。　　TOMC

Paul Davis So True

Paul Davis Bang 1980

当時から彼を知る方には、『なんとなく、クリスタル』の主題歌起用などで有名な哀愁系のAORアーティストと捉えられがちだが、作品をよく聴いてみると、ソウルからの濃厚なルーツを感じさせる曲が多いことに気づく。"So True"は、ジャジーにハネる曲調に合わせて、ポールのヴォーカルも一段とソウルフルに。この曲は、結成前のスタッフの面々が結集したクリスタル・グリーンというプロジェクトを主宰していた鍵盤奏者、ウィル・ブールウェアの作品で、77年にはデイヴ・クロウフォードもアルバム『Here Am I』で歌っていた。　　　　　福田

Perfect Touch Merry Go Round

Touching You no label 1980

デトロイトのヴォーカル・グループらしきパーフェクト・タッチ。その唯一作はプライヴェート・プレス盤でレアだが、特にスウィート・ソウル・マニアには高い人気を誇る。クレジットによると、ウォズ(ノット・ウォズ)のメンバーとなるハリー・ボウエンズがソングライト他に関与、曲もアレンジもハイレヴェル。4曲あるスロウ〜ミディアムはなるほど味わい深い。ただ本作を特別にしているのは"Merry Go Round"。デルフォニックス曲のような胸はずむヴァースから、サビでいきなり絶頂という、メロウ・グルーヴの超絶名曲です。　　　　　小渕

Peter Jacques Band Mighty Fine

Welcome Back Clock 1980

後にチェンジやBBQ・バンドなど都会的なブギー・アクトを多数手がけたことでも知られる、ジャックス・フレッド・ペトラスを中心に結成されたイタリアのディスコ・アクト。彼らのヒット曲は日本のディスコ歌謡にも通ずる超アッパーなものばかりだが、本曲は先述のチェンジなどに通ずる極上の摩天楼ミッド・グルーヴ。85年の復活作『Dancing In The Street』もシンセ・ブギーの名曲多数。ジャックスは、彼が火付け役のひとりとも言われる世界的なイタロ・ディスコ・ブームの最中、87年に死去。今こそ再評価されるべき偉人のひとりだ。　　　　TOMC

Photoglo Beg, Borrow Or Steal

Photoglo 20th Century Fox 1980

カリフォルニア出身のSSW、ジム・フォトグロと、プロデューサーのブライアン・ニーリーによるプロジェクト、フォトグロのデビュー作。疾走感と哀愁の同居したA面ラストの"Beg, Borrow Or Steal"は、秋の夜長に聴きたいメロウ・グルーヴだ。ボズ・スキャッグス"Lowdown"風味の"Steal Away"や、ジェイムズ・イングラムも取り上げたバラード"The Best That I Can Be"など良曲満載のAORクラシックス。ジムのソロ作品となった次作『Fool In Love With You』も秀逸で、ブライアンも裏方として引き続きサポートしている。　　　　福田

Reba Rambo　With A Friend Like You

Confessions　Light 1980

ナッシュヴィルで、ホワイト・ゴスペルの代表的な歌い手だった両親と活動を始め、76年にはコンテンポラリー・クリスチャン・ミュージック（CCM）というジャンルの先駆けとなるソロ・アルバムを出し、シーンの大物となったリーバ・ランボー。ハイトーンのきれいな、情感豊かな歌のうまさは折り紙つきで、バラードなども思わず聴き入ってしまう。20代の終わりに出した、勢い溢れる歌声が存分に楽しめる本作には、ファンキー＆メロウな"With A Friend Like You"や、AORなミディアム"He Never Turned His Back On Me"と秀曲あり。　　小渕

Seals & Crofts　Stars

The Longest Road　Warner Bros. 1980

アイズリー・ブラザーズも取り上げた"Summer Breeze"のヒットで知られるフォーク・デュオ、シールズ＆クロフツ。70年代後半には次第にAOR的質感を強めていたが、ワーナー・ブラザーズでの最終作となったアルバム『The Longest Road』では、冒頭の"Stars"からスティーリー・ダンを意識したような作風に驚かされる。リズム隊はスタンリー・クラーク＆カルロス・ヴェガ、弾きまくっているピアノはまさかのチック・コリア。AOR～フュージョンの文脈で再評価されるべきトラックで、本書掲載がそのきっかけになればと思う。　　福田

Shadow　Mystery Dancer

Shadow　Elektra 1980

ザップでも歌ったビリー・ベックを始めオハイオ・プレイヤーズ中の3人が、本隊と並行して始めたシャドウ。よりオーソドックスなソウル・ヴォーカルを聴かせる3枚のアルバムを残したが、リオン・ウェアがプロデュースしたこの2ndは本書でも大推薦したい。冒頭"Mystery Dancer"は、スムーズ・グルーヴに乗る美メロがたまらないシティ・ブギーの大名曲。都会の夜感がほとばしるミッド"Hot City"や"I Can't Keep Holding Back"もさすがの仕上がり。リオン・ウェアのプロデュース作はこれがベストと言いたくなる極上の1枚だ。　　小渕

Timeless Legend　I Was Born To Love You

not on album　Dawn-Lite 1980

オハイオのヴォーカル・グループ、タイムレス・レジェンドは、甘くてシャレた、そしてウルトラレアな76年の唯一のアルバムが特にスウィート・ソウル・ファンに知られる。それも聴きものだが、ブギーが幅広く人気を博す今なら"I Was Born To Love You"にも注目したい。トム・ミッシュがリメイクしたパザッズ"So Hard To Find"などにも似た、この時期ならではのファンキー＆スムーズなダンス・チューンで最高に楽しい。彼らには前年にも"Everybody Disco"というファンキー・ブギーがあり、どちらの曲も再発盤が出る人気ぶりだ。　　小渕

Tom Ranier　I Miss You

Night Music　Music Is Medicine 1980

木管楽器も操るシカゴ出身のジャズ・ピアニスト、トム・レイナーのソロ2作目から、デオダート"Love Island"を彷彿とさせる"I Miss You"をセレクト。たおやかなグルーヴと透き通る女性コーラスが心地よいが、やはり主役はトム本人が弾くヤマハのエレクトリック・グランド・ピアノだろう。序盤は時折アウトを交えながらリリカルに、終盤に差しかかるにつれて激しく燃え上がっていくその構成力は、永遠に聴いていたいほどに素晴らしい。ワーナー・ブラザーズから発売された76年のデビュー・アルバムもソウル寄りの内容でグッド。　　　福田

Tony Comer & Crosswinds　Strong Foundation

Tony Comer & Crosswinds　Myrrh 1980

70年代にはリヴェレイション・カンパニーに在籍したゴスペル・ミュージシャン、トニー・カマーが、自身のグループを率いて発表した80年作。バックはコイノニアとシーウィンドの面々がしっかりと支えており、聴きやすいブラコン〜AORサウンドに仕上がっている。"Strong Foundation"はアンドレ・クラウチとスティーヴィー・ワンダーの共作によるミディアム。EW&Fのスロウにも通ずる"Come Unto The Father"や、ポーリン・ウィルソンを迎えた"I'm In Love"など、トータルのクオリティも一級品。次作『Visions』はよりエレクトリックに。福田

The Two Tons　Never Like This

Backatcha　Fantasy Honey 1980

不思議なユニット名は巨漢のツイン・ヴォーカルから。後のThe Weather Girlsへの改名後はグラミー・ノミネートの経験も持つ、サンフランシスコ出身、マーサ・ウォッシュを含むふたり組。本曲はエリック・ロビンソンによるほのかにラテンの香りも漂うピアノ・リフと、高揚感のあるストリングスが印象的なミディアム・グルーヴの名曲。本書的には、タワー・オブ・パワーでの活躍で知られるロン・E・ベックを中心にギター2本、鍵盤3チャンネルが絡む超テクニカルなグルーヴが聴ける"Your Love Is Gonna See Me Through"もオススメ。　　TOMC

Unlimited Touch　Carry On

Unlimited Touch　Prelude 1980

シック、チェンジ直系のディスコ・サウンドがお洒落なNYのグループ、アンリミテッド・タッチ。NYのディスコ・レーベル、プレリュードからの1stアルバム。サンプリングねたとしてもお馴染みの"I Hear Music In The Streets"や"Searching To Find The One"など、どの曲もフロアでかけたくなるダンス・チューン満載の1枚。中でもアーバンでAORな雰囲気の"Carry On"がお気に入り。リード・ヴォーカルのひとり、オードリー・ウィーラーのソロ作はバキバキのアダルト・コンテンポラリーでまた違った味わい。　　　エミ

Wally Badarou　Preachin'

Back To Scales To-Night　Barclay 1980

サンプリング・ソース "Mambo" や、レヴェル42を準メンバー的にサポートしていることでも知られる鍵盤奏者、ウォリー・バダロウが出身地のパリで録音した1stソロ・アルバム。アルバムのラスト・トラック "Preachin'" は、ふんだんに使われたシンセサイザーと野性的なコーラスが胸いっぱいの多幸感を演出するメロウ・ダンサー。ボサノヴァのバチーダ奏法を鍵盤で置換したようなリズム・アレンジも非常にユニークだ。オリジナルのLPは数百ドルの値がつくレア盤だったが、現在は無事に再発されており容易にアクセスできる。　福田

Weldon Irvine　Morning Sunrise

The Sisters Saucerman　Saucerman 1980 (1998)

70年代半ばにRCAからリリースした2枚のアルバムが当時セールス不振に終わり、レーベルから契約解除となった彼が1979年から80年の間に自主制作していた未発表音源集。サンプリングねたとしても人気のメロウ・ソウル "Morning Sunrise" は、ほぼ同時期録音のトゥウェニィナインによるヴァージョンとも甲乙つけ難い、ミスティックなオーラを纏ったテイクだ。ちなみに作詞作曲および両ヴァージョンのヴォーカルはドン・ブラックマンによるもの。2020年にはUKネオ・ソウルの新星ヤスミン・レイシーもカヴァーしている。　能登谷

Willie"Beaver"Hale　Groove On

Beaver Fever　Cat 1980

70年代にリトル・ビーヴァー名義でリリースした4枚のアルバムが、日本でも高い人気を誇る彼。年齢不詳のユニークな声質の持ち主であり、特に活動後期のダンサブルな楽曲ではその個性が活きる優れた録音を多数残している。改名後の唯一作に収録された本曲はその最たるもので、彼のギターを軸に各パートが絶妙に絡み合うミディアム・グルーヴ。本書的には、TKプロダクションズのレーベル・メイトだったボビー・コールドウェルが珍しくプロデューサーとしてクレジットされている "I Feel Like Crying" の美しさも特筆ものだ。　TOMC

Yarbrough & Peoples　You're My Song

The Two Of Us　Mercury 1980

テキサス州ダラス出身の幼なじみ男女デュオ、ヤーブロウ&ピープルズ、80年のデビュー・アルバム。数々の曲でサンプリングねたとして使われ、日本でもCMソングに起用された "Don't Stop The Music" が有名だけど、思わずラララと一緒に口ずさんでしまうご機嫌ハッピーな "You're My Song" が断然シティ・ソウルの気分。哀愁誘うAORな趣のメロウ・バラード "Come To Me" も味わい深くて良い。80年のデビュー以降コンスタントに作品を出し、その後ふたりは結婚。仲睦まじげなジャケットのイメージそのもの。　エミ

Alan Sorrenti　Beside You

Alan Sorrenti　CBO 1981

この時代の欧州には多いプログレからキャリアをスタートさせた、イタ
リアのSSW、アラン・ソレンティ。76年の4thから米国録音を始め、
77年の5th『Figli Delle Stelle』、78年の6th『L.A. & N.Y.』、80年の
7th『Di Notte』では主にジェイ・グレイドンと組み、ブルー・アイド・
ソウル／AORの人気作とした。6thと同ジャケットの本作は、6thと
7thの英語詞曲をまとめ、プラス"Per Sempre Tu"の新録英語詞Ver.
を加えた日本企画盤。その"Beside You"は、メロウ・グルーヴ＋グレ
イドン18番のギター・ソロが爽快な名曲だ。　　　　　　　　小渕

Arian　Your Love Makes Me A Winner

Arian　PGP RTB 1981

マケドニア出身のポップ歌手がユーゴスラヴィアで発表した、セルフ・
タイトルのアルバム唯一作からの1曲。スウィートなミドル・テンポのディ
スコ・ナンバーで、ボズ・スキャッグスの"Lowdown"をより華やかに
した雰囲気の素晴らしいトラックだ。アルバムにはクロアチア語ヴァー
ジョンと英語ヴァージョンの両方が収録されているが、英語版は土地柄
特有のこぶしの入れ方がされていて、ちょっとした違和感がおもしろい。
ボビー・コールドウェル曲のカヴァーなども入っているため、DJに人
気のレア盤で、2017年にフランスのレーベルから再発された。　Pigeon

Bar-Kays　Feels Like I'm Falling In Love

Nightcruising　Mercury 1981

ジャジィ・フェイの父、ジェイムズ・アレクサンダーを中心にメンフィ
スの地で、時代ごとにスタイルを変えつつ30年余り活躍し続けた名物
バンド、バーケイズ。パーティ・ファンクで知られるがもちろんスロウ・
ジャムもお手のもので、特に"Feels Like I'm Falling In Love"は定番
人気の秀曲。スロウでもグルーヴィなステッパーズ・ビートに、この時
期ならではのクロスオーヴァー・ポップなメロディを載せた、とにかく
心地いい一発だ。79年の前々作の"Running In And Out Of My
Life"、82年の次作の"Anticipation"などもいい。　　　　　　小渕

Ben E. King　Street Tough

Street Tough　Atlantic 1981

永遠のスタンダード"Stand By Me"以外の彼の曲を聴いている人は今
どれほどいるだろう。ドリフターズのメンバーとしても、ソロとしても
50〜70sを通じて多数のヒット曲を持つ彼は、時流に沿ったアレンジ
にも果敢に挑戦している。75年に全米チャート5位を記録した、ウィ
リアム・ディヴォーンさながらにクールネス漲る"Supernatural
Thing"はその最たるもので、本曲はその成功以降続いたミドル・グルー
ヴ路線の総決算に当たる傑作。アルバムも全編、ギル・スコット・ヘロ
ンにも通ずる硬派なムードで統一された名盤だ。　　　　　TOMC

Betty Wright　Make Me Love The Rain

Betty Wright　Epic 1981

2020年にこの世を去ったマイアミ・ソウルの女王、ベティ・ライトが、元ルーファスのアンドレ・フィッシャーをプロデューサーに迎えて制作したエピック移籍第1弾。"Make Me Love The Rain"は、同じマイアミを拠点に活動するボビー・コールドウェルをフィーチャーした甘酸っぱいナンバーで、AORファンにもおすすめだ。同路線の"I Like Your Loving"は、作者であるリチャード・ディンブルズのソロ作にもよりダンサブルなアレンジで収録されていた。他にスティーヴィ・ワンダーとのコラボ曲などもあり、話題に事欠かない好盤だ。　福田

Billy Preston & Syreeta　Someone Special

Billy Preston & Syreeta　Motown 1981

5人目のビートルズと呼ばれたビリー・プレストンと、スティーヴィ・ワンダーの元妻シリータが81年に発表したコラボ・アルバム。オープニングを飾る"Someone Special"はスウィートなアダルト・コンテンポラリーに仕上がっており、愛らしいムードに溢れるアウトロの展開も非常に独創的。オリー・E・ブラウンがプロデュースしたこの曲を含む5曲は、ノリの良いポップ・ソウル〜ディスコな仕上がり。それとは対照的に、残りの4曲はマイケル・マッサーが手がけ、ランディ・グッドラム作品を取り上げるなどAORファンの目に留まるトピックも。　福田

Bob & Pauline Wilson　Lullabye Of Love

Somebody Loves You　Myrrh 1981

シーウィンドのオリジナル・メンバーであるボブとポーリンのウィルソン夫婦が、バンドで4作を残した後にCCM系の大手レーベル、Myrrhに移って制作した作品。バンドの他の面々も全面的に参加しており、実質的なシーウィンドの5作目と呼べる内容だ。ホーンの効いたファンキーなナンバーと、メロウなマテリアルのバランス感覚は相変わらず素晴らしく、"Lullaby Of Love"は奥ゆかしさを秘めた艶のあるミディアム。ボブの手癖である独特な分数コードの使用法も健在。この後ふたりは離婚したが、現在もバンドのリユニオンには揃って顔を見せている。　福田

Bobby Broom　No Bad Vibes

Clean Sweep　GRP 1981

ウェス・モンゴメリーに憧れ、ジョージ・ベンソンに大きな影響を受けたギタリスト、ボビー・ブルーム。トム・ブラウン作品への参加を契機に名を上げ、若干20歳で名門GRPからソロ・デビューを果たした。デイヴ・グルーシンの流麗な編曲によるインストがメインだが、"No Bad Vibes"では自らヴォーカルに挑戦。これがトム・ブラウン風なシティ・ソウルに仕上がっており、デビュー作とは思えない器用さを感じる。本作以後もフュージョン〜スムーズ・ジャズ界で活躍。14年にはスティーリー・ダンの前座を務めたことも記憶に新しい。　福田

Bobby King Mind Reader

Bobby King Warner Bros. 1981

ライ・クーダーやボズ・スキャッグス、ブルース・スプリングスティーンら数多くのアーティストのバック・コーラスを務めたセッション・シンガー。デビュー作は、ジェイ・グレイドンやデイヴィッド・フォスターら人気セッションマンが多数参加しており、古くからAORファンの支持を集める。"Mind Reader"はこれといった特徴のないミディアムなのだが、整ったプロダクションとポビーの優しく色っぽいヴォーカルがよく馴染んでおり、繰り返し聴きたくなる魅力を醸し出している。84年にはモータウンから2ndをリリースしており、こちらもおすすめ。福田

Bridge Stella

Crying For Love First Experience 1981 (1999)

77年に唯一作があるヴィタミン・Eのメンバーだったオークランドのドラマー、ポール・ティルマン・スミス。彼が率いた人種混成バンドがブリッジで、1981年にレコーディングするもオクラ入りした音源が99年になって出た。クール&メロディアスな80年代型ジャズ・ファンク"Stella"を始め、スラップ・ベースが効いたミッド・グルーヴの"He Say, She Say Game"や"Turn To Love"、メロディに聴き惚れるミッド・ジャム"Rivers Of Love"など、さまざまなスタイルの好曲が男女Vo.で歌われるお宝盤だ。あまりの良さに再発LPは高騰中。　小渕

C.M. Lord Fly By Night

C. M. Lord Montage 1981

こんな作品を紹介したくてこの本をつくっている、そう言えるほどの埋もれた逸盤。76年のサザン・ソウルな1stが多少は知られるCM・ロード。この3rdは、日本盤は別ジャケに差し替えられた作品の運命なのか知名度はほぼゼロだが、一流プレイヤーが参加、ソングライト、プロデュースも手がける彼女自身のモダンなセンス、曲づくりのうまさも冴えに冴えた秀作だ。絶品の泣きのメロディがメロウなシンセに映えるステッパー "Fly By Night"は、一度聴けば誰もが虜になる大名曲。やはりメロディが素晴らしいメロウ・ミッド "Taking It Slow"も名曲だ。エド・グリーン、ネイザン・イースト、デイヴィッド・T・ウォーカーが鉄壁のグルーヴで魅せるダンサー "Don't Run Me Away"と心弾むシャッフル・ビートの"Delicious"も極上。このクロスオーヴァーな季節にしか生まれ得なかった、参加メンバーの「モダンなソウルを」という気概が結実した特別な1枚。　小渕

①I'm Happy That Love Has Found You　②Flashback　③Fly By Night　④The Real Thing　⑤Taking It Slow　⑥Don't Run Me Away　⑦Can't Wait　⑧Delicious　⑨Closer By The Minute

Carl Carlton　This Feeling's Rated X-Tra

Carl Carlton　20th Century Fox 1981

スティーヴィ・ワンダーと同じように名前に「リトル」を付け、10代前半から歌ってきたカール・カールトン。74年"Everlasting Love"以来のヒットとなった"She's A Bad Mama Jama"を収録した本作は、ミディアム～バラードの出来もピカイチ。"This Feeling's Rated X-Tra"は、リオン・ヘイウッド作のハチロク曲を、タイロン・デイヴィス"In The Mood"ソックリのアレンジでカヴァーしたもので、ビッグ・ノイドによるサンプリングでも有名。"I Think It's Gonna Be Alright"も胸に込み上げるモノがある。　　　　　　　　福田

Cheryl Ladd　Victim Of The Circumstance

Take A Chance　Capitol 1981

TVドラマ『チャーリーズ・エンジェル』への出演で有名な女優、シェリル・ラッドの3作目のアルバムから、彼女が翌年に結婚するブライアン・ラッセルと仲睦まじく共作したナンバー。マイケル・マクドナルドを思わせるシンコペーションが心地よい、一級品のブルー・アイド・ソウルに仕上がっている。レコ屋で安売りされがちなアルバムだが、「アイドルだから」という先入観を持たずに聴くべき秀作。ちなみに、ブライアンはブレンダ・ラッセルの元夫で、ブレンダとは夫婦名義でエルトン・ジョンのロケット・レコードから70年代に2作を残している。　　福田

Daniel Sahuleka　Days Can't Stay Forever

Sunbeam　Polydor 1981

第2次大戦後、政治的理由で多数のインドネシア人がオランダに移住し音楽シーンで活躍したが、ダニエル・サフレカはその代表格だ。アフリカ系アメリカ人のプロデューサーと組んだこの3rdは、まさにシティ・ソウルなつくりの最人気盤。"Days Can't Stay Forever"は、カーティス"Trippin' Out"ビート＝ステッパーズで、トランペットの音色も最高にハマっている絶品のメロウ・グルーヴ名曲。ここでのサフレカの魅惑的な歌声に惚れない人はいない。爽快なブギー"Lorraine"、ジャジーでドラマ仕立てのメロウ"The Rain"など好曲だらけ。　　小渕

Demo Cates　Memories Of Moments

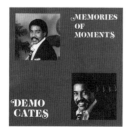

Memories Of Moments　Scorpio 1981

デトロイトのファンク・バンドで、70年代前半にアルバム3枚を残したカウンツ。そこでサックス＆Vo.を担ったデモ・ケイツのソロ3rd。ジャズとラテンで育った彼はカナダのレーベルにて、ヒット曲のインストも交えた、いわばイージーリスニング・ジャズのレコードをつくる仕事を見つけ、80年代に10枚ほどを残した。最初の2枚はレゲエと幅広いが、本作の冒頭にあるタイトル曲は自作のオリジナルで、極上のメロウ・グルーヴィ・チューンなのだ。キャッチーな美メロもクールなステッパー・ビートも、歌も完璧で、誰もが惚れるだろうこれは奇跡の名曲。　小渕

Donny McCullough From The Heart

From The Heart EMC 1981

SSWのドニーが、自身のレーベルから出した唯一のアルバム。埋もれた好盤だったが、2010年にNYの高名なディガー、Konにより発掘〜広められ、2017年に再発された。一番人気のタイトル曲は、スラップ・ベースと軽やかなカッティング・ギターの絡みが心地いい、メロウ・ブギーの秀曲。この曲を始め数曲のコーラスとそのアレンジを担ったDorian Holleyはこの後、マイケル・ジャクソンのツアーに長年参加することになる実力者で、録音はガレージ・ソウル・レヴェルな本作に華を添えている。"Sweet Scared Woman"などスロウにも聴きもの多し。 小渕

Firefly Our Trade Is Life

My Desire Mr. Disc 1981

マウリツィオ・サンジネート（2019年のチェンジのシングルでギターを弾いている）とマヌエラ・オメット、ロランド・ザニオーロによるイタリアのバンド。1stアルバムのシングル曲"Love (Is Gonna Be On Your Side)"が世界的なディスコ・ヒットになったため、この2ndアルバムではさらに、フロア・ライクなサウンドに傾倒した。シンセ・サウンドが強力化し、ブギー色が強まり、都会的な音になっている。いわゆるイタロ・ディスコが苦手な人にも楽しめるだろう。イントロのサンジのカッティング・ギターが印象的でDJでプレイしやすい。 Pigeon

Gilles Rivard Je Reviens

En Couleurs Kébec-Disc 1981

フレンチ・カナディアン系のAORの中で最も洗練された音楽性を持つのは、間違いなくこのジル・リヴァールだ。ジャズやボッサからのインフルエンスを自己流にアウトプットしたスタイルは、マイケル・フランクスに通じるものがある。"Je Reviens"はクロスオーヴァー色の強いシティ・ソウルで、イントロの多層的なハーモニーを聴けば、もう「参りました」と唸るしかない。クラブ・シーンでは古くから知られるダイアン・テルの82年作（別枠掲載）はバックのメンツも共通点が多いので、ぜひセットで。91年に若くしてこの世を去ったのが惜しい天才だ。 福田

Hal Bradbury You Win I Lose

This Is Love Fan 1981

この時代のハワイを代表するモダンなヴォーカル・グループ、（ファビュラス・）クラッシュでも一時リードをとったハル・ブラッドバリーの唯一のソロ・アルバム。同年にLuluが歌った"You Win I Lose"のカヴァーは、ゆったりとしたステッパー・ビートにキレ味鋭いホーンと、そして隠し味にヴォコーダーが絡む、メロウ＆グルーヴィな極上の名曲。同スタイルの"Call Me"も、キャッチーなサビが効いた人気曲だ。ブイブイなシンセ・ベースがユニークな味わいの"Babe I Want You"もいい。ハワイ産モダン・ソウル最高峰のひとつに違いない。 小渕

Henry Kapono　Let's Go Now

Kapono　The Mountain Apple Company 1981

ハワイアンAORの人気デュオ、セシリオ＆カポノの片割れによる81年
のソロ作から、タイトで小気味よいグルーヴの"Let's Go Now"をご
紹介。ハワイもののレアグルーヴ～ AORは、曲の雰囲気がなんとなく
メロウなだけで名盤だとか、プロとは呼べぬ拙い演奏がレイドバックな
どと評される風潮にはさすがに違和感を覚えることも多いが、彼の作品
にはそういったところが一切なく、安心して聴いていられる。随所に挿
入されたスキャットも、脱力感があって微笑ましい。赤いジャケがオリ
ジナル盤だが、夕陽ジャケの国内盤LPの方が見つけやすいはず。　福田

The Isley Brothers　First Love

Inside You　T-Neck 1981

名作『Between The Sheets』以前の80s作品は総じて過小評価を受
けていると思っている。当時多くのファンク・アクトが時代にアジャス
トすべく奮闘する中、彼らも外部のソングライターやプレイヤーを積極
的に取り入れるなど黄金期のサウンドをあえて崩しにかかり、結果マン
ネリの打破に成功した佳作揃いだ。本曲はかねてより得意とするミディ
アム・バラードにAORのエッセンスを取り入れた、隠れるにはあまり
に惜しいナンバー。クレジットに名前がないが、マイケル・マクドナル
ドにしか聴こえないコーラスが曲のムードを決定づけている。　TOMC

John Klemmer　Let's Make Love

Hush　Elektra 1981

テープ・エコーの名機「エコープレックス」を用いた独特のトーンがト
レードマークのサックス奏者、ジョン・クレマー。80年前後の作品に
はいくつかヴォーカル・ナンバーが収められているが、中でも美しいの
がデイヴィッド・バトウと共作したこの"Let's Make Love"だ。クリ
ント・ホームズの色っぽいテナー・ヴォイスや、ラッセル・フェランテ
（イエロージャケッツ）のクリスタルなローズ・ピアノも堪らなく魅力的。
バトウとはマンハッタン・トランスファーも取り上げた名曲"Walk In
Love"など共作が多く、親密な関係が窺える。　福田

Johnny Baker　It's Your Night

not on album　Expansion 1981 (2020)

ウェブスター・ルイスのモダン・ソウル・クラシック"Give Me
Some Emotion"（1979年）でリード・ヴォーカリストとしてフィー
チャーされていたカリフォルニア出身のシンガー・ソングライター、ジョ
ニー・ベイカー。81年録音の未発表楽曲が、2020年にUKの老舗レー
ベル、エクスパンション・レコーズから晴れてリリースとなった。リオ
ン・ヘイウッドがプロデュースという情報だけでもソウル・ファンは興
味津々だと思うが、内容にも驚嘆するだろう。タイロン・デイヴィスの
名曲"Overdue"を彷彿させる極上メロウ・ソウルに昇天。　能登谷

June Millington　Right Time

Heartsong　Fabulous 1981

フィリピン出身のギタリスト／ソングライター、ジューン・ミリントン
が、妹のジーンと組んだファニーやミリントンでのバンド活動を経て、
レズビアン・コミュニティの音楽レーベルからリリースした1stソロ・
アルバム。"Right Time"はホール＆オーツ"I Can't Go For That（No
Can Do）"を彷彿とさせるスムーズなソウル風味が心地よいナンバー
で、他の収録曲もやや緩い演奏だが粒の揃った好内容だ。83年の2nd
『Running』や、先述のミリントンの77年作『Ladies On The Stage』
も、本作と併せて楽しみたい好盤に仕上がっている。　　　　　福田

Junie　Last One To Know

Junie 5　Columbia 1981

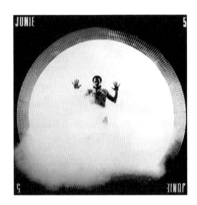

オハイオはデイトン生まれのウォルター"ジュニー"モ
リソンは、73年まではオハイオ・プレイヤーズで活躍。
サンプリングねたとして名高い"Funly Worm"などを
生む。77年からはPファンクの音楽監督に就任し、"One
Nation Under A Groove"や"Knee Deep"という決
定的な名曲制作を指揮した。要は、ファンクをキャッチー
に仕上げることにものすごく長けた人で、この5thソロ・
アルバムと、前作『Bread Alone』には時節柄、クロス
オーヴァーなシティ・ソウルの秀曲がいくつもある。
"Last One To Know"は、ダフト・パンク"Digital
Love"でネタ使いされたジョージ・デューク"I Love
You More"によく似たイントロで始まり、ゴダイゴが
歌う「銀河鉄道999」に似たサビのメロディにニヤリとな
る、ポップでグルーヴィな最高に盛り上がる一発。プリ
ンスよりひと足早く世に出た、早すぎた天才だったジュ
ニー。今こそソロ作を全て聴き返すべし。　　　　　小渕

①Rappin About Rappin（Uh-uh-uh）　②I Love You Madly　③Cry Me A River　④Victim Of Love　⑤5　⑥Last
One To Know　⑦Jarr The Ground　⑧Taste Of Love

KIM Band　Ljubi Me Brzo, Žurim

Ne, Zaista Žurim　PGP RTB 1981

ユーゴスラヴィアのブラス奏者キーラ・ミトレフによるバンド。この楽
曲のサウンド・メイクの参照元は明確にアース・ウィンド＆ファイアで
あり、日本でいうスペクトラムのような雰囲気だ。曲の一番盛り上がる
パートが「宇宙のファンタジー（Fantasy）」と全く同じメロディ（ソ・ラ・
シ〜）なのがちょっとおもしろいが、フロアで盛り上がることは間違い
ないだろう。コズミックなシンセ・サウンドに裏打ちされているが、ク
ロアチア語で「早くキスをしてくれ！」と歌っている恋愛ソングなので、
キラー・シティ・ソウルの1曲として。　　　　　Pigeon

Latul　Goin' Downtown

Latul　Eye　1981

サフレカと同じく、インドネシアから移住したオランダで活躍したギタリスト／シンガーのクリス・ラチュール。まずは同郷人バンド、Massadaでラテン・ファンクを聴かせた後に独立、オランダ人の腕利きも交えつくったアルバムだ。イントロのギターから胸はずむ"Goin' Downtown"は、シティ・ポップの名曲と同じく「街へ繰り出そう」と歌うグルーヴィ＆ポップな人気曲。メロウ・グルーヴの"Mysterious Feelings"も、ハワイ産作品に通じるアイランド・テイストが心地いい極上の逸曲だ。シティ・ソウル・プレゼンツとして2018年に国内盤CD化。　　　　　　小渕

Lauren Wood　Fallen

Cat Trick　Warner Bros.　1981

映画『プリティー・ウーマン』の名シーンで使われ、世界中で大ヒットした"Fallen"。ソングライターとしての才もあるローレン・ウッドが、ニコレット・ラーソンに贈り、彼女が79年には歌っていた曲だが、そちらはつくりが凡庸。この作者Ver.の大ヒットは、クラッキンのチューダコフ＆バネッタによる極上としか言いようがないアレンジによるところが大きい。ふたりが全面プロデュースした本作は、ミッド・テンポの好曲が詰まったまさにシティ・ソウルの大名盤。ロビー・デュプリーとのデュエット"Work On It"などもたまらない。　　　　　小渕

Lava　Give It Up

Cruisin'　Polydor　1981

今も現役で活動を続けるノルウェイの腕利き集団。80年の1stはインストのフュージョン作だったが、メンバー・チェンジして出したこの2ndからは歌モノも増えた。クールな女性Vo.をフィーチャーした"Give It Up"は、ウォーキング・テンポの16ビートに軽やかなカッティング・ギターと隠し味となるシンセが絡む、とにかく心地いいメロウ・グルーヴの絶品。海辺の街が多い北欧のAORにはクルージング・チューンが欠かせないが、この曲がその雛形になったと言いたくなるほどの名曲、名アレンジ、名演だ。同じ女性が歌う"Easy Come, Easy Go"、男性Vo.による"Sunday Morning"、そしてその名も"Cruisin'"もそれぞれに素晴らしい。圧倒的No.1の本作以降はまたパワフルな曲も増えていくが、84年の『Fire』にはランディ・クロウフォードを招いたメロウな好曲"You"があったりと、アルバム毎に好曲が潜んでいるのでどれも要チェック。　　　　　小渕

①Take Your Time　②Give It Up　③Sunday Morning　④Hideaway　⑤The Ratter　⑥Cruisin'　⑦Easy Come, Easy Go　⑧Sky Rocket　⑨Tears In Your Eyes

Lenny Williams Where There's A Will There's A Way

Taking Chances MCA 1981

オークランド育ちで、72〜75年にはタワー・オブ・パワーのメンバー だったシンガー、レニー・ウィリアムズ。人種混成バンドで磨いたクロ スオーヴァーなセンスはソロ作品でも発揮され、特にこの時期、華開い た。"Where There's A Will There's A Way"は、ジェイ・グレイ ドンか？と聴き紛う音色のギター・カッティングで軽快かつメロウに始 まるステッパー・ビートの好曲。ポップなメロディにウマく乗ってみせ る主役の歌もさすがだ。本作でブギーの好曲を制作したジーン・ペイジ は前作『Let's Do It Today』にも参加、そちらもいい。　　　　小渕

Lulu You Win, I Lose

Lulu Alfa 1981

1964年に14歳の若さでデビュー、全米シングル・チャートNo.1を記録 した"To Sir With Love"（1967年）のヒットで最も知られるスコット ランド出身のシンガー、ルル。日本が誇る良質レーベル＝アルファの米 国分社からリリースされた彼女の1981年作品。ストーミーな演奏が格 好良いミッド・テンポのモダン・ソウル"You Win, I Lose"は、フィ ルインから始まるイントロもDJ的には使い勝手が良く、筆者のレコバッ グの常連となっている。ハワイアン・バンドのクラッシュのメンバー、 ハル・ブラッドバリーによるレア・ヴァージョンも人気。　　　　能登谷

The Manhattan Transfer On The Boulevard

Mecca For Moderns Atlantic 1981

前作『Extensions』に引き続き、ジェイ・グレイドンが全面プロデュー スした81年作。マントラのヴォーカル・ハーモニーを存分に活かしつつ、 フュージョン・ライクなポップスにまとめ上げたアルバム冒頭の"On The Boulevard"は、ジェイとリチャード・ペイジ（ペイジズ）、マーク・ ジョーダンの共作によるAOR人気曲。躍動感のあるスティーヴ・ガッ ド＆エイブ・ラボリエルのリズム隊や、ジェイのいかついギター・ソロ も聴きどころだ。ガッドのドラムが炸裂する"Kafka"や、デイヴィッド・ フォスター色の強いバラード"Smile Again"も必聴。　　　　福田

Marti Caine Love Is Running Through Me

Point Of View BBC 1981

イギリスのマルチ・タレントだった彼女は苦労人で、キャバレーで歌っ ていた経験も活かしシンガーとしても活動した。この5thアルバムは、ヒー トウェイヴや、リンダ・ルイスも手がけたアレンジャーふたりと組み、 時代のポップスに挑んだ人気作。"Love Is Running Through Me"は、 主役の艶っぽい歌が生きるAORなメロウ・グルーヴの名曲。スロウなテ ンポながら心地よくノセてくれる。また"Love The Way You Love Me"は、太いベースが曲を引っ張るこちらもスロウながらグルーヴィな 人気のディスコ・ブギーで、2018年にはBe Withから再発された。小渕

Marty McCall & Fireworks　Unless God

Builds Your House Up　MCA Songbird 1981

クリスチャン・シンガー、マーティ・マッコールの81年作。CCM界随
一のブルー・アイド・ソウル感覚を持つリック・リソー（別枠掲載）作
のこの曲は、スティーヴ・アーチャーも録音していたファンキー AOR。
ホーンの映えるタイトなアレンジで、野太いベース・ラインはTOTOの
デイヴィッド・ハンゲイト。マイケル・マクドナルド・マナーな "Givin'
It Up" や、ロビー・デュークやブルース・ヒバードでもおなじみの "Can't
Stop Running" も爽やかだ。85年にはふたりの女性シンガーとファー
スト・コールを結成、数作を残した。　　　　　　　　　　　　福田

Marva King　Who's Right, Who's Wrong?

Feels Right　Planet 1981

マダガスカル（別枠掲載）の同年作にも参加していたシンガー、マーヴァ・
キングのソロ・デビュー作に収められた、ベイジズのAOR名曲カヴァー。
共作者のケニー・ロギンスやフォー・トップス、メル・カーター（はシ
ングル・オンリー）、アル・ジャロウ＆ランディ・クロウフォードらの
ヴァージョンも存在するこの曲だが、マーヴァ版はキーを変えており、
新鮮に聴こえる。本作以降はセッション活動の他、モーリス・レンティ
Jrと組んだアンサード・クエスチョンズで作品を残し、近年は再びソ
ロ活動にも力を入れている。　　　　　　　　　　　　　　　福田

Music Magic　One Man Lady

One Man Lady　Music Magic Pro. 1981

ハワイのアース・ウィンド＆ファイアとも呼ばれるフュージョン・グルー
プ、ミュージック・マジックの2nd。パワフルなホーン・セクション
とソウルフルなヴォーカルの "One Man Lady" は一度聴けばノックダ
ウン必至。グルーヴィなフュージョン "222（Triple Two）" や、アル・ジャ
ロウ的AORな "I Wonder"、ハワイアン・メロウな "Only Ours To
Share" と実にヴァラエティに富んだ内容。国内盤の海上を飛ぶヘリコ
プター・ジャケットより、オリジナル盤のメンバーと美女が写るハワイ
アンなジャケットの方が断然好み。　　　　　　　　　　　　エミ

Ozone　Send It

Send It　Motown 1981

モータウンの8人編成大所帯ファンク・バンド、オゾン。1stはインス
ト中心の内容だが、2ndはマイケル・ラヴスミスがヴォーカルに加わり、
より脂の乗った重厚感のあるサウンドに。そうしてこの81年の3rdも、
ティーナ・マリー他がプロデュース、ファンキーかつメロウな充実した
内容となっている。タイトル・ナンバーの "Send It" はコーラス・ワー
クが清々しいメロウ・ダンサー。ファンク・バンドのメロウ・チューン
にハズレなし。ちなみに日本で空耳ソングとしてヒットした「恋のマイ
アヒ」のオゾンは同名別グループである。　　　　　　　　　エミ

Peter Cupples Sweet Summer Nights

Fear Of Thunder　Astor 1981

オーストラリア発のブルー・アイド・ソウル・バンド、スタイラスのヴォーカリストであったピーター・カップルズが、バンド解散後に発表したソロ1作目。スタイラス時代よりもポップ・ロックな作風にシフトしているが、バンド作品で聴けた突き抜けるように爽やかなセンスはここでも健在で、"Sweet Summer Nights"のコーラスは思わず口ずさみたくなる。クラシック・ギターでソロを取るサウダージ的感覚もおもしろい。他の収録曲では疾走感のあるポップス"Later Tonight"がおすすめ。次作はよりロック色を強めた内容。　　　　　　　　　　福田

The Players Association Groovin' On Home

Let Your Body Go!　Vanguard 1981

この時代は世界中で多種多様なディスコ・ユニットが活躍したが、77年から5枚のアルバムを残したプレイヤーズ・アソシエーションはNYのジャズマンが集った不定形ユニットであり、演奏力では他に抜きん出ていた。初期作はソウル・ヒットのゆるいインスト・カヴァーも多いが、全てがオリジナル曲となったこの5thは一級品の〈ジャズ・〉ファンク・アルバムだ。その中にあって輝くのが、スロウ・ブギーの"Groovin' On Home"。ドラム、ベース、ホーンがこれ以上なくクールなフレーズをキメまくる、遅いのにノリノリにさせられる大名曲。　　小渕

Quincy Jones One Hundred Ways

The Dude　A&M 1981

定番すぎて前巻では外したクインシー・ジョーンズのリーダー作だが、やはりこれだけは触れておきたい。マイケル・ジャクソンの諸作も交えて、帝王自らが進めたこの時代のクロスオーヴァー、その集大成となった大ヒット作だ。キラ星のような全9曲だが、ここでは"One Hundred Ways"に注目。EW&Fなどとポップ・ヒットを生んでいたソングライター陣によるシックなメロディ、中庸の美を行く極上の演奏とAORそのものな曲を、ジェイムズ・イングラムにあえてソウルフルには歌わせなかった御大。ここからUSのブラック・ミュージックは次の段階に入った。　小渕

Ramsey Lewis So Much More

Three Piece Suite　Columbia 1981

EW&Fとの仕事でも知られるトム・トム84がプロデュースを手がけたラムゼイ・ルイスの81年作から、アリス・サンダーソンのヴォーカルをフィーチャーしたスウィートな"So Much More"を。歌や曲、ラムゼイの可憐に舞うピアノが素晴らしいのはもちろん、パトリース・ラッシェンによるストリングス・アレンジ、バーナード・リードのウッド・ベースのような音色のプレイ、名手マーロ・ヘンダーソンのバッキング・ギターなど、トラック・メイキングも絶品だ。ジョージ・ベンソンのような蕩けるフュージョン"Romance Me"もぜひ。　　　福田

René & Angela　Imaginary Playmates

Wall To Wall　Capitol 1981

ともにソングライター、プロデューサーとしての才にも長け、コンビ解散後も長く活躍したレネイ・ムーアとアンジェラ・ウィンブッシュ。前年の1stから好曲満載だが、より曲が粒揃いなこの2ndが最人気作だ。クールなNYダンサーの名曲"I Love You More"や、よりポップなメロディに心弾む"Love's Alright"などもいいが、ここでは"Imaginary Playmates"をいち推しに。AOR的なメロディをモダンなセンスで歌い上げたメロウ・グルーヴの絶品だ。歌声も真に麗しいアンジェラは後にアイズリー・ブラザーズと合体する。　　　　　　　小渕

Rhyze　Give It Up (Give Me Your Love)

Rhyze To The Top　20th Century Fox 1981

70年代にいなたい、甘茶ソウルの一大産地となったニュージャージーで頭角を現した裏方の大物ポール・カイザー。彼の下で70年に、Nu-Sound Expressの名でファンキーなシングル2枚を残していたバンドが、10年後にライズとなり復活。この2ndアルバムには、シティ感溢れるクール・ブギーの名曲"Give It Up"を始め、メロディアスなメロウ・ダンサー"Bizzaar"や"Having Fun"など好曲が目白押し。多少のいなたさがいい味わいになっている、ステッパー・ビートのメロウ秀曲"What Can I Do About This Feeling"もあり、人気は上がる一方だ。　小渕

Roger Voudouris　She's Too Cold

On The Heels Of Love　The Boardwalk Ent. 1981

70年代中盤にはヴードリス＆カーンというユニットで2作を発表していたことでも知られる、カリフォルニア出身のSSW、ロジャー・ヴードリスの、ソロ最終作となる4枚目。プロデュースとアレンジはフォー・シーズンズの諸作を始め、山下達郎の1stを手がけたことでも知られるチャーリー・カレロが担当。彼が得意とする管や弦の贅沢なアレンジが曲を引き立てている。作中最もノリの良い"She's Too Cold"は、ボズ・スキャッグス"Jojo"でのプレイに通じるジェフ・ポーカロの躍動感溢れるドラミングだけでお釣りがくるナンバー。2003年没。　福田

Ronnie Laws　There's A Way

Solid Ground　Liberty 1981

華麗なる音楽一家ロウズ・ファミリーの一員である、サックス奏者のロニー・ロウズ。81年リリースのこのアルバムは、当時流行っていたフュージョンAORマナーな内容で、サックスだけでなくロニー本人のヴォーカルも存分に堪能できる。イントロから完全にAORな"There's A Way"を始め、ソウルフルな"Summer Fool"、女性コーラスとキレのあるロニーのサックスがグルーヴィに混ざり合うメロウ・ダンサー"Good Feelings"と、始めから終わりまでガツンとパワフルかつメロウなサウンドを聴かせてくれる。　　　　　　　　　　エミ

Shock　I Think I Love You

Shock Fantasy　Fantasy 1981

オレゴン出身のギタリスト、マーロン・マクレインが、自身がリーダーを務めるファンク・バンド、プレジャーでの成功を元手に、地元バンドのプロデュース/フックアップを手がけるようになる。その第一弾としてメジャー・デビューを飾ったのがショックだ。代表曲 "Let's Get Crackin'" のゴリゴリなファンクのイメージが先行しがちで（無論大好きだが）、それ以外の曲の評価がイマイチな印象。歯切れのいいカッティングのミディアム・ソウル "I Think I Love You"、煌びやかな男女混声メロウ・ステッパー "Each And Every Day" など良曲満載。　能登谷

Side Effect　Midnight Lover

Portraits　Elektra 1981

オージー・ジョンソンが率い、70年代から高クオリティのリリースを続けたLAの名物ジャズ・ファンク/ソウル・バンド。本曲はブラスの様々なフレーズを軸に、力強いリズムとメロウなムードが両立した独特のバランス感覚がクセになるナンバー。この時代にしてはかなり細やかなフレーズのハイハットがグルーヴを生むメロウ・チューン "I Can't Play" 然り、ハイレヴェルな演奏技術を活かした多彩な編曲が楽しめる好盤だ。前作『After The Rain』にはTOTO "Georgy Porgy" の超・良カヴァーが収録されており、AORファンは必聴。　TOMC

Sonya Spence　Let Love Flow On

Sings Love　High Note 1981

可憐な歌声でラヴァーズを歌うジャマイカのシンガー、ソーニャ・スペンス。特にラヴァーズはかつての宗主国イギリスでの需要も高かったけで、この2ndには非レゲエ・リズムのディスコ・ダンサー "Let Love Flow On" も。クールにノセてくれるこの曲の人気は特に欧州でも高く、2016年にはオランダでヴァイナルが再発され話題になった。同じように、Jennifer Laraの85年作『Week-End Loving』中の "Big Surprise" も、2018年に再発され注目を集めた、ジャマイカン・ラヴァーズ・シンガーによるディスコ・ダンサーの好曲だ。　小渕

Spargo　Searchin'

Go!　I-Scream 1981

アイドル的人気も博したオランダのポップ・ソウル・バンド、スパーゴ。いま花ざかりのヤング・シティ・ソウル・バンド、その元祖と言える音楽性を持った5人組で、男女Vo.のかけ合いも楽しく魅力的だった。前年の前作も好曲揃いだが、よりメジャー感を増した2nd中の、ポップな曲づくりのうまさが際立った "Searchin'" をいち推しに。AOR的なコード進行で魅せるメロウ・ステッパーの秀曲だ。こういったスロウではハイトーンの女性Vo.がひときわ輝く。クールなディスコ・ブギーの "Hey You" などもとてもよく出来た秀曲だ。　小渕

Stanley Turrentine　Only You And Me

Tender Togetherness　Elektra 1981

長岡秀星氏によるジャケットが目を引く、ジャズ・サックス奏者スタンリー・タレンタインの81年作から、ダイアン・リーヴスを迎えたエキゾチックなヴォーカル曲を。プロデュースはEW&Fのラリー・ダンで、バックもアース周辺人脈を重用。フィリップ・ベイリーのコーラスが大きくフィーチャーされており、タレンタインの枯れたサックスの音色も良い味を醸し出している。同じくコンテンポラリーな作風の次作『Home Again』、本作と同じ長岡氏のジャケ、ホルヘ・デルバリオのアレンジと共通項の多いカルデラ『Sky Islands』(77年)もおすすめだ。　　福田

Sylvester　Thinking Right

Too Hot To Sleep　Fantasy Honey 1981

LA出身のドラッグ・クイーン・シンガー、シルヴェスターは、ディスコにシンセサイザーを取り入れた、いわゆる「ハイエナジー」の文脈で82年の『All I Need』などが高い評価を受けるミュージシャン。一方で、和声感覚も非常に研ぎ澄まされた独特のセンスを持っており、それを思い知らせてくれるのがハーヴィ・フークワとの共同プロデュースで制作した81年の本作だ。"Thinking Right"や"Here Is My Love"で展開される妖艶で都会的なコード・ワークは、シティ・ソウルのコンセプトにもピッタリ。88年にエイズ合併症で死去。　　福田

Taffy McElroy　What's On Your Mind

The Heartbreak Kid　MCA 1981

テキサスはダラス出身、この唯一のアルバムを録音した際は16〜18歳だったと思われるタフィ・マッケルロイ。日本盤はアイドル調の別ジャケットで出されたが、本作はこの時代に多かったアーバン・カントリーなつくりの好盤だ。ロバート・バーンが書いた"Who's That Look In Your Eye"、"That Didn't Hurt Too Bad"という名曲ふたつのカヴァーや、ランディ・グッドラムが書いた清らかなバラード"If I Hadn't Met You"は特に聴きもの。いち推しは、疾走感のあるメロディやアレンジがもうシティ・ポップと思える"What's On Your Mind"に。　　小渕

Teddy Pendergrass　I Can't Leave Your Love Alone

It's Time For Love　Philadelphia International 1981

フィリー・ソウルのスーパースターによる81年作。ミディアム・スロウの傑作であるタイトル曲を始め、名プロデューサー・チーム、ギャンブル&ハフの80s屈指の仕事が聴ける。この時代にあって全編生音中心、ディスコからも適度な距離を置き、バラードを軸にした作風で安定したセールスを残した彼のアーティスト・パワーには只々驚かされる。本曲は強力なベース・ラインを軸にしながらもあくまでクールネスを保った、本書的には彼のダンサブルな路線で最高峰の隠れた名曲。特にリオン・ウェアのファンはぜひ聴いてほしい。　　TOMC

Today, Tomorrow, Forever　Love Is Just What You Make It

Surprise! Surprise!　Gold Coast　1981

10代の若者で結成された男女混合ヴォーカル・グループ、トゥデイ・トゥモロウ・フォーエヴァーの3rdアルバム。"Might Fine"や"Got To Keep Movin' On"などフロア使いにもってこいのアップテンポなナンバーが多い中、メロウ・グルーヴ"Love Is Just What You Make It"のフレッシュでみずみずしい爽やかなサウンドは、いい意味で異彩を放っている。紅一点デブラ・ピーヴィの歌うバラードも切なくて良い。ちなみにジャケットは2ndアルバムのものと同じで、タイトルだけを差し替えた、非常に紛らわしい使い回し品である。　　　　　エミ

Tom Browne　I Know

Magic　Arista GRP　1981

ダンス・クラシック"Funkin' For Jamaica"でおなじみのジャズ・トランペッター、トム・ブラウン。彼の3枚目にあたる本作は、ファンキー・ディスコからジャズ・バラードまでヴァラエティに富んだ充実の内容だが、白眉はやはりサー・ラーにもサンプリングされたミディアム"I Know"だろう。トニー・スミスのエネルギッシュなヴォーカルや、トムのソロの後ろで曲の骨子を支える、マーカス・ミラーによるダブル・ストップ(重音奏法)を多用したベース・プレイにも注目。同系統では"Midnight Interlude"も堪らない。　　　　　福田

Tom Grant　Heaven Is Waiting

You Hardly Know Me　WMOT　1981

70年代終盤からコンスタントにソロ作品を発表している、オレゴン州ポートランド出身のフュージョン/スムーズ・ジャズ系キーボーディスト、トム・グラント。アルバムには毎回1〜2曲のAOR風なヴォーカル・ナンバーを収録しているが、その中でも最も注目を集めるのは、パトリース・ラッシェンとのデュエットを聴かせるフュージョン・ソウル"Heaven Is Waiting"だろう。楽器奏者自身が歌った曲には、お世辞にも上手いとは言えない残念なものも散見されるが、トムの歌はなかなかの安定感だ。再発CDにはロング・ヴァージョンも収録。　　　　　福田

Twennynine With Lenny White　Need You

Just Like Dreamin'　Elektra　1981

リターン・トゥ・フォーエヴァーでフュージョンは極めたのか、ドラマーのレニー・ホワイトが新たに組んだトゥウェニィナインはソウル/ファンク・バンドだった。この最終作となった3rdでは、打ち込みポップ・ソウルの好曲を量産したスキップ・アンダーソンと組み、時代の流れの半歩早く、80年代の和ブギー、今のシンセ・ブギーにも繋がるようなスタイルを披露。"Need You"は、ポップなメロディを多彩なコーラス・ワークで聴かせる逸曲。"Rhythm"や"Find A Love"といったまさに今また旬なブギーもいい。1st、2ndも好曲満載だ。　　　　　小渕

Twilight　Scorpittiarus

Still Loving You　LSW 1981

これは驚嘆する1枚。ベイエリアはヴァレオのソングライター／マルチプレイヤーながら全く無名のローレンス・ロスが、ホーンズとヴォーカル以外はほぼひとりで、多重録音でつくりあげたガレージ・モダン・ソウルのお宝中のお宝盤。EW&Fや、地元のタワー・オブ・パワーからの影響大な作風ながら、ソングライト、演奏ともに高レヴェルで好曲連発。爽快なブラジリアン・ソウル "Scorpittiarus" や、ハネるビートが心地よく楽しい "Just A Kiss Away"、メロウ・ステッパーズの "Still Loving You" など聴き惚れる。86年の2ndもぜひ。　小渕

213　Three Little Words

Three Little Words　Preservation 1981 (2019)

2019年にようやくリリースされ、大きな話題になった発掘音源集だ。ビル・メイヤーズ、ガイ・トーマスのふたりが、ジェフ・ポーカロ、ヴィニー・カリウタ、ニール・ステューベンハウスといったスゴ腕とつくった一級品のAOR 9曲。ゆったりとした、それでいてピタッとキマるグルーヴが極上なタイトル曲は、これぞ今聴きたい西海岸AORと言いたくなるメロウ&グルーヴィな大名曲。凝ったリズムをサラりと聴かせる "Oh Me, Oh My" や "Tellin' Her Stories" は、さすがジノ・ヴァネリ・バンドの仲間たちが集ったユニットの作だ。　小渕

Wax　Crazy In Love

Do You Believe In Magic　RCA Victor 1981

レニー・ホワイトと、彼のグループ、トゥウェニィナインでの相棒スキップ・アンダーソンがプロデュースした、NYのファンク・バンドの2nd。前作とは見違えるほどに音楽性が研ぎ澄まされており、優れたプロデューサーが作品に及ぼす効果の大きさを痛感する。控えめながら味わい深い余韻を残すスロウ "Crazy In Love" や、ライト・メロウな "When And If I Fall In Love" は、AOR好きのツボにも刺さるナンバー。他にもモダン・ソウルなタイトル曲や、ジェイムズ・ベリーも演っていた "April Lady" など全編魅力的。　福田

Woods Empire　Universal Love

Universal Love　Tabu 1981

カリフォルニアのSSW、トミー・ウッズとその姉妹4人からなったウッズ・エンパイアの唯一作。珍しいメンバー構成ならではのコーラスの味わい深さ、モダン・ポップな曲の良さ、チャック・シセルの人気盤も手がけたデイヴィッド・クロウフォードのプロデュースのウマさが相まって、常に人気の1枚だ。一番人気は、キャッチーなメロディが際立つメロウ・グルーヴの "Destiny" だが、ここではタイトル曲をいち推しに。タイトなステッパー・ビート上でクールかつメロウな歌が輝く、今また旬なミッド・ブギーの名曲だ。2曲ある甘茶バラードもいい。　小渕

Zingara　Are You Ready For Love

Zingara　Wheel 1981

同年の、自身の『Working On You』とフューチャー・フライトの唯一作と並んで、ラモン・ドジャーが全面プロデュースしたモダン・ソウルとして人気の1枚。ジンガラは4人の腕利きプレイヤーを集めたスタジオ・ユニットのようなもので、多くのリードは匿名でジェイムズ・イングラムが取っている。グルーヴィにハジける"I Surrender"などでのソウル・シンガー然としたイングラムは、クインシー作品での歌唱とは全く違い比べて聴くのも楽しい。やはりゲストの女性Vo.が歌うメロウ・ステッパー"Are You Ready For Love"をいち推しに。　　　　小渕

Alfonzo　Low Down

Alfonzo　LARC 1982

モータウンでも活躍し、ジャクソン家との関わりもあった裏方の大物、クレイ・マクマレーに見出されたLAの青年が、憧れのマイケル・ジャクソンに成りきって出した唯一のアルバム。どうしたってMJに似た歌は賛否両論あろうが、ボズ・スキャッグス"Low Down"のカヴァーのかっこよさには誰もがあがらえない。よりファンキーなブギーになった、ラフさも味となる好ヴァージョンだ。やはりメロウな味わいのブギー"Don't Stop This Feeling"や、ジャクソンズ曲を意識したようなダンサー"Your Booty Makes Me Moody"などもいい。　　　　小渕

Apartheid Not　Listen

not on album　R.P.M. 1982

フランスは移民、植民地問題が根深く、同時にワールド・ミュージックが盛んな国でもある。アパルトヘイト・ノットは同国におけるナイジェリア人によるレゲエ・バンドだ。シングル・オンリーの楽曲で、「言葉が分からないなら音楽だけ聴いていればいい。レゲエ好きだろ？」という英語のサビと、メンバーの母国語で歌われるバース部分の対比から強い政治的メッセージを感じる。サックス以外生演奏を一切使用せず、完全に耳あたりのよいデジタル・サウンドに仕上げてあり、DJユースで、ポップス的だ。ユーロ・レゲエの幕開けのような雰囲気も感じる。　　Pigeon

Billy Griffin　Understand

Be With Me　Columbia 1982

スモーキー・ロビンソンの後釜として後期ミラクルズに籍を置いたシンガーの1stソロ。"Hold Me Tighter In The Rain"が定番曲だが、ここではアルバムのラスト"Understand"をチョイス。クロスオーヴァー色の濃いコード進行とビリーお得意のファルセットがアダルトな色気を演出しており、生とシンセを重ねたベース・ラインもよく考え抜かれている。ビリーやプロデューサーのジョン・バーンズら、共通の顔ぶれが多いマダガスカルや、マーヴァ・キング（ともに別枠掲載）の作品と一連の流れで楽しみたい。　　　　福田

Carly Simon　Why

OST: Soup For One　Mirage 1982

シックが制作した、セクシー・コメディ映画のサントラ中の1曲。ア・トライブ・コールド・クエスト"Bonita Applebum（Why? Version)"でサンプリング、そして松本伊代「抱きしめたい」でリメイクされた、82年の決定的な名曲だ。当時のダンス・フロアの最先端だったレゲエ経由のコンパス・ポイント・サウンドにも呼応した、絶妙なユルいテンポのグルーヴを生み出すバーナード・エドワーズのベースが超強力。カーリー・サイモンの気だるい歌唱もハマっていて、一度聴けば忘れられないはず。8分ある12インチ・ヴァージョンで昇天できる。　小渕

Carrie Lucas　Is It A Dream

Still In Love　Solar 1982

キャリー・ルーカスは、所属するソーラーのボス、グリフィの後妻となったことで、実はソーラーの魅力の結晶のようないい曲を歌ってきた。今聴くならベストはこの5thで、極上スムーズな"Rockin' For Your Love"、メロディの良さが際立つ"Show Me Where You're Coming From"、エレクトロ味がいい"Men"、ベースがプリプリな"I Just Can't Do Without Your Love"と今また旬のブギーはどれも真に絶品だ。いち推しはレオン・シルヴァーズ作で、イントロ1秒でもう虜になるメロウでポップな大名曲"Is It A Dream"に。　小渕

Caviar featuring Ronnie Canada　Never Stop Loving You

Never Stop Loving You　Boogie Times 1982 (2009)

キャビアは、ブルー・ノーツに一時在籍したふたりのメンバーが立ち上げたユニットのようで、1982年にシングル"Never Stop Loving You"を残した。これが、ドラマティックなイントロに続いて現れるホーン、ストリングスもゴージャスな、いかにもフィリー・ダンサーの流れを汲むモダン・ブギーの知る人ぞ知る人気曲に。リードを歌ったロニー・カナダは後に、ハウス曲のヴォーカルといった仕事も得た。そうして、おそらくは彼が未発表音源を持ち込み発掘リリースとなったのがこのアルバム。女性Vo.も交えたモダン・ソウルの好曲が8つ聴ける。　小渕

Change　Promise Your Love

Sharing Your Love　Atlantic 1982

ジャック・フレッド・ペトラスとマウロ・マラヴァージがイタリアで結成、都会的なディスコ・サウンドを追求したグループのサード・アルバム。ファットバックでバック・コーラスを担当していたデボラ・クーパーが本作からリード・シンガーとして参加、そしてカシーフがキーボードでクレジットされている点も見逃せない。マラヴァージとフォンジ・ソーントン（元シック）の共作による"Promise Your Love"はまさにシティ・ソウルの極致といえる絶品スロウ・ジャム。日本のディスコでもヒットした"The Very Best In You"ももちろん最高。　能登谷

Cheyenne　What's Taken Us Up

Money　Philips 1982

オランダのフュージョン／ディスコ・バンド、シャイアンによるナンバー。バンド自体の構成としては、ハワイのシー・ウィンドのような雰囲気を想像するとわかりやすいだろう。伸びやかな女性ヴォーカルが心地よく、演奏の技術も申し分ない。ドラムとベースから始まるイントロがDJ的につなぎやすく、ほどよい高揚感、安定感と曲の長さもあり、パーティの終盤でかけたい曲だ。アルバム・ラストのスロウ・ディスコ曲"No Forgivin'"なども素晴らしく、これほどしっかりしたバンドがアルバムを1枚しかリリースしなかったのが不思議だ。　　　　　Pigeon

Crystal Winds　Love Ain't Easy

First Flight　Cash Ear 1982

シカゴのクロスオーヴァーなファンク・バンド、ラスプーチンズ・スタッシュのメンバーだったふたりを含む3人組ユニット、クリスタル・ウィンズの唯一のアルバム。スカイ・ハイ・サウンドを思わせるスムーズ・グルーヴの"Lovers Holiday"、スティーリー・ダンからの影響も伺えるAOR的な構成の"It's A Wonderous Thing"など注目曲ばかりの人気盤だ。いち推しは、男女の寸劇から始まり、すぐに爽快メロウなシティ・ブギーへと展開し魅了する"Love Ain't Easy"。スラップ・ベースもノリノリな、フュージョン味も効いたこれは名曲。　　　　　小渕

Dave Valentin　In Love's Time

In Love's Time　Arista GRP 1982

フュージョン界を代表するフルート奏者、デイヴ・ヴァレンティンの82年に収められた、ミッキー・デン＆ケン・ゴールドのペンによるデレゲイションの名曲カヴァー。原曲に忠実なアレンジで、アコースティック・ギターのバッキングを効果的に用いた温かいサウンドに仕上げている。アルバム前半はヴォーカリストを立てたソウルフルなナンバーで占められており、フルート奏者のアルバムだということをすっかり忘れてしまうが、後半はラテン・フレイヴァー溢れるインストで、彼本来の世界に帰ってくる構成もおもしろい。　　　　　福田

Diane Tell　Mon Ami-E

Chimères　Polydor 1982

前2作がクラブ・シーンで人気のフレンチ・カナディアン・シンガー、ダイアン・テル。作品ごとにコンテンポラリー色を強め、この4作目がそのピークに。ジル・リヴァール（別枠掲載）とともに、ケベコワ系AORの二大巨塔に位置づけたい。"Mon Ami-E"はコロコロとしたエレピが印象的なメロウ・グルーヴ。ジャズ・ヴォーカル風な"Les Trottoirs Du Boulevard Saint-Laurent"もクール。同時期のアル・ジャロウやマンハッタン・トランスファーなど、ジェイ・グレイドンが手がけたフュージョン色の濃いAORが好きな方にはドンピシャなはず。　　　　　福田

Djavan　Samurai

Luz　CBS 1982

オランダ人の父とアフリカ系の母の下、ブラジルに生まれ、ビートルズ
のカヴァーから音楽活動を始めたジャヴァン。クロスオーヴァーな時代
の申し子となる彼は、この5thアルバムをLAで録音。郷愁溢れるメロ
ディを歌う主役のなんとも魅力溢れる歌声に、スティーヴィ・ワンダー
のハーモニカが絡むメロウな名曲"Samurai"は、日本を含む世界中で
ヒットした。プロデュースも担ったロニー・フォスターや、ハーヴィ・
メイソン、エイブラハム・ラボリエルらとつくりあげた本作には好曲が
たっぷり。ジャヴァンは今も現役でどの作品もいい。　　　　　小渕

Donna Washington　Guys Like You

Just For You　Capitol 1982

シングル"'Scuse Me, While I Fall In Love"がガラージ・クラシック
として知られる女性ソウル・シンガーが、インディペンデンツのチャッ
ク・ジャクソンとドラマティックスのLJ・レイノルズをプロデューサー
に迎えリリースした3枚目にして最後のアルバム。イントロから名曲の
予感しかしない"Guys Like You"は、AORテイストのミッドテンポ・
ブギーの好例。ナラダ・マイケル・ウォルデンがプロデュースしたステ
イシー・ラティソウによるヴァージョンも存在するが、洗練度、ヴォー
カルの完成度でこちらに軍配か。　　　　　　　　　　　　　能登谷

Dwight Sykes　That's The Way Love Is

Songs Volume One　Peoples Potential Unlimited 1982 (2013)

別枠掲載のラヴ・アップルと同様の、宅録ガレージ・ソウルの発掘音源
だ。あの100% Pure Poisonのメンバーとしてドイツにいた経験もあ
るマルチ・プレイヤーのドワイト・サイクス。87年にはJahariを率い
てEPを1枚、残した彼が、録りためていたデモのような音質の7曲。女
性Vo.をフィーチャーした"That's The Way Love Is"は、超ローファ
イな録音でも曲の良さ、味わい深い演奏と歌に見せられるメロウ・ジャ
ム。簡素な打ち込みリズムは時代がひとまわりして、今のシンセ・ブギー
作品とも共通し耳に心地いい。続編もあり。　　　　　　　　小渕

Fred Parris And The Satins　Let Me Be The Last One

Fred Parris And The Satins　Elektra 1982

50年代から活躍するドゥーワップ・グループ、ファイヴ・サテンズのリー
ダーだったフレッド・パリスが、80年代らしい流行りのサウンドを取
り入れたグループ名義の82年作。注目はなんと言っても、ボズ・スキャッ
グス"Jojo"とアル・ジョンソン"I'm Back For More"を足して2で割っ
たような都会的なソウル・ナンバー"Let Me Be The Last One"だ
ろう。バックはヴィニー・カリウタ、ニール・ステューベンハウス、バ
ジー・フェイトンらフュージョン系の参加が意外。リチャード・ティー
のエレピが心地よい"I'll Be Seeing You"もなかなか。　　　福田

Gene Van Buren　You've Got Me Where I Want You

What's Your Pleasure　Tamla 1982

ジーン・ヴァン・ブレンが、モータウンに残した唯一のアルバム。シンガー・ソングライターで、本作のプロデュースも行なった実力者をマーヴィン・ゲイの抜けた穴埋めに、といった思惑もレーベル側にはあったよう。タイトル曲を始めこの時期らしいアップ・ダンサーもいいが、特にジェントルな歌い手である彼の個性が活きたのはスロウだ。シンセ・ビートが味となる、スムーズなステッパー・ビートの"You've Got Me Where I Want You"は病みつきになる歌唱が魅惑的なメロウ秀曲。メロディアス＆ポップなバラード"I Love You More"もいい。　　小渕

Gift Of Dreams　By My Side

The Gift　Jam Power 1982

西海岸のファンク好きが集ったギフト・オブ・ドリームスの1stアルバム。本家のフレッド・ウェズリーも参加しPなファンクを聴かせるつくりだが、メロウな曲もめっぽういい。TR-808サウンドも用いたスムーズ・ジャム"By My Side"は、サビの盛り上がりも楽しい、6分に及ぶメロウな逸品。続く同路線の"One In All"や、爽快なメロウ・ステッパー"Feel It"も、ファンク・バンドならではのオリジナリティがある秀曲。長く人気のレア盤であり続けているのは、こちらメロウ・サイドの曲が求められて？　2ndはややエレクトロ過ぎか。　　小渕

Greg Guidry　Are You Ready For Love

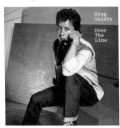

Over The Line　Columbia 1982

セントルイス生まれで、ゴスペルを弾き、歌い育ったというグレッグ・ギドリー。まずはソングライターとして世に出た彼のこの時期唯一のアルバムは、LAに加えナッシュヴィルでも録音。マッスル・ショールズ・ホーンズも参加し、西海岸と南部両方の味わいのある硬派なAOR曲集に。"Are You Ready For Love"はサザン・ソウルやカントリーも混ざった、まさにクロスオーヴァーなスタイルのメロウな秀曲だ。軽快なハネるリズムに胸踊る"(That's) How Long"は、西海岸AORなコーラスが楽しめる好曲。繰り返し味わいたいスルメ味アルバム。　　小渕

Ira Watson　Shining Star

Shining Star　Sozo 1982

スキップ・マホニー＆ザ・カジュアルスのバンド出身のゴスペル系SSW、アイラ・ワトソンの唯一作から、アルバム冒頭の表題曲"Shining Star"を。アフリカン・アメリカンとは到底思えないマイルドなサウンドと、張り上げ過ぎないジェントルなヴォーカルは、予備知識なしで聴けばブルー・アイド・ソウル系のアーティストだと思うはず。全体的にミディアム〜スロウの多い構成で、"You Belong To Me"や"Nobody But Jesus"はレイ・パーカーJr風。一部の録音はシグマ・スタジオで行われており、ノーマン・ハリスやジャック・フェイスらが参加。福田

Jay W. McGee　What're You Trying To Do

Over & Over　Scorpio 1982

ノースキャロライナ州出身のソウル・シンガー、ジェイ・W・マッギーがカナダで制作した1stアルバム。82年の作品だが、生音が70年代ソウルのような雰囲気を醸し出している。タイトル曲の"I Love You (Over & Over)"はダンサー御用達、ストリングスが美しい甘美な世界に1曲目からテンションは最高潮。サビの軽快なコーラスがたまらない"What're You Trying To Do"もシティ・ソウルとしてぜひ聴いてほしい。彼は現在も精力的に活動中で、2020年作『Smooth Cruising』もアーバンで充実の内容。まさにシティ・ソウルな良作だ。　エミ

Jerry Knight　Nothing Can Hold Us Back

Love's On Our Side　A&M 1982

レイ・パーカー Jr率いるレイディオのメンバーであり、ベースからギター、キーボードまで操るシンガー・ソングライター、ジェリー・ナイト。彼のソロ・キャリア最後にして最高傑作といえるサード・アルバム。一級品のブギー・ファンク・トラックが揃いに揃ったアルバムだが、ひときわ輝きを放つのが"Nothing Can Hold Us Back"。初めて聴いた時は楽器知識が皆無な筆者でもこのベース・ラインの尋常でない格好よさに圧倒されたものである。ちなみにオマリオン"Entourage"（2006年）のベースはこの曲を下敷きにしていると思われる。　能登谷

Junior　Too Late

Ji　Mercury 1982

サーファー・ディスコの文脈で日本でも愛される"Mama Used To Say"でお馴染みのジャマイカ系UKシンガーの1st。本曲は先述の"Mama Used…"に続いてリリースされ、本国ならびにUS R&Bチャートでも見事連続ヒットを記録したミッド・ブギー。カーティス・メイフィールドを敬愛し、後にポール・ウェラーとの交流も知られた彼ならではのセンスが光る、USのファンクとはひと味違う「重すぎない」リズムの上を、小刻みに舞うファルセットが粋なナンバー。ベスト盤などで聴ける、展開が凝縮されたシングルVer.も絶品。　TOMC

Junior Mendes　Rio Sinal Verde

Copacabana Sadia　RCA Victor 1982

この時期のブラジリアン・クロスオーヴァー・ソウルの代表的名盤のひとつ。トロピカリズモの流れを汲むサイケなアルバムをカルマの一員として残したジュニオール・メンデスが、新たな時代の到来を見出した、爽快ブリージンなメロウ・グルーヴ/ブギーが満載の、コパカバーナの街のサウンドトラック。ソングライターとしても売れた才人だけに、キャッチーなメロディのいい曲ばかり。EW&Fからの影響も伺える"Rio Sinal Verde"は、ステッパー・ビートに切れ味のいいホーンが絡む絶品のシティ・グルーヴ。2017年の再発で入手容易に。　小渕

Keith Killgo　Loving You Is Good

Keith Killgo　BWI 1982

ブラックバーズのドラマーだったキース・キルゴ。グループ解散後に出したこの4曲入りEPを聴くと、この男のクロスオーヴァーなセンスが、ブラックバーズの名曲をポップなセンス溢れるものにしていたのではと思う。"Loving You Is Good"は、ニュー・エディションが歌いそうな哀愁歌謡ミッド・ブギーで、ドラムとベースが極上なのでシビれるほどのかっこよさ。歌謡ポップな"Crystal Blue Persuasion"と、たそがれメランコリックな"I'm Still Yours"も、シティ・ポップと同じ発想でつくられているよう。これもお宝盤。　　　　　　　　　　　小渕

Kenny G　Here We Are

Kenny G　Arista 1982

ジェフ・ローバー・フュージョンから巣立ち、代表作『Duotones』や『Breathless』のヒットでスムーズ・ジャズ界を代表するソプラノ・サックス奏者に登り詰めたケニー・Gのデビュー・アルバム。制作を全面的にサポートしたジェフ・ローバー作の"Here We Are"は、サンタナで歌っていたグレッグ・ウォーカーをフィーチャーした意外にもソウルフルな歌もの。グレッグを起用したフュージョン系のヴォーカル・ナンバーではジェフ・ローバー "It's A Fact"やカズ・マツイ・プロジェクト "Let's Pretend"（別枠掲載）もおすすめ。　　　　　　　　　　福田

Khemistry　Walking Papers

Khemistry　Columbia 1982

ワシントンDCを拠点に活動していた男女3人組ソウル・グループ、ケミストリー82年のアルバム。彼ら唯一の作品だが、NYのディスコ・レーベル、プレリュードを拠点に数々の名盤を手掛けたウィリー・レスターとロドニー・ブラウンのプロデュースで非常に完成度が高い。"Can You Feel My Love"、"I Got A Feeling"などフロア・ユースなダンス・ナンバーが人気だが、都会的でスロウなサウンドが極上な"Walking Papers"を聴いてとろけたい。ChemistryではなくKhemistryなので、日本のふたり組との区別がつきやすくて良い。　　　エミ

The Krush　Leading Lady

Never Felt So Right　Mele 1982

ファビュラス・クラッシュとして79年にデビューしたハワイのAORグループ。「ファビュラス」を取りクラッシュ名義となってからの2枚目にあたるこの82年作は、曲によって完成度の凹凸がやや気になるものの、この"Leading Lady"はプロダクションの整った大人なムードに。コードやリズム・アレンジは、ボビー・コールドウェル"What You Won't Do For Love"を意識。デイヴィッド・フォスター、ピーター・マッキャン、ニール・セダカらの作品を取り上げていることからも、米本土のAORシーンに敏感に反応していたことは明らかだ。　　福田

L.J. Reynolds　Say You Will

Travelin'　Capitol 1982

ロン・バンクスとともにドラマティックスの黄金時代を築いたヴォーカ
リスト、LJ・レイノルズ。グループでの成功と比べ、セールス面では
振るわなかった彼のソロ作品だが、このセカンド・アルバムはモダン・
ソウルの秀作としてこの10年で最も再評価が進んだ1枚だろう。70年代
からの旧知の仲であるドン・デイヴィスがプロデュースした "Say You
Will" は、シンセの絡んだ美しいステッパー。レイノルズ本人がプロ
デュースし、バーニー・ウォーレルがキーボードで参加した "Trust In
Me" もDJ人気の高いブギー・トラック。　　　　　　　　　　能登谷

The Markley Band　Fallin' In Love

On The Mark!　Town House 1982

フィリー〜ニューヨーク近辺を拠点としたギタリスト、ダグ・マークレ
イ率いたバンドの2ndアルバム。アヴェレイジ・ホワイト・バンドを
思わせる、パブ・ロックなジャズ・ファンクを聴かせた1stを発展させ、
AORに呼応した歌モノも。それが、女性Vo.が伸びやかに歌う "Strong
Steady Love" と "Fallin' In Love" だ。後者はゆったりとしたメロウ・
グルーヴ、キャッチーなサビのコーラスもキマった人気曲。これは前年
に女性シンガー、Eloise Whitakerが歌った曲のカヴァーで、モダン・
ソウルなつくりの彼女のヴァージョンもぜひ。　　　　　　　　　小渕

Marlena Shaw　Without You In My Life

Let Me In Your Life　South Bay 1982

ブルー・ノート期の傑作『Who Is This Bitch, Anyway?』やコロムビ
ア期の『Sweet Beginnings』が人気のジャズ〜ソウル・シンガー、マ
リーナ・ショウが、82年に小規模レーベルから発表したディスコ色の
強い作品。A面はジョニー・ブリストル、B面はウェブスター・ルイス
がプロデュースを担当しており、ウェブスター制作の "Without You
In My Life" は、じっくり聴かせるアダルトな雰囲気。歌はもちろんの
こと、クリスタルなローズとシンセの音色や、ペタペタとしたジェイム
ズ・ギャドソンのドラムにもウットリ。　　　　　　　　　　　福田

The McCrarys　Love On A Summer Night

All Night Music　Capitol 1982

女2男3の兄弟姉妹からなるマクラリーズ。ゴスペルから始めた5人の
作風は明るく、モダンなヴォーカル・ワークもハイレヴェルで人気を博
すとアルバム6枚を残した。これというヒット曲がないのが残念なのだ
が、シティ・ソウルであれば6th収録の "Love On A Summer
Night" で決まり。クルセイダーズのウェイン・ヘンダーソンがつくった、
ボズ・スキャッグス "Lowdown" を発展させたようなスーパー・クー
ルなメロウ・ブギーで、今もクラブ・ミュージック世代に愛され続ける
名曲だ。爽快グルーヴの "For You" も心弾む好曲。　　　　　　小渕

Melissa Manchester Your Place Or Mine

Hey Ricky Arista 1982

ブルー・アイド・ソウル視点でのメリッサの傑作といえば、リオン・ウェア制作の『Don't Cry Out Loud』(78年)や、その萌芽『Singin'』(77年)あたりが相場だが、ルックスとともに大きく方針転換したポップ・ロック風な82年作にも、リオン期を彷彿とさせる都会的なマテリアル"Your Place Or Mine"が収められていた。安心して身を委ねられる鉄壁のリズム隊はジェフ・ポーカロ&エイブ・ラボリエルで、時折デュエットにもなっているバック・コーラスはアヴェレイジ・ホワイト・バンドのヘイミッシュ・スチュアートによるもの。 福田

Phil Upchurch Light Of Love

Revelation Jam 1982

60年代からソウル〜ジャズのフィールドで活躍し、ジョージ・ベンソンやベン・シドラン、ダニー・ハザウェイらの名作を支えたシカゴ出身のギタリスト／ベーシスト。82年のソロ作は、時代の潮流に乗ったフュージョン・サウンドの中に、彼本来の渋いセンスも光っている。"Light Of Love"は、作曲も手がけたケヴィン・ヘンリーをフィーチャーした軽快なヴォーカル・ナンバーで、"When And If I Fall In Love"も同系統の爽やかな歌ものだ。エディ・ハリスの"Freedom Jazz Dance"をモダンに料理したカヴァーも秀逸。 福田

Pino D'Angio' Un Po D'Uva E Un Liquore

Ti Regalo Della Musica Rifi 1982

ボニー・Mのように、ディスコ・トラックの上で低いトーンのダンディな声でささやく曲を多数リリースしている、イタリアのピノ・ダンジェロ。1stアルバムの特大ヒット・シングル"Ma Quale Idea"も最高だが、ここでは2ndアルバムからスロウな"Un Po D'Uva E Un Liquore"をセレクト。グルーヴィなシンセ・ベース、ピアノのバッキングはUKのディスコ・バンド、イマジネーションの作風を彷彿させる。イントロがダブ・ヴァージョンのように長く、クラブで使用すると、フロアではよりバレアリックなトラックとして作用するだろう。 Pigeon

Pleasure What's It Gonna Be

Give It Up RCA Victor 1982

クロスオーヴァーの大物にフックアップされジャズ・ファンクで人気を博し、80年代初頭のまさにシティ・ソウルなアルバムをもって役割を終え解散、という歩みがブラックバーズとそっくりなプレジャー。前巻掲載の人気曲"Thoughts Of Old Flames"(79年)の頃以上に、「普通の」ソウル／ファンク・バンドとなり出した、最終作となった7th。見事なまでに時代のダンサー／ブギーとバラードが並ぶ秀作で、あとノリのリズムがクセになる"What's It Gonna Be"や、"Take It To The Streets"などは絶品だ。今聴くなら断然これ。 小渕

Plush   We've Got The Love

Plush   RCA Victor 1982

"I Just Can't Stop Loving You"でのマイケル・ジャクソンとのデュエットがキャリアのハイライトだった感のあるサイーダ・ギャレット。彼女が最初に世に出たのがプラッシュの一員としてで、これはその唯一のアルバム。ルーファスのボビー・ワトソンと、レネイ&アンジェラが手がけたシティ・ソウルの人気盤だ。サイーダのハツラツとキュートな歌声が映える"We've Got The Love"は、キャッチーなメロディもいいミッド・メロウ・グルーヴの秀曲。スムーズ・グルーヴの"I Don't Know"などでもサイーダの歌声に聴き惚れます。　　　　小渕

Randy Goodrum   Fool's Paradise

Fool's Paradise   Polydor 1982

82年当時は日本とフランスでしかリリースされなかったというのが信じられない、AORの名盤中の名盤。南部のアーカンサス州出身ゆえか、遅咲きの彼がこの1stアルバムを出したのは35歳の時。ただそれゆえにソングライトの才はすでに完成の域にあり、テクニックも駆使されたハイレヴェルな秀曲が並ぶ。ジェフ・ポーカロならではのタイム感がファンキーなノリも醸し出す、レイドバックしたミッド・テンポのタイトル曲をここではいち推しに。インタヴュー中で佐藤竹善氏も絶賛するように、これは真に味わい深い名アルバムだ。　　　　小渕

The Ritchie Family   Walk With Me

I'll Do My Best   RCA Victor 1982

ヴィレッジ・ピープルを仕掛けたことで著名なフランス系プロデューサー、ジャック・モラーリのもうひとつの代表的な仕事であるフィメール・ディスコ・ユニット。初期はブラジル、アラビア、アフリカンなどエキゾチックな要素をキッチュに取り入れた企画色が強い存在だったが、キャリア晩年の本作は都会的なブギーがずらりと並ぶ、シティ・ポップ・ファンにも勧めたい華やかな大名盤。本曲はAORにも通じる爽やかなコード感とメロディが聴ける、ミディアム・グルーヴの隠れた名曲。同路線の"You Can Always Count On Me"も◎。　　　　TOMC

Risque   Starlight

not on album   Polydor 1982

著名なDJのHarveyがイタロ・ディスコ〜コズミックの流れでプレイし、2018年にはフランスの人気シティ・ソウル・バンド、L'impératriceがカヴァー。同年には再発12インチ盤も出た、再評価の著しい人気曲。オランダのガールズ・ポップ・グループのデビュー曲で、リリース当時からずっと聴かれ続けているのは、ラー・バンドなども意識したと思われるスペイシーなつくりのおもしろさゆえ。プリプリなシンセ・ベース、フランジャーやエコーをかけまくったシンセに、テクノ・ポップな歌が乗る、アイドル曲だからこそドープな名曲。　小渕

Robson Jorge & Lincoln Olivetti　Squash

Robson Jorge & Lincoln Olivetti　Som Livre 1982

ともにソングライト、楽器演奏、アレンジなどで広く活躍した、ブラジ
ルの才人ふたりが組んだ唯一作。いち推しは、クールなレイドバック・
チューンながら、メロディアスなサビなどでいい感じに盛り上げる、ふ
たりの突出した曲づくりの才が味わえる"Squash"。が、大人気のパー
ティ・ブギー"Aleluia"から、ラテンなノリのシャレたパーティ・グルー
ヴ"Fá Sustenido"、サウダージ感溢れるスムーズ・インスト"No
Bom Sentido"などなど、多様な好曲がずらり。サウンドの良さも特筆
もので、この時期のブラジル産シティ・ソウルの最高峰としたい。　小渕

Roby Duke　Can't Stop Runnin'

Not The Same　Fire Wind 1982

ブルース・ヒバードがソングライト、彼の大人気曲"Never Turnin'
Back"にも通じるメロウ・スムーズ・グルーヴの名曲である"Can't
Stop Runnin'"収録で人気の1枚。ミシシッピ出身のCCMシンガー・
ソングライター、ロビー・デュークの1stで、先述のヒバード曲にも関
与したCCM界の腕利き、ジョナサン・デイヴィッド・ブラウンがプロ
デュース。女性Vo.とのデュエットも素敵な"Feel It Comin'"や、"O'
Magnify The Lord"などもメロウな好曲。日本盤は差し替えとなった
ジャケットにひるまず、手にしていただきたい1枚。　　　　　小渕

Rodney Franklin　Don't Wanna Let You Go

Learning To Love　Columbia 1982

ジャズ・ピアノ奏者、ロドニー・フランクリンによる5枚目のソロ作。
初期作品ではハービー・ハンコックばりのピアノ・プレイを前面に出し
ていたが、ここではスタンリー・クラークをプロデュースに迎え、ブラッ
ク・コンテンポラリーに接近。約半数がヴォーカル曲という構成で、中
でもミディアム・グルーヴ"Don't Wanna Let You Go"が絶品。ヴォー
カルは元リヴェレイションで、ジェイムズ・テイラーらのバック・コー
ラスでも知られる実力者アーノルド・マッカラー。ロドニー自ら歌った
"That's The Way I Feel 'Bout Your Love"も甲乙つけがたい。　福田

Starpoint　All Night Long

All Night Long　Chocolate City 1982

1980年にデビューしたメリーランド州出身のファンク・バンドの4作目。
デビュー作から彼らをサポートしている名手ライオネル・ジョブが本作
でもプロデュースを担当。彼らの十八番であるジューシーなブギー・ファ
ンク・トラックが目白押しだが、本書で注目したいのは"All Night
Long"。煌びやかで官能的なビューティフル・ステッパーだ。ちなみ
に翌年のアルバム『It's So Delicious』に収録の"I Got The Love"も同
路線を狙ったグレイト・トラックで、ジェイ・ワージー"Westside
Party"（2018年）でのサンプリングには思わず感嘆。　　　能登谷

Steven & Sterling　I'm In Love With You

One Magic Night　RCA Victor 1982

78年からディスコ・ユニットのリヴィン・プルーフ～トリプル・S・コネクションで活動してきたライス兄弟が、デュオ名義で出した唯一のアルバム。ジャクソンズのティトが総合プロデュースした唯一の作でもあり、主役ふたりのライトでメロウな歌声を活かす、ジャクソンズ譲りのポップなダンサー／ブギー揃いの傑作だ。ミッド・テンポの"Just One Step"など、超一流ならではの極上のグルーヴが味わえ、たまらない。ただいち推しは、見事に82年型スウィート・ソウルを聴かせる"I'm In Love With You"。このスウィートさはティトならでは。　　小渕

Tyrone Davis　Are You Serious

Tyrone Davis　Highrise 1982

1965年にレコード・デビューし、2005年に亡くなるまでリリースを続けたシカゴ・ソウルの巨人、タイロン・デイヴィス。ヒット、名曲は数え切れないほどあるが、本書的には79年の、ダンディなシカゴ流儀がこれ以上なく現れたスロウの超有名曲"In The Mood"と、それを82年版にアップデイトさせたような"Are You Serious"は外せない。ウォーキング・テンポの弾むステッパー・ビートがなんとも粋で絶品な、極上の名曲だ。他もいぶし銀の曲、歌が聴けるこのアルバムは、オトナのシティ・ソウルのお手本のような名盤だ。　　小渕

Tyzik　Sweet Nothings

Radiance　Capitol 1982

チャック・マンジョーネに学び、まずはスムーズ・ジャズで名を上げたトランペッター、アレンジャーのジェフ・タイジック。メジャー初作となったこの2ndには、スティーヴ・ガッド、ウィル・リー、スティーヴ・カーンと鉄壁のリズム隊が参加。これぞクリスタルなフュージョン・ナンバーを安定感たっぷりに聴かせてくれる。"Sweet Nothings"は女性Vo.をフィーチャーした、シャカタクばりのメロディアス＆ドラマティック・メロウ・グルーヴの好曲。やはりVo.入りの"Far Away"はミッド・テンポのファンキー・ジャムで、クールでかっこいい。　　小渕

The Valentine Brothers　This Kind Of Love

First Take　Bridge 1982

オハイオ出身のジョン・ヴァレンタインとウィリアム・ヴァレンタインの兄弟ユニット、ヴァレンタイン・ブラザーズによるセカンド・アルバム。85年にシンプリー・レッドにカヴァーされヒットしたエレクトロ・ファンクなシングル"Money's Too Tight（To Mention）"（本作にも収録）で最も知られる彼ら。だがしかし、本書的にはとろけるようなファンク・バラード"This Kind Of Love"を推したい。ウェイン・ヘンダーソンのお抱えキーボーディストとして数々の名演を残したボビー・ライルが共同プロデューサーとして参加しているのがミソ。　　能登谷

Wynd Chymes　Ain't It Good

Arrival　RCA Victor 1982

ミシシッピのファンク・バンド、ウィンド・チャイムスの1stアルバム。キャミオのアンソニー・ロケットがプロデュース、メロディアスなダンス・クラシック"Body Rap"などが人気で、モダン・ソウル好きには有名な1枚だ。ここでのいち推しは"Ain't It Good"。ベースが歌いまくり、ホーンがキレまくる、スロウだけどノリノリにさせてくれるファンク・バンドならではのメロウ・グルーヴの名曲。"Love Has Come Again"もスロウの好曲だ。ラリー・グラハムpro.の、翌年の2ndにして最終作にも、"Festival"などシティ・ソウルな好曲あり。　　小渕

Active Force　I Never Thought I'd Love Again

Active Force　A&M 1983

ビル・ウィザーズやソウル・サーチャーズの仕事でも知られるマイケル・ストークスがプロデュースを手がけた、男女混成シンセ・ファンク・グループの唯一作。ジャム&ルイスprod.の諸作を思わせる瀟洒なミッド・ブギー"Cold Blooded Lover"、"Give Me Your Love"や、ヴォコーダーが光る軽快な"Rise Up"をはじめダンサブルな名演が多い中、序盤の著休めに配された本曲は極上のAOR調バラード。70bpmを切るスロウ・テンポでありながら、タメの効いた素晴らしいドラムは当時バーケイズ在籍のマイケル・ビアードによるもの。　　TOMC

Alec Mansion　Dans L'Eau De Nice

Alec Mansion　WEA 1983

アレック・マンションは3枚のアルバムを出していていずれも最高だ。特にこの2ndは、テレックスやプラシーボなどで馴染み深いマーク・ムーランがプロデュースを務めていて、全体としてかなりクオリティの高いブギー、シンセ・ポップ集に仕上がっている。"Dans L'Eau De Nice"はサビの部分の軽快なシンセ使いがクセになる、ちょっとラー・バンドっぽさもある楽曲だ。ブレインフィーダー周辺のアーティストが使いそうな怪しいコードを使った"Marche"や、暗いレゲエ調の"Maintenant"など、他の曲も今でも新鮮に聴こえる。　　Pigeon

Angela Bofill　Love You Too Much

Too Tough　Arista 1983

天使を意味する本名にふさわしい、ラテン系ならではのハイトーン&キュートな歌声で人気を博したアンジェラ・ボフィルは、クロスオーヴァーな時代の申し子だった。キラキラなイントロからまるで和ブギーな"Love You Too Much"は、スラップ・ベースにキャッチーなメロディが乗る、これぞシティ・ポップと繋げて聴きたい名曲。"Is This A Dream"や、81年の前作中の"Something About You"も同様の好曲だ。83年には5thアルバムも出ていて、打ち込みが増したエレクトロ・ブギー"Nothin' But A Teaser"も違った味わいでいい。　　小渕

Armenta　I Wanna Be With You

not on album <small>Savoir Faire 1983</small>

オハイオのバイヤン・ファミリーを中心としたファンク・バンドで、82年にアルバム1枚を残したForecast。中心人物のアミールはケイ・ジーズやクール&ザ・ギャングでも活躍した才人で、彼が妹（姉）のアルメンタに歌わせたのが"I Wanna Be With You"だ。Forecastの"You're My One And Only"を華やかにしたこの曲は、ザップからの影響が色濃いクラップ・ビートに、キャッチーなメロディを歌う主役の艶のある歌声と、ヴォコーダーが映えたポップなブギーの名曲。本国よりも欧州でヒットし、日本でも7インチ盤が出て、3曲を足したEPまでつくられた。　　小渕

Attitude　If You Could Read My Mind

Pump The Nation <small>RFC 1983</small>

システムのファースト・アルバムが商業的成功を収め、波に乗ったふたりがプロデュースを手がけた男女3人組ユニット、アティテュード。リリースしたシングルが全て不発に終わったため、彼らの唯一となったアルバムだが、シンセ・ファンクのマスターピースとしてDJから高い人気を誇る1枚だ。2016年にケイトラナダが"Love Me Tonight"をサンプリングねたとして取り上げたのも記憶に新しいが、本書的なイチオシはアルバム随一のスロウ"If You Can Read My Mind"。音数の少なさが生む"間"がとびきりエロティックなエクセレント・トラック。能登谷

Bernard Wright　Keep Doing That Right Thing

Funky Beat <small>Arista 1983</small>

ファンク／フュージョン系のアルバムには時折、ユニークな名曲が潜んでいる。前巻で85年のシンセ・ブギー人気曲"Who Do You Love"を紹介したバーナード・ライトの2nd。ハービー・ハンコックの"Rock It"同様の、ジャズ人脈からのエレクトロ・ヒップホップへのアプローチ作で、今また新鮮に聴ける刺激的なビートが満載。そんな中、ウェルドン・アーヴィンと共作した"Keep Doing That Right Thing"は、クリスマスの定番曲"Let It Snow"のメロディを用いた心弾むポップ・ソング。ファンキーなベースが絶品のシティ・ソウルに仕立て上げている。　小渕

Bobby Finch　Get A Hold Of Yourself

B-side of If Only <small>Bevnik 1983</small>

キッズ・スウィート・ソウル・グループ、ジミー・ブリスコ&ザ・ビーヴァーズの2ndアルバムに参加したボビー・フィンチ。その後、ソロで唯一残したシングルのB面曲が"Get A Hold Of Yourself"。自作で、セルフ・プロデュースの1曲だが、一流のNYダンサーに、やりすぎ一歩手前のハデなメロディを乗せた、インディならではの唯一無二な味わいのある逸品だ。ややチープな音も味で、これも和ブギーと繋げて聴きたい歌謡ブギーのお宝盤。オリジナルは数万円の代物だが、2018年に7インチが再発。そこで聴ける未発表Ver.はスマートな仕上がりに。　小渕

Bright Orange　Relay

No Doubt, The Goose Is Out!　Innovative Communication 1983

77年の『Subway Baby』も人気のドラマー、ラース・ベイボンが、地元スウェーデンの腕利きたちと組んだバンド、ブライト・オレンジの唯一作。同国きってのギタリストにして敏腕プロデューサーのLasse Wellanderが手がけたこともあり、英米のバンドに負けないAORフュージョン／ソウルを聴かせる。"Relay"はレイドバックしたビートながら、心地いいグルーヴがノセてくれるクール＆メロウな名曲。北欧AORらしいクリーンでブリージーな曲は他にもいくつも。元ギミックスのメンバーも含む女性のツイン・ヴォーカルもとてもいい味わい。　　小渕

Cameo　You're Winner

Style　Atlanta Artists 1983

ラリー・ブラックモンをフロントマンに、ニューヨークで結成されたファンク・バンド、キャミオの9作目。前作『Alligator Woman』発表後バンド・メンバーがごっそり脱退し、このアルバム以降彼らは打ち込み主体のサウンド・メイクへ舵を切っていく。"You're Winner"はスウィングするベース・ラインが格好良いミッド・テンポのスムーズ・ファンク・トラック。「我々ひとりひとりが"勝者"なんだ」というリリックのメッセージも素晴らしいのでぜひ耳を傾けて欲しい。マッドリブのサンプリングのおかげで知ることのできた良曲のひとつ。　　能登谷

Carol Ray Band　Quelques Mots Gentils

John Lee Hooker + J.L.H. 83　Sun Melody 1983

フランスのSSWで、セローンと組みディスコ・ブームに乗って活躍したドン・レイが、女性Vo.のキャロルと組んだユニットの唯一作である6曲入りEP。"Quelques Mots Gentils"は、初期の打ち込みサウンドが今また魅力的に響く、ベースが引っ張るスウィング・ビートにノセられるメロウなシンセ・ブギーの秀曲。"Play It Straight"も同路線の好曲だ。やはり太いスラップ・ベースが魅力の4つ打ち調ダンサー"Let's Our Love Thaw Out"もいい。タイトル曲は名前の通りのブギウギ調だったり、多彩なところが仏〜欧州産らしい楽しめる1枚。　　小渕

Craig Ruhnke　Give Me The Nighttime

True Love　Overseas 1983

AORらしい爽やかなジャケに違わず、ラリー・リーやクリストファー・クロスを彷彿とさせる眩しいポップ感覚を持つカナダ出身のSSW、クレイグ・ランク。これは当時日本先行で発売、人気を博した83年作で、"Give Me The Nighttime"は作中最もブルー・アイド・ソウル的質感を湛えたグルーヴィなAORナンバーだ。録音はカナダだが、現地でセッション経験の豊富なミュージシャンをバックに起用しており、その端正なサウンド・メイキングは米西海岸の主流派AORと比べても何ら遜色ない。翌84年に出た後発のカナダ盤はジャケ違い。　　福田

David Spinozza　You Are The One

Here's That Rainy Day　CBS Sony 1983

NYを拠点に活動するギタリストの2ndソロ。"You Are The One"は、94年にスピノザのプロデュースでソロ作を残しているジュリー・アイゲンバーグを迎えた歌もの。アンソニー・ジャクソンとスティーヴ・フェローニのリズム隊が後半にヒートアップしていく点は、同じコンビで参加したシャカ・カーン"What Cha' Gonna Do For Me"のよう。後年にはふたり揃ってイージー・ピーセズを結成することからも、その相性の良さが窺える。83年の発売当時以来リイシューがなく、CDはまず見つからないレアものだが、LPなら容易に入手できるはず。　福田

The Fatback Band　I Found Lovin'

With Love　Spring 1983

ラテン・ディスコの名曲"(Do The)Spanish Hustle"やシュガーヒル・ギャングに先んじたラップ・シングルのリリースなど、貪欲に時代と向き合い続けたNYの大御所バンドの代表曲。煌めくウワモノとプリブリのベースが絡み合うシンセ・ファンクのお手本のような傑作で、ここ日本でもダンス・クラシックとして好事家以外にも愛されている。ここから小さじ一杯ブギー色を強めた"I Wanna Be Your Lover"も◎。次作『Is This The Future?』はアルバム丸々1枚この路線を継承しており、本曲のファンにはそちらも非常にオススメ。　TOMC

Gary Taylor　This Time

G.T.　A&M 1983

前巻にウィスパーズVer.を、この巻の別枠でアルフィー嬢Ver.を掲載した、僕が最も好きなシティ・ソウル曲のひとつ、"Just Gets Better With Time"。そのオリジネイターであるSSW、マルチ・プレイヤーのゲイリー・テイラーの1st.ジャケットでも意識しているマイケル・ジャクソン、そしてプリンスのようなクロスオーヴァーなブギーをミニマムなサウンドで聴かせる、当時最先端だったつくり。サウンドがややチープなのも今また新鮮で、持ち味のロマンティックなメロディが抜群な"This Time"を始め、今こそ聴き返したいシティ・ソウル集だ。　小渕

Gwen Guthrie　Seventh Heaven

Portrait　Island 1983

アレサ・フランクリンらのバック・コーラスで活躍した後、レゲエ界最強のリズム隊スライ&ロビーと組み、バハマのコンポス・ポイント・サウンドで1stアルバムをつくったグウェン・ガスリー。この2ndも同仕様で、ウォリー・バダルーも加わってのカリビアン・フレイヴァーなシンセ・ブギーは当時の最先端。あのラリー・レヴァンMixもつくられ、世界一のディスコ、パラダイス・ガレージで溺愛された。実際、このサウンドだけは、ダンスフロアで聴かないとその真髄はわからない。"Seventh Heaven"＝最上の天国を味わいたければフロアで。　小渕

High Fashion　A Little More Time

Make Up Your Mind　Capitol 1983

ディスコ界の伝説的なイタリア人プロデューサー、ジャック・フレッド・ペトラスが手がけたバンドでは、チェンジ、BB＆Qバンド、ハイ・ファッションが3大金字塔だ。ハイ・ファッションは、カシーフなどが制作に参加する1st『Feelin' Lucky』の方が人気ではあるが、アップテンポでハデなナンバーがならぶ1stに対して、スロウなナンバーが多いこの2ndは、目立たないが実はいぶし銀で最高な曲が多数揃っている。"A Little More Time"は中でも特にスロウな楽曲だが、極度に削られた音色に全ての要素が凝縮されていて完璧なナンバーだ。　　Pigeon

Homi & Jarvis　I'm In Love Again

Friend Of A Friend　GRP 1983

インド系のアマンダ・ホミと、SSWのブライアン・ジャーヴィスが組んだ男女デュオの唯一作。GRP発で、腕利きのジャズメンたちによるAORソウル的なつくりがいい。マーカス・ミラーのファンキーなベースが極上のノリを生み出す"I'm In Love Again"は、男女デュオならではのメロディ、構成が絶品な、メロウでグルーヴィな名曲。やはりミラーのベースが極上な"Love's Taking Over"も同路線の好曲だ。ホミは後に、ジャンルを越えてさまざまなスタイルのヴォーカルで活躍。本作はこの時にしか生まれ得なかった一期一会な1枚だった。　　小渕

I-Level　Give Me

I-Level　Virgin 1983

当時米国でも小ヒットし、印象的な歌メロはア・トライブ・コールド・クエストの同名曲などでリサイクルされヒップホップ世代にも知られる"Give Me"は、ブリップリなスラップ・ベースが曲を引っ張る、カリビアン・テイストが隠し味のブギー名曲。アフリカ系シンガーとヨーロッパ系のプレイヤーふたりが組んだアイ・レヴェルは、ファンカラティーナ以上にUKソウルの流れで聴きたい、シティ・ソウルな曲を多く残した名チーム。ブギーの好曲いくつかに加えて、ジャズなスロウ"Woman"なども飛び出すのがこの時期のUK的で楽しい。　　小渕

Jim Schmidt　Love Has Taken It All Away

Somethin' Right　Emerald 1983

CCMのシンガーが歌うAORソウル作品では1、2を争う内容で、マニア間では常に人気を博してきた1枚。ジム・シュミットの唯一作には、ギターでポール・ジャクソンJr.、コーラスでペイジズのふたりなど一流どころが参加。きれいなメロディを極上の演奏とコーラスで聴かせるメロウな1曲目"Love Has Taken It All Away"から、とにかくいい曲、いいパフォーマンスが詰まっている。当時流行りのブギー"Destiny"や、それを自らのスタイルに落とし込んだタイトル曲など、ジャケットからは連想できないシティ・ソウルな好曲が満載だ。　　小渕

June Pointer　To You, My Love

Baby Sister　Planet 1983

ポインター・シスターズの末妹ジューンが、リチャード・ペリーのプロデュースで制作したソロ・デビュー作。クインシー・ジョーンズ周辺の仕事でも知られるセッション・シンガー／ソングライター、トム・バーラーのペンによる"To You, My Love"は、ブラコン・AOR・フュージョンの中間のようなスムーズなミディアム。名手グレッグ・フィリンゲインズの蕩けるシンセ・ソロも聴きどころだ。デイヴィッド・バトウと元ルーファスのリチャード・カルフーンらが書いた"Always"もイイ。アルバムからは"Ready For Some Action"がヒット。　　　　福田

Kashif　Help Yourself To My Love

Kashif　Arista 1983

15歳でBT・エクスプレスの一員となったNYの早熟な天才、カシーフの1stアルバム。シンクラヴィアやMIDIといったデジタル機材をいち早く、全面的に用いて、この『Kashif』以前・以降にソウルを分けた、歴史的な1枚だ。今また世界中で人気を博すシンセ・ブギーの元祖と言える作品のひとつであり、インストの"The Mood"は2020年の注目の新曲と言ってもいいほどで、まさに今また旬なサウンドが満載。"Help Yourself To My Love"は、リラックスしたスウィング・ビートにメロディアスな歌が映える、時代を軽々と越える名曲だ。　　　　小渕

Kenny Lynch　Half The Day's Gone And We Haven't Earne'd A Penny

Half The Day's Gone And We Haven't Earne'd A Penny　Satril 1983

60年代から活躍したイギリスのシンガー／俳優、ケニー・リンチが、時代のディスコ・ブギーに乗って起死回生を果たした1枚。2020年のレコード・ストア・デイ企画で12インチ盤が再発されたタイトル曲は、トム・ブラウン"Funkin' For Jamaica"モチーフ、7分近くジワジワと盛り上げてくれるい～いテンポのデイタイム・ディスコ・チューンで人気再燃中。よりテンポを上げた"Never Give Up On Love"や"Another Groovy Saturday Night"も、ホーンの響きも爽快なブギー好曲。イギリス発の企画作ならではの味わいがたまらない。　　　　小渕

Lenny White　Fascination

Attitude　Elektra 1983

マイルス・デイヴィス『Bitches Brew』や、チック・コリアのリターン・トゥ・フォーエヴァーに参加、自身が率いるトゥウェニィナインの活動でも知られるフュージョン・ドラマー、レニー・ホワイトの83年作。モダン・ディスコ"Didn't Know About Love（Till I Found You）"の人気が高いが、それに勝る色気を放つのが、この"Fascination"だ。女性コーラスとリオン・ペンダーヴィスによるストリングス・アレンジがエレガントな雰囲気を演出し、マーカス・ミラーのシグネイチャー・サウンドであるスラップ・ベースがリズムを引き締めている。　　　　福田

Letta Mbulu   Nomalizo

In The Music The Village Never Ends   Munjale 1983

南アフリカに生まれるもアパルトヘイトを嫌い、ミュージカルの出演者として訪れたアメリカに移住。オリジナル作の他に映画音楽などでも活躍したレッタ・ムブール。これは彼女が母国のレーベルから出した第2弾。コンパス・ポイント・サウンドに呼応するような、アイランド・フレイヴァーのあるスロウ・ブギー "Nomalizo" がコズミック～バレアリックの流れでDJに愛され、印象的なシンセをデイム・ファンクが "Let's Take Off" でネタ使いしたこともあり人気を博す。そうして2015年にはUKで再発された。今また新鮮に響く1枚だ。　　　　小渕

Lionel Richie   Love Will Find A Way

Can't Slow Down   Motown 1983

2曲のシングル "Hello" と "All Night Long（All Night）" およびアルバムが全米チャートNo.1に輝き、グラミー賞も手にしたライオネルのソロ2作目に収録された、パーフェクトなミディアムを。抑制の効いたヴォーカル、短調と長調を往来するクールなコード進行、必要最小限の楽器数に間引いたアレンジ、淡々とリズム・キープに徹するドラムスなど、全ての要素が「盛り上げ過ぎず、味わい深く」という方向に見事にコントロールされており、「アダルトな」という形容詞はこの曲のためにあるとすら感じる。これぞザ・シティ・ソウル。　　　　福田

Marilyn Scott   You Can Do It

Without Warning!   Mercury 1983

前作『Dreams Of Tomorrow』(79年)も人気のマリリン・スコットが、マイケル・センベロのプロデュースで制作した83年の2ndアルバム。センベロが自身の同年作『Bossa Nova Hotel』で志向していたソウルフルなシンセ・ポップ的サウンドがここでも展開されている。マリリンが、親交の深いイエロージャケッツのラッセル・フェランテと共作した "You Can Do It" は、16ビートがなんとも小気味よい。フェードアウト際で見せるベースとドラムの遊び心あるプレイにもニヤリ。彼女は90年代にはジャズ・シンガーに転身した。　　　　福田

Marty Balin   There's No Shoulder

There's No Shoulder   EMI 1983

ジェファーソン・エアプレインのシンガーだったマーティ・バリン。歌謡曲好きの彼はオフコース好きで、その一員、松尾一彦が多くを作曲した稲垣潤一の4曲、「一人のままで」「雨のリグレット」「フェード・アウト」「ロング・アフター・ミッドナイト」をカヴァーしたEPを日本限定発売した。大滝詠一道場で学んだ井上鑑指揮の下、山木秀夫や今剛といった日本の超一流がバックを担ったお宝盤だ。全て英語詞で歌われる稲垣の名曲は、バリンの濡れた歌声にも合ってとてもおもしろく聴ける。「一人のままで」＝タイトル曲などはUSでもヒットしたのでは。　　　　小渕

Michael Gonzales　I Praise You

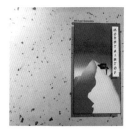

Mountaintop　Ministry Resource Center 1983

CCMでも屈指のクオリティを誇るマイケル・ゴンザレスの2作目から、グローヴァー・ワシントンJr "Just The Two Of Us"を思わせるフュージョン・タッチな "I Praise You"をイチオシに。楽曲はもちろんのこと、リリカルなピアノ・ソロや、若き日のジョン・パティトゥッチらによる安定感ある演奏も見事。共同プロデュースとアレンジを担当したデイヴィッド・ディグスは、ドン・トーマスやボブ・ベイリーらも手がけ、優れたプロダクションを数多く残しているCCM界の重鎮なので、このジャンルを深掘りする際は、彼のアクティヴィティを追うのが近道。　　福田

Michael James Murphy　Love Is Here To Stay

Surrender　Milk & Honey 1983

テキサスのCCMシンガー、マイケル・ジェイムズ・マーフィの最人気作である2ndアルバム。半数の5曲はブルース・ヒバードがソングライトしたもので、LA録音によるこれぞ西海岸AORなサウンドとあいまって、爽快なメロウ・グルーヴの好曲が並ぶ快作だ。"Love Is Here To Stay"は、抑えたAメロから明るいBメロ〜サビへの展開もグッとくる、クールかつメロウな秀曲。同じくメロウ・グルーヴの "Living Again"、とびきりポップな "Someday"、スロウの "Closer To You"も、ヒバード提供曲はやはり頭抜けて素晴らしい。　　小渕

Moses Tyson　Overnight Sensation

Do You Want It　Capitol 1983

ベイエリアはヴァレオ出身のモーゼズ・タイソン。この1stは、半数は自身でソングライト、アレンジし、多彩なところをみせる。スライ・ストーンのいとこで、"Thank You"など2曲をカヴァーしているがそれはイマイチ。ルーツであるゴスペル調のアップ "Love Is My Reason"の方がおもしろく聴ける。いち推しはメロウ・グルーヴの "Overnight Sensation"。シカゴ・ステッパーなリズムでロマンティックなメロディを歌う、甘くとろける名曲だ。さらに甘〜い、まるでスウィート・ソウルな "I Love You"もいい。この後、彼はゴスペルの道に。　　小渕

Muscle Shoals Horns　She Was Once My Woman

Shine On　Monument 1983

エルトン・ジョンからBB・キング、ボズ・スキャッグスまで、幅広いジャンルのレコーディング・セッションに携わり幾多ものヒットを生んだ、アラバマのフェイム・スタジオお抱えの精鋭ホーン隊、マッスル・ショールズ・ホーンズ。同じくフェイム出身のミュージシャンであるバーン&バーンズの2名も参加、研ぎ澄まされたグルーヴが堪能できる1枚だ。ヒプノティックな雰囲気に引き込まれる極上ステッパー "She Was Once My Woman"、ブランドン・バーンズ作によるブライトなディスコ・ファンク "More Than You Know"もグレイト。　　能登谷

O'Bryan　You And I

You And I　Capitol 1983

ノースキャロライナ出身で、西海岸に移ってチャンスを掴んだオブライアン。ジェントルな歌声の、クワイエットストームなバラディアーとしてこの後も長く愛される彼。この2ndでは、スティーヴィ・ワンダーの"You And I"をカヴァー。ステッパー・ビートのモダンなスロウ・ジャムに生まれ変わらせてヒットさせた。自作自演の天才肌で、スティーヴィやプリンスも想起させるポップな"I'm In Love Again"や、打ち込みサウンドのジャズ・ファンク・インスト"Soft Touch"など今また楽しめる曲がいくつか。他のアルバム3枚も合わせて楽しみたい。　　小渕

Orlando Johnson And Trance　Can't Break Loose

Turn The Music On　Zig Zag 1983

イタロ・ディスコ〜ハウスのつくり手として長く活躍した、イタリアのアフリカ系の才人、オーランド・ジョンソン。彼がソングライター、そしてシンガーに徹して、イタリアの仲間がつくるUSスタイルのディスコ・ブギーを聴かせたアルバムで、近年また人気が高まっている。スラブ・ベースにシビれる、ユルいテンポも絶妙なブギー"Can't Break Loose"は、どうしたって滲み出るイタリア産ならではの哀愁テイストが他では得難い名曲。こちらはシンセ・ベースが魅力のファンキーかつメロウな"Chocolate City"など、他にも秀曲あり。　　小渕

Positive Force feat. Denise Vallin　Everything You Do

Positive Force feat. Denise Vallin　no label 1983

2018年にリイシューされ話題を呼んだ、シーウィンドに通じるフュージョン／ AOR的なサウンドが詰まった奇跡のプライヴェート・プレス盤。リーダーのスティーヴ・ラッセルが、プレイヤーやアンブロージアへのリスペクトだと語る"Everything You Do"は、クセのないデニス・ヴァリンのヴォーカルが、どこか和モノのシティ・ポップを思わせるライト・メロウな雰囲気。数年後にはチック・コリア・エレクトリック・バンドに参加するジョン・パティトゥッチとエリック・マリエンサルのふたりがクレジットされていることにもビックリ。　　福田

Richard Sanderson　Check On The List

Fairy Tale　Vogue 1983

彼がこういった本に載るのは珍しい出来事だ。代表作としては映画『ラ・ブーム』に提供したヒット曲があるくらい、甘いラヴソングとかシャンソンばかりを歌っている、本来はクラブ・ミュージックとは無縁な人。それが、このアルバムは時代の流れ的にシンセ・ポップっぽいつくりだったため、2014年にフランスのレーベル、マカダム・マンボが発掘し、リ・エディットが発売された。この楽曲はメロウでバレアリック、エモーショナルなシンセ・サウンドが今の時代にフィットしている。ドラム・マシンのイントロもDJユースに適し素晴らしい。　　Pigeon

Second Image　What's Happening?

Second Image　Polydor 1983

後にマット・ビアンコに加入するキーボーディスト、マーク・フィッシャーも在籍した人種混成バンド、セカンド・イメージ。この時期のブリット・ファンク・ムーヴメントにおいて最もポップで、まさにヤングなシティ・ソウル・バンドだった彼らの1stには心弾むフュージョン味ブギーなどが満載。ハネるステッパー・ビートのパーティ・アンセム"What's Happening?"や、これぞブギー歌謡なつくりの"Better Take Time"、ワム！かマット・ビアンコかといったモータウン・リズムの"Life Is What You Make It"などと、やはり今また新鮮な曲多し。　小渕

Serge Ponsar　Out In The Night

Back To The Light　Warner Bros. 1983

アフリカ系フランス人のセルジュ・ポンサーが、フランス人の仲間とともにNYに乗り込みつくったブギー・アルバム。USで小ヒットとなり、当時日本盤7インチもつくられた"Out In The Night"は、軽快なカッティング・ギターとシンセ・ベース、女性も交えた華やかなコーラス・ワークも極上の、クール＆メロウなパーティ・ブギーの名曲。やはり女性Vo.との華やかなかけ合いに魅了されるスムーズ・ブギー "Lifetime"も秀曲。全編ヴォコーダーとのデュエットで歌うエレクトロ・テイストの強いブギー "V.I.D.E.O."もおもしろく聴ける。　小渕

Steve Arrington's Hall Of Fame　Last Nite / Nite Before

1　Atlantic 1983

スレイヴの最盛期にドラムスとヴォーカルを担い、"Watching You"他のヒットを生んだスティーヴ・アーリントン。近年もストーンズ・スロウと契約、デイム・ファンクと共演するなど、圧倒的にモダンでクロスオーヴァーなセンスを持つレジェンドだ。最初のリーダー・アルバムとなった本作も、型通りではないモダンなファンク・ソウルが満載。"Last Nite / Nite Before"は、プリンスも歌いそうなジャジーでポップなメロウ・ジャムの逸品。サンプリングねたとしても有名な"Weak At The Knees"と"Beddie-Biey"も、真にシャレたファンキーな名曲だ。　小渕

Syreeta　To Know

The Spell　Tamla 1983

スティーヴィ・ワンダーの元妻としても知られ、70年代の諸作が高い人気を誇るシリータ（・ライト）の83年作。CD化もされず評価の低い印象で、曲の出来に凹凸があるのは否めないが、ジャーメイン・ジャクソンがプロデュースを手がけただけあって、好曲が随所にちりばめられている。"To Know"はシリータのコケティッシュな声の魅力を引き出したメロウ・ソウルで、ジャーメインのコーラスも美しい。TOTOのボーカロ3兄弟が揃って参加したシャッフル・ナンバー "Once Love Touches Your Life"はAORファンにもおすすめ。　福田

佐藤竹善
talks for CITY SOUL

30年周期で訪れるクロスオーヴァーの波。
偶然の積み重ねが用意したその時代時代にしか生まれ得ない音楽を愛する。

佐藤竹善は1988年に、SING LIKE TALKINGのメンバーとしてデビュー。ジェフ・ポーカロ、
ネイザン・イースト を招いた1stアルバムのリリース・ライヴは語り草となっている。グルー
プで現在までに14枚のアルバムを発表するのと並行して、AORナンバーなどをカヴァーする
シリーズ作『CORNERSTONES』を始めソロ・アルバムも多数リリース。塩谷哲とのユニット、
SALT & SUGARでの活動も盛ん。1990、91年には志願し、小田和正、山下達郎のツアーで
バック・コーラスも行う。ふたりの師匠譲りの探究心、博識でも知られ、多くのラジオ番組で
長年に渡り洋楽の、音楽の伝道師としての役割も果たしてきた。ここでは「お気に入りのシティ・
ソウル作品10枚」を通して、音楽の聴き方、楽しみ方を存分にご教授いただいた。
聞き手：小渕 晃

■ リアルタイムで体験した、
　　シンセサイザーによる音楽の革新

　大学1、2年、1982年頃、まだ横浜の元町
と渋谷にしかタワーレコードがなかった時
代、本牧に住んでいたので元町店に毎日通っ

ていました。吟味して、レコードを買い集
めて。当時はクレジット買いです。裏ジャ
ケットに書かれた参加メンバー、プロデュー
サーの名前を見て、どれを買うか決める。
ただ貸レコード店が出てきたので、借りて
聴いたものの方が多かった。

Bill Wolfer
Wolf
(Constellation) 82

　大学に入るまで、青森に居た頃はトップ40ヒットや、いわゆるニューミュージックしか聴いていなかった。AORなど今回選んだような作品は、リアルタイムで聴き始めたのは1982年からで、それ以前のものは後追いで聴いていきました。

　選んだ10枚の中で最初に聴いたのはビル・ウルファーの『Wolf』。リリース直後に手に入れて。彼はスティーヴィ・ワンダーの、歴代のシンセサイザー・プログラマーのひとり。後にエレクトロ系のニューエイジ・ミュージックの分野に進み、多くの作品リリースを重ねてその道の大家になります。チームの一員だった期間はさほど長くないけど、スティーヴィからの影響がかなり大きくて、この『Wolf』は、スティーヴィ・ワンダーの音楽性がそのまま出ている感じです。歌ものが2曲半あり、マイケル・ジャクソンもコーラスで参加している。基本はR&B、ソウル。なんですが、エレクトロな機材を駆使していて、無機質なサウンドのおもしろさと、リズム&ブルース、ソウル・ミュージックの熱情といったものをあの時代ならではの形で聴かせてくれる。今のエレクトロ・サウンドを用いたR&Bのルーツのひとつと言えます。1曲目の"Call Me"は、ヴォーカルのフィニス・ヘンダーソン自身のアルバムでも改めて歌われていますけど、僕はこちらのヴァージョンの方が好きですね。

　それまで生演奏のレコードしか聴いたことがなかった僕は、参考元となった楽器があるとはいえこの世になかったサウンドでつくられたR&Bは、最初からおもしろく聴けました。それは世界中の音楽ファンが同じだったようで、サウンドのおもしろさが前面に出ているつくりが、多くに支持され

たのだと思います。それまでの、ドラムはこういう感じで、ベースはこう、ギターはこの人、というようなつくりの音楽を楽しむのとは全く違う観点の出現であり、サウンド自体の奇抜さもアートになっていく、その始まりでした。もちろん、この時期の同様の作品には、ただユニークというだけのものも、つまらないものもたくさんあったんです。それは、多くのつくり手が実験をしていたからなのでしょう。その中からは例えばスクリッティ・ポリッティだとか、時代の申し子的な成功を掴んだ人もいますし、プリンスなんてまさにそうで、いろいろな実験を繰り返していましたよね。

　ビートルズのように、新しい楽器を手に入れるたびに、新しいスタイルのおもしろい曲ができる人たちもいる。僕も、新しい、おもしろい楽器に触ることで、今までにない曲の書き方にチャレンジし、今までにないようなメロディや発想が出てくることもあります。そのような、自分が知らない自身の引き出しが見つかる体験は、楽しみなんです。ポール・マッカートニーやジョン・レノンから学んだことでもありますし、スティーヴィ・ワンダーもそういう姿勢でやってきた人。シンセサイザーやドラム・マシンの新しいものが出ると、真っ先に取り入れてきた。音楽が好きだからこそ、創作の可能性が広がる新しい機材にハマるんです。だからこの『Wolf』も、音楽性自体はちゃんとリズム&ブルースやソウルを踏襲していて、音のコラージュがただユニークなだけの作品ではない。ビル・ウルファーは後に、よりソウルフルでよりメロディアスな、このアルバム以上にオーガニックな作品も出していて、それも大好きですね。

■ マイルス・デイヴィスの弟子として伝えた、クロスオーヴァーの真髄としてのジャズ

　続いてはハービー・ハンコックの『Sunlight』。ハービーのこういったスタイルの作品にハマったのは、この4年後、82年の『Lite Me Up』が最初でした。LAで

Herbie Hancock
Sunlight
(Columbia) 78

TOTOの連中とレコーディングした、『Head Hunters』辺りから志向してきたポップス作品の到達点といったアルバムです。途中でいろいろな実験をしてきたわけですけど、そのおもしろさが『Sunlight』には詰まっている。ハービーがダンス・チューンをやる際は、常に実験があるんです。それは師であるマイルス・デイヴィスや、同じマイルス・ファミリーの面々から刺激を受け、競い合っていた部分がすごくあるのではと思います。ハービーにとっては、『Sunlight』も基本的にジャズなのでしょう。この時代、ソウル／ファンク・バンドは、エレクトロと生演奏の狭間でもがきながら成功したり、失敗したりしていた。『Sunlight』は、ハービーがそういったシーンに向けて提示した作品。「ロックだろうがソウルだろうがジャズだろうが、どうでもいいんだ、かっこよければ」ということを、先駆者であるマイルスの弟子として、よりわかりやすく聴かせてみせたとも言えます。

ルーツを掘り下げて聴くと、より音楽が楽しめるようになります。僕もそうでした。ハービーで言えば、『Lite Me Up』から『Head Hunters』にさかのぼって聴いていって、『Head Hunters』がかっこいいと思えるようになって初めて、マイルスの『Bitches Brew』もかっこいいと思えるようになったんですね。全てが繋がっていると理解できると、聴き手もレヴェルアップ出来る。ハービーはこの時期、ジャズを、ポップスというものを自身がどう考え、見つめているのかということを、いろいろなスタイルで表現し伝えました。『Sunlight』は、ディスコ・ソング的なものが続きますけど、最後の"Good Question"だけジャコ・パストリアス、トニー・ウィリアムズと組ん

でのバリバリのビッグ・バンド・ジャズで。全てがそういった難解な曲だと聴かない人も、ポップなアルバムの最後1曲だけなら、せっかく買ったアルバムだから聴くか、となる。だから、あのポップな"I Thought It Was You"がなければ、"Good Question"のようなアグレッシヴなジャズに出会うことはなかった、という人があの時代、数多くいたわけです。

最初気持ち悪いと感じたものほど、後でクセになったりしますけど、そういう作品はいっぱいありますよね。ジョージ・クリントン／Pファンクもまさにそうだし。

僕のAOR、ブルー・アイド・ソウルへの入り口は、ボビー・コールドウェルとの出会いでした。82年ですから3rdアルバムの『Carry On』を聴いて。彼の最高傑作だと思いますが、初期のものでは一番売れなかったアルバムなんですね。そうしてボビーを好きになりインタヴューを読んだら、スティーリー・ダンが好きだと言うので、大学の生協で、彼らの一番売れたアルバムだという『Aja』を買った。でも最初は気持ち悪くて。"Peg"ぐらいです、楽しめたのは。ただせっかく買ったからと聴き続けていると、今度はボビーの『Carry On』に入っている、ちょっとマニアックな曲がすごくポップに響いてくるようになる。僕は、全てをポップスとして聴きたいんです。ヘヴィメタルもセロニアス・モンクもジョン・ケージも。ポップスとして楽しめない音楽は、自分には学識でしかなくなってしまう。それは音楽としてすごくつまらないなといつも思うんです。

■ 自分たちの国のものではない
音楽に挑むには、研究、解析しなければいいものはつくれない

エレクトロなつくりのシティ・ソウル作品はたくさんありますが、このトータル・コントラストは、僕の中ではいまだに極めて気になるチーム。イギリスの黒人ふたり組です。1stアルバム『Total Contrast』が

Total Contrast
Total Contrast
(London) 85

出た85年頃は、多くのソウル・ミュージックのグループが打ち込みを導入し、大失敗を繰り返して次々に淘汰されていきました。周囲からもそそのかされ、打ち込みで、少人数で出来るんだからと、カネのかかるホーン・セクションを始めとするメンバーをカットして、EW&Fから何から皆がそうした。そのことは良し悪しがあったと思いますが、そんな中で、当時の状況を逆手にとるかのように、完璧な打ち込み、グルーヴづくりで、デジタルならではのパワーを聴かせた先駆的な作品がこの『Total Contrast』です。そうでありながら、歌がとにかくソウルで、メロディもサウンドに負けずしっかり良くて、曲もかっこいい。この時代の、イギリス人にしかつくれなかった作品ですね。アメリカ人がこれをやると、もっと下世話になる。実際、次のアルバムは、アメリカのマーケットを狙ったのが裏目に出てイマイチだった（笑）。

　基本的にアメリカのソウル／R&Bというのは、特にビジネスと隣り合わせなので、何が売れるかとか、どうやったら大衆が盛り上がるかといった観点から成長し、発展してきた音楽でもあります。決してけなしている訳ではなくて、音楽としてまず素晴らしいという前提でお話しているんですが。対してイギリスは、アメリカの華やかな音楽を楽しんでおきながら、その純粋性を抽出して、自分たちなりのやり方でやる、というところがある。アメリカのやり方そのままではやらない。アメリカでブルース・ロックが盛り上がると、イギリスではレッド・ツェッペリンのように独自色を加えて、ちゃんと研究して真面目にやるんです。真面目にやるのは、自らのルーツにはない、自分たちの国のものではない音楽に挑んで

いるからでしょう。自分たちにはもともとないものだから、全て研究、解析しなければ、きちんとは出来ないわけです。これ、山下達郎さんを思い浮かべてもらえれば、よくわかることと思います。

■ イギリス人ならではの振り幅が生んだ、メロディアスかつファンキーなAOR名作

Alan Gorrie
Sleepless Nights
(A&M) 85

　同じくイギリスのアラン・ゴリーによる『Sleepless Nights』は、まず非常にファンキーですが、メロディもわかりやすく、ポップです。アヴェレイジ・ホワイト・バンド（AWB）のベーシストだと、後で知って腑に落ちました。1曲目"Up"の、ちょっとしたホーン・アレンジや、ドラムのウネり。それに、ギターのカッティングは多少ポップでも、押さえているコードはジェイムズ・ブラウン的であったりする点。AWBは、タワー・オブ・パワーほどファンク一辺倒ではなく、AORやブルー・アイド・ソウル的な作品も残しました。そういったゆるい振り幅があったからこそ、この85年というAOR全盛期の最後で、メロディアスだけどファンクの要素も効いた、絶妙にいいバランスの名作を出せた。最近は、80年代初頭あたりのディスコ作品そのままと言えるようなアレンジをする新人アーティストの作品がたくさん出ていますが、そういった作品のルーツに当たるアルバムとして聴いてもらえるとおもしろいでしょう。さらに、このアルバムの前にはAWBがあって、さらにその前はジェイムズ・ブラウン、横にはファンカデリックがいて、というように音楽が歩んできた道筋が見えると、今聴いている作品がより理解できて、楽しめるはずです。

AWBがアメリカでもウケたのは、ちゃんとアクと、チンピラ感があって、それがあちらのリスナーにも伝わったのではないでしょうか。チンピラ感は、ファンク好きにウケるには大切です。だから、アメリカでウケたのは初期の作品で、デイヴィッド・フォスターとやった『Shine』の頃は以前より売れなくなっていましたから。僕には『Shine』が最高のアルバムですけどね。

■ クロスオーヴァーな音楽嗜好が表れた、「ザ・AOR」アルバム

Eric Tagg
Dreamwalkin'
(Agharta) 82

エリック・タッグの『Dreamwalkin'』は、完全にクレジット買い。ジョン・ロビンソン、リー・リトナーなどと名手の名前がずらり並んでいる。リトナーの『Rit/2』が同じ年に出ていて、ダブり曲もあるけど、先に聴いた『Dreamwalkin'』のヴァージョンの方が好きですね。エリックとリトナーのタッグは『Rit』中の"Is It You?"で知り、SING LIKE TALKINGで同名異曲をつくりもしました。このアルバムは、ソウル・ミュージックとブラジル音楽が好きで、ビートルズも聴いて育った白人がつくる典型的な秀作と言えます。低予算だったのか、スタジオで一発録り的なサウンドですが、それがいい方向に働いている。最近で言えばジャック・ジョンソン作品のような、スタジオの息吹がそのまま聞こえるようなサウンドですね。

今回選んだ10枚で「ザ・AOR」と言えるのが、このアルバムと、ランディ・グッドラムの『Fool's Paradise』。『Rit』や『Rit/2』は歌ものも入ったフュージョン・アルバムであり、歌もの曲でもやはりリトナーが主役というつくりです。対してこれは、エリッ

クの歌を活かすヴォーカル・アルバム。リトナーは脇役に徹していますよね。エリックに実際に会って聞いたところ、『Rit』や『Rit/2』の歌もの曲は、エリックとリトナーの共作とクレジットされているけど、実は全部エリックがソングライトしたそうです。ちなみに彼、もとは大工さんで、この数年後またアメリカの田舎に戻り、大工に復帰していたそうですよ。

■ ジェフ・ポーカロ屈指の名演も光る、ジャズとミュージカル音楽の影響濃い名作

Randy Goodrum
Fool's Paradise
(Polydor) 82

ランディ・グッドラムは、先に2nd『Solitary Nights』を聴いて、いいなと思いました。すると、当時のSING LIKE TALKINGのメンバーにAORマニアがいて、ジェフ・ポーカロがドラムを叩いている作品は全て集めているような。その彼が、ランディは1stの『Fool's Paradise』が一番いいと言う。それで当時は中古のアナログ盤が高額でしたが、僕にプレゼントしてくれたんです。

ランディは、ジャズも好き、そしてミュージカルの音楽も好きという人。ルパート・ホルムズもそうです。バート・バカラックが60〜70年代に、ニール・サイモン脚本のミュージカル映画でやっていたような曲を好んでいたのでしょう。きらびやかな、ソウル、カントリー、ポップスが合わさった、ダン・フォーゲルバーグなどにも通じつつ、よりミュージカルならではの華やかなメロディやつくりの曲。デイヴィッド・ゲイツも作詞で関わっていたような曲ですね。『Fool's Paradise』は、そういった曲からの影響が非常に強く表れている。ソウル・ミュージックと同時に、『グッバイガール』

といった都会を舞台にした、当時の新しいミュージカル音楽の雰囲気も表れた作品。バーブラ・ストライサンドの、古典を歌ったものじゃないアルバムも同様のつくりですね。歌詞もストーリー性が強くて、1曲の中でひとつの舞台を表すような。アメリカではミュージカル音楽は、ポップスのひとつとして根づいていますから。

ランディには一度、僕のラジオ番組でインタヴューしましたが、やはりミュージカルは大好きだと言っていました。それでこのアルバム、とにかくフェンダー・ローズの音が素晴らしいですねと伝えたら、「あげるよ、もう使っていないから」と言うんです。でも案の定忘れてしまったみたい（笑）。自分で、アメリカで見つけて買いましたよ。当時5万円で買って、船賃15万円かけて運んだなあ。

先に話に出たように、ドラムは全曲、ジェフ・ポーカロですが、彼にこのアルバムのことを訊いたら、全く覚えていなかった（笑）。レコーディングしたこと自体を忘れていました。でも僕は、ジェフが参加した無数にある作品の中で、このアルバムでのプレイが一番素晴らしいと思います。本能で叩いているというか、曲の出だしが、必ず印象に残るフレーズばかりなんです。まさに波に乗りまくり、好き放題叩いていて、死ぬほど忙しかった頃の名演ですね。松原正樹さんも全盛期には、同様の名演がありますよね。

■ この時、このメンバーが
　集まっていなければ、
　このアルバムは生まれなかった

ビル・ラバウンティの『Bill LaBounty』は、ランディ・グッドラムの『Fool's Paradise』もそうですが、ミュージシャンたちの個性に支えられたアルバム。このメンバーがプレイしていなければ、このアルバムにならなかったという名盤です。だからこの時代はクレジット買いが流行った。今は誰がプレイしているかというのは、マ

Bill LaBounty
Bill LaBounty
(Curb) 82

ニア的な興味にすぎない。でもこの頃の、スタジオ・ミュージシャンの演奏によりつくられた作品は、演奏者を誰にするかでもう、そのアルバムの方向性が決まってしまったんです。TOTOのグループやニューヨークのチームなどと、ミュージシャンのファミリーやコミュニティがそれぞれにあって、どこと組むかで作品の仕上がりが変わった時代ですね。

この『Bill LaBounty』は、ニューヨークとロスアンジェルス、それぞれのコミュニティの最高の部分を全部持ってきたアルバムです。そして、プロデューサーはラス・タイトルマン、トップ・ミュージシャンに自由にやらせるのがうまい人ですね。ビルは、全てのアルバムが好きですが、このアルバムだけ明らかにシティ・ソウルの色合いが強い。彼自身は、他のアルバムを聴くと、それほど演奏、サウンドにこだわりがある人ではなかったと思います。1stなどはフォーキーなソウル・アルバムですから。このアルバムが特別すごいのは、トップ・ミュージシャンそれぞれが最も旬だった時の演奏が、音像に表れているところです。だからこの時、このメンバーが集まっていなければ、このアルバムは生まれなかった。

もちろんテクノなサウンドのレコードなどは話が別ですが、生演奏によるレコード制作の最盛期は82年まで。83年以降は皆がチャレンジをしていくようになり、いわゆるシティ・ソウル的な作品は、大筋では迷走期に入っていきました。プログレっぽくなったり、もっとロックになってみたりと。実験的要素が強く、メロディや曲の良さ云々というところから離れていってしまった。ケニー・ロギンスなどまさにそうでした。

迷走期を、それぞれが各自のやり方で抜け出していきましたが、抜けた後はもはや、AORやブルー・アイド・ソウルといったジャンルの演じ手ではなくなっていました。基本的に皆が新たな道へ向かっていったというのは、欧米らしいことです。欧米のミュージシャンの、元のスタイルへは戻らないという姿勢は、ポール・サイモンが象徴的です。『Still Crazy After All These Years』や『One-Trick Pony』はまさにシティ・ソウルなつくりでした。その路線の最後が『Hearts And Bones』で、僕はこのアルバムが一番好きですが、何かしら次に行きたいという雰囲気に溢れていた。そうしたら次は案の定、『Graceland』で、アフリカの音楽に向かっていきましたからね。

だからこの『Bill LaBounty』のような、この時にしか生まれ得なかった作品は、もう誰も生み出すことができない。それぐらい、演じ手やプロデューサーの思惑を超えた、いろいろな要素が、絶妙なバランスで影響し合い出来上がったからこそ、これほどの名作が生まれたわけです。そして言わば、その積み重ねが、AOR、シティ・ソウルの歴史であると言えます。名作とは、偶然の積み重ねなんです。全ての音楽がそうだと言えますが。人間がつくるものですから、コミュニケーションの中で生まれるもので、確実なことなどない。フリートウッド・マックの歴史的な『Rumours（噂）』は、メンバー間の仲が最悪な時に出来たアルバムですからね。メンバーの仲が良ければいいものが生まれる、とは限らない。

■ マイケル・マクドナルドと
　ボビー・コールドウェルがいなかったら、
　SING LIKE TALKINGはなかった

ドゥービー・ブラザーズの『Livin' On The Fault Line』は、パトリック・シモンズの兄貴分肌がよく出たアルバムですね。前作『Takin' It To The Streets』には"Wheels Of Fortune"という、新加入のマイケル・マクドナルドのソウル・テイス

The Doobie Brothers
Livin' On the Fault Line
（Warner Bros.）77

トも活かしつつ、"Long Train Running"的にまとめたユニークな曲が入っていました。スティーリー・ダンを辞めたマイケルと、ジェフ・バクスターを引っ張ってきて、ドゥービーズという会社をどう建て直すか？　という社長パトリックの思惑が感じられた曲。トム・ジョンストンの顔も立てつつ、新しい時代に向かおうとしていた。そして次の『Livin' On The Fault Line』はもう、最後の曲を除けば、完全にジャズ・ソウル・アルバムだった。よくここまで振り切ってつくったなと思います。スティーリー・ダンになっちゃうの？という感じでしたから。ここまでやりきったから次の『Minute By Minute』は、『Livin' On The Fault Line』の要素に、もう一度以前のロックな要素を加えて、唯一無二の作品にすることが出来たのでしょう。

『Livin' On The Fault Line』は、UKのアシッド・ジャズの連中もよく聴いたんじゃないかな。いまのリスナーには、この77年という時代に、もともとはロックをやっていたバンドがつくったジャズ・ソウル・アルバムだという観点で聴いてみてほしい。すると、音楽に対する視界がひらけてくるでしょう。もちろん、変わることで離れていったファンもいると思いますが、時代によって音楽スタイルが変わるのは、欧米ではあたりまえのことですから。

マイケル・マクドナルドとボビー・コールドウェルがいなかったら、SING LIKE TALKINGはなかった。この時、マイケルの作品がもっと聴きたいとなって、レア音源発掘盤である『That Was Then, The Early Recordings Of Michael McDonald』を手に入れたんです。グレッグ・オールマンとやっている曲は、オール

マン・ブラザーズそのままなんですけど（笑）、マイケル自身はやはりゴリゴリのゴスペル人です。彼のピアノ・ワークは全てゴスペル・ルーツ。ビリー・プレストンのようなね。一時、スティーリー・ダンに入ったことで、ドナルド・フェイゲンたちの、ロックが大好きなジャズおたくの血が加えられたのでしょう。マイケルは、この70年代後半、AORの時代に適した才能として、輝いていったのです。

■ デイヴィッド・フォスターが
　最もトンガっていた頃の、
　ファンキーなAORの傑作

Bill Champlin
Single
(Full Moon) 78

　ビル・チャンプリンは、アラン・ゴーリーに通ずるものがある人。ベイエリアで、サンズ・オブ・チャンプリンを率いてファンク、ソウルを継承する音楽をやっていた。ヴォーカリストとしても彼はものすごく注目されていて、グループを解散した後はスタジオ・ワークを始めて、引っ張りだこの人気になる。それでデイヴィッド・フォスターのチームの一員といった形で、ペイジズのリチャード・ペイジなどと並んで、セッション・ヴォーカリストとして名を上げた。そしてフォスターたちとつくった、ポップに向かった、あるいは向かわされたのかもしれませんが、ソロ・アルバムの第1弾がこの『Single』。フォスターは、彼流のポップなファンクをこの2年後に、アヴェレイジ・ホワイト・バンドの『Shine』で完成させるわけですが、その1枚前の作品と位置づけることができる。ファンクであり、AORであり、通好みな作品です。1曲目の"What Good Is Love"など、ジェイ・グレイドンがあの独特なコード世界を聴かせていて、黒人の人たちはこ

んなコード使わないだろっという響きを、ファンクに合わせて披露している。でも泥臭さは全体に残っている。次作の『Runaway』では完全にロック・ポップ、AORに振ってしまうんです。大学生の頃はそちらの方が好きでしたけど、だんだん濃いテイストのものも好きになっていくと、『Single』の良さに改めて気づく。ファンキーで、でもフックのメロディなどが効いていて、それがオシャレさを演出している。さらにアカデミックなところもちらほらあったり。

　これもこの時にしか生まれ得なかったアルバムです。この頃のフォスターはまだ、完全にひとりでつくり込んでいくのではなく、ファミリーのメンバーと一緒に、それぞれの得意技を活かし、合わせてつくっていた。大プロデューサーになっていく前の段階、まだロック、ソウル小僧だった頃、フォスターが最もトンガっていた頃の作品ですね。

　今は細分化しているから、それぞれの分野の専門の人が、得意なスタイルを深める形で音楽をつくっています。だから出会いの妙や、偶然生まれた名作のようなものは少ない。ただ、時代によって違いが生じるのは良し悪しでもなく、しょうがないこと。ビートルズだって60年代に出てきた時は、1940年代50年代の音楽を知っている人たちからは散々言われています。新たな時代の旗手たちは、その前の時代をつくってきた人たちに必ず叩かれる。ラジオ放送が始まった時でさえ当初は、タダで音楽を流されたら困ると、レコード会社や劇場などから叩かれたと言いますから。僕はちょうど、レコードからCDへ、アナログからデジタルへと変わるのを全てみてきた世代なので、変わることにあまり抵抗がないんですけどね。

■ 30年周期で訪れる
　クロスオーヴァーの時代

　ランディ・クロウフォードの『Secret

Randy Crawford
Secret Combination
(Warner Bros.) 81

Combination』は、『Bill LaBounty』は白人からのソウル・ミュージックへのアプローチであり、これは黒人からのAORへのアプローチ。このアルバムの曲は全て、ビル・ラバウンティやランディ・グッドラムが歌っても成立する、AORの名作として聴けるつくり。ブラック・ミュージックのポップ化が進んだ時代ならではの作品です。トミー・リピューマ、アル・シュミットという、AORもソウルもブラジル音楽も得手とするプロデューサー、エンジニア・コンビと組んでいるのも象徴的。メロディと歌がまずありき、というつくりなんです。このように、ソウル・シンガーが歌うAORのおもしろさというのがあって、ジェイムズ・イングラムや、マイケル・ジャクソンにもそういった曲がたくさんありますよね。

　ゴスペル、ブルース、ソウル、ジャズ、ポップス、カントリー、それぞれの濃すぎないところを絶妙に抽出して合わせる。70年代後半〜80年代初頭は、それを皆がやりたがった時代でした。その上で、歌い手、つくり手のもともとのキャラクターによって作品に違いや個性が生まれた。もとは違うジャンルでバラバラに活躍していたアーティスト誰もが、同じような志向でクロスオーヴァーしていたのがおもしろかった。そうしてその頃と同じように、2010年代になってブルーノ・マーズやダフト・パンクを始め、ソウル、ファンク、ブギーを志向しクロスオーヴァーするアーティストが増えたのは、自分が一番心を揺さぶられた時代の音楽を、自らやってみたいという欲求がミュージシャンには皆にあるからでしょう。ある程度、自分のキャリアが出来上がった時にそれが可能になる。すると、そのスタイルが最初に流行した時からはかなりの

月日が流れているので、また新鮮に聴こえたりもする。

　音楽の世界は、それの繰り返しなんですね。僕が大学生の時は、フィル・コリンズやビリー・ジョエル、ホール＆オーツが60年代のモータウン・サウンドをリヴァイヴァルさせていた。あの時の彼らは、『XXIVK Magic』の時のブルーノ・マーズと同じモードだったのでしょう。おおよそ30年周期だと僕は見ています。それはファッションや食文化など、他の文化もおおよそ30年周期なので。

■ デジタルとの格闘を越えた今、全く新しい時代の音楽制作が始まっている

　90年代のサウンドに、まだ若干の不自然感を覚えるのは、ひとことで言うとデジタルとの格闘があった時代の音楽だからでしょう。デジタルがまだ便利なだけで、アナログに比べ音は劣るという時代。それでも新しい音楽をつくるには、その時の環境や条件で実験を続けるのは世の常で、演奏や録音からメロディのあり方まで全て、デジタル時代のあり方を模索し続けていた時代なんです。デジタル以前、82年頃までは実にシンプルでした。録音テープをまわして、演奏して録って、それをレコードにして売るという。それが80年代末期に完全にCDに移行して、アーティストも作曲家も編曲家も、音楽シーン全体がデジタル化の波に巻き込まれた。だから、20年早く生まれていれば成功したのにという不運の音楽家が、90年代は無数にいました。僕がデビューした88年はバブル景気だったこともありますが、年に800以上のアーティストがデビューしていた。それで次の年にはもう半分以上がいませんでしたから。スタッフを含め、どんな観点、哲学でやるのか、ということがとても重要になっていきました。だからあの時代を越えて残った人は、すごく運がいい人か、すごく頑固な人ですね。

　今は、デジタルとの葛藤はかなり落ち着いてきた。機材、ハードもソフトも、音楽

を取り巻くデジタル環境が限りなくアナログに近づいてきたからです。楽器やレコーディング機材は、70〜80年代のオリジナルがベストなサウンドでしたが、今はメーカーがそれらをソフト化し、プラグインで再現できるようになった。今は限りなく実機に近い音が出せるようになりました。普通に聴いていても、一般人には実機なのかソフトの音なのか、気づかないと言うレヴェルです。そうなると、昔ならレコーディング・スタジオに行って、1時間10万円もかけてレコーディングしていたものが、今はパソコンひとつで、徹底的にアナログな感じでつくれるようになってきた。それで最も成功したのがビリー・アイリッシュです。兄貴とふたりで、自宅録音であのアルバム『When We All Fall Asleep, Where Do We Go?』をつくってしまった。昔ならあのクオリティのサウンドは、レコーディング・スタジオで最高の機材を駆使しないと録れなかったものです。

　僕個人は今、シンプルな音楽をつくりたいと考えています。それが世界的な傾向でもあり、影響も受けていると思いますが、複雑なコード進行、チャレンジングな演奏といったものはもう十分にやってきたかなと。ただシンプルとは言え、これまでとは違う、もっと一つひとつの音に意味があるようなシンプルさ。ジェイムズ・ブレイクがまさにそうです。彼にしかつくれない音像がある。そして、そのことも機材の進歩が関係しています。今は一つひとつの音を、昔よりも太く、存在感豊かに録ることができる。だから昔のように、たくさんの楽器を重ねる必要がなくなった。昔は、ドラムとベースとピアノだけでは地味に聴こえたから、それではポップスとして弱いので、ストリングスを入れるなどしてゴージャスに聴かせていました。それが今は、ドラムとベースとアコースティック・ギターだけでも、オーケストラに負けないような音像を聴かせられるようになった。だから僕たちはいつも、その時代時代のつくりかたで、いい音楽をつくっていきたいと考えるのです。

::

佐藤竹善（さとう ちくぜん）

1963年生まれ。1988年、SING LIKE TALKINGのメンバーとしてデビュー。現在までに14枚のアルバムを発表する。1995年からはソロ活動も本格的に開始。元オルケスタ・デ・ラ・ルスの塩谷哲とのユニット、SALT＆SUGARや、元オフコースの小田和正とのユニット、PLUS ONEとしてのリリースに、他アーティストへの楽曲提供やプロデュースも含め、多彩な活動をみせている。レギュラー・ラジオ番組多数、詳細は下記URLにて。

SING LIKE TALKING
https://singliketalking.jp

佐藤竹善とスタッフ Twitter
https://twitter.com/ChikuzenSato

佐藤竹善
Rockin' It Jazz Orchestra Live in 大阪(Osaka)
〜 Cornerstones 7 〜
(ポニーキャニオン) 20
カヴァー・アルバム・シリーズ最新作。初のライヴ盤

SING LIKE TALKING
生まれた理由
(ユニヴァーサル) 20
グループでの最新シングル

SING LIKE TALKING
3rd REUNION
(ユニヴァーサル) 18
ベスト・セレクション・アルバム第3弾

Part 3

1984 - 1991

音楽のデジタル化と、クロスオーヴァーの深化

電子楽器の活用を志向した作品は別にして、シンセサイザーやドラム・マシンを用いた打ち込みサウンド、そしてアナログに代わるデジタル録音機材は、1982年以降、急速に導入が進み、1984年には「デジタル」こそが主流となります。すると、新しいタイプの才能が音楽シーンを賑わせるように。さらに、演奏技術の高低を問わない打ち込みの普及は、これまで以上にジャンル間のクロスオーヴァーも促しました。住む場所や人種の違いなどに縛られない、ジャンルレスな音楽が増えるのもこの時期からです。

この時代、日本のシティ・ポップは…

阿川泰子
Gravy
(Invitation) 84

安部恭弘
Slit
(Express) 84

佐野元春
VISITORS
(Epic ソニー) 84

角松敏生
Gold Digger
(Air) 85

鳥山雄司
A Taste Of Paradise
(Agharta) 85

松尾清憲
SIDE EFFECTS
(ポリドール) 85

久保田利伸
SHAKE IT PARADISE
(CBSソニー) 86

﨑谷健次郎
realism
(See Saw) 88

杏里
CIRCUIT of RAINBOW
(フォーライフ) 89

黒住憲五
PILLOW TALK
(コロムビア) 89

Shambara
(Polydor) 89

SING LIKE TALKING
CITY ON MY MIND
(BMG ファンハウス) 89

バブル景気の真っ只中だったこの時期は、海外録音、海外アクトとの共作が増えた。欧米との情報格差も縮まる中で、US産となんら変わらないサウンド、スタイルのポップス、ブギーを聴かせる作品があたりまえに聴けるようになる。シンセ・サウンドを、この国独自のポップスに取り入れうまく加工した作品も多く、海外のスタイルの追随ではない、独自のクロスオーヴァーな音楽性も華開き始める。　　　　　小渕

113

Amii Stewart　Friends

Try Love　RCA 1984

この84年に時代のサウンドで一斉を風靡したマイク・フランシス（別枠掲載）が全曲のアレンジを手がけた、シンセ・ポップ〜イタロ・ブギーの大人気盤。アメリカのミュージカル女優だったエイミー・ステュウートは79年、ディスコのディーヴァとしてブレイクすると、特に欧州で人気を博す。それから5年、ディスコに代わる新機軸を求めこのアルバムはイタリアで制作。曲もプロダクションも最高な、この時代ならではのシティ・ソウル作品に。チャート1位を獲った“Friends”は、一度聴けば耳を離れない美メロと、軽妙なシンセ・ビートが極上な大名曲だ。　小渕

Anne Murray　Love You Out Of Your Mind

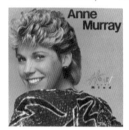

Heart Over Mind　Capitol 1984

60年代から活躍しアメリカで最初に成功した、カナダの女性ポップ／カントリー・シンガーの第一人者、アン・マリー。この時期のAORなつくりを取り入れた諸作はどれも聴きものだが、本作中のバーン＆バーンズ“Love You Out Of Your Mind”のカヴァーは出色の仕上がり。ハスキーな高音が魅力の彼女の歌が、本家よりもグッと重心の低いビートに乗ってソウルフルにせまる。曲の良さがこれ以上なく引き出された、オリジナルとはテイストの違う名ヴァージョンだ。エリック・カズらが書いた“You Haven't Heard The Last Of Me”なども楽しく聴ける。　小渕

Barbara Mitchell　C'est La Vie

Get Me Through The Night　Capitol 1984

モータウン発の、ただのディスコ・ユニットではない、味わい深さのある女性コーラス・グループだったハイ・イナジー。そのリード・シンガーだったバーバラ・ミッチェルの1stソロ。ポップスも手がけた大物ジョージ・トビン指揮の下、人種混成チームで時代のシティ・ソウルを目指した1枚で、80年代後半の日本のいわゆる和ブギーを思わせる歌謡メロディとサウンドも。いち推しのとにかくキャッチーな“C'est La Vie”や、“Don't Say It”も、クールなタイトル曲も、角松敏生氏が手がけたブギー諸曲などと並べて聴きたい楽しさ。　小渕

Boban Petrović　Zgužvala Si Snove

Zora　Diskos 1984

70年代にはユーゴスラビアのファンク・バンドで活動していたボバン・ペトロヴィッチは、80年代に2枚のソロ・アルバムを残している。1stはクオリティの高いディスコ・ファンクでDJプレイに使いやすい。この2ndはよりコンセプチュアル、ディスコ寄りのシンフォニック・プログレッシヴ・ロックで、リスニング向けな印象に。“Zgužvala Si Snove”はディスコ・ポップで、後半のシンセ・ソロがかっこよく、スロウAORの“Zajedno srecni”も素晴らしい。3万円超えのカルト盤で、最近発売された再発盤でようやく容易に聴けるようになった。　Pigeon

Brian Auger　Call Me

Here And Now　Grudge 1984

ザ・トリニティ、オブリヴィオン・エクスプレスなどさまざまなユニット、名義で60年代から活躍する、ブリティッシュ・ロックを代表する鍵盤奏者、ブライアン・オーガーが84年に放ったAOR、シティ・ソウルなアルバム。中でもフィニス・ヘンダーソン、ビル・ウルファーでお馴染みの名曲"Call Me"のカヴァーがイチオシ。オリジナルをよりソウルフルに、太いグルーグに仕上げたサウンドにもうメロメロ。ドナルド・フェイゲン"I.G.Y."のような"They Say Nothing Lasts Forever"もユニークで気になる1曲。　　　　　　　　　　　　　　　　　　エミ

Bryan Loren　Take All Of Me

Bryan Loren　Philly World 1984

NY生まれ、フィリー育ちのブライアン・ローレン(・ハドソン)は早熟のマルチ・プレイヤー。ファット・ラリーズ・バンドでも活躍した後に、この1stを18歳でリリースした。ほぼ全てを自ら担い、捨て曲一切なしのシンセ・ポップ・ソウル集に仕上げている。ソフトかつ色気のある歌声が映える"Take All Of Me"は、AOR調のメロディを持つメロウなスウィング・ビートの名曲。クールなシンセ・ブギー"For Tonight"や、ハネるリズムが楽しい"Do You Really Love Me"などもいい。ロマンティックな"Stay With Me"で昇天。これぞ埋もれた名盤。　　小渕

Carl Anderson　Keep It Alive

On & On　Epic 1984

シンガーとしても、ミュージカル俳優としても人気を博したカール・アンダーソン。この2ndは、70年代末からシティ・ソウルの売れっこ裏方となったスキップ・アンダーソン＆スティーヴ・ウィリアムズがプロデュースした好盤だ。"Keep It Alive"は、山下達郎氏の曲に多いキャッチーなメロディと凝ったリズムのコンビネーションでおもしろく聴かせる、心踊るメロウ＆グルーヴィな人気曲。ヨギ・ホートンやオマー・ハキムらが参加していて、一流のNYサウンドが楽しめる"Magic"などは、メンバーが共通する角松敏生氏のブギーにも似た味わい。　　小渕

FG's Romance　What Is Love Today?

B-side of If You Wanna See Me Girl　Nunk 1984

ベルギーのプロデューサー／ギタリスト、フランシス・ゴヤが覆面名義で出した唯一のシングルのカップリング曲。ジャケットのサングラス姿がなんとも怪しい。さすがのイントロのギターは素晴らしいが、歌はヘロヘロで、ストーンズ・スロウなどからふざけてリリースされた曲なんじゃないかと勘違いするほど、ドリーミーでメロウなシンセ・ポップだ。DJデュオ、サイケマジックのコンピレーションに収録され人気が出た後、バレアリックなクラブ・ミュージックを多数リリースするSTROOMレーベルからこのB面曲のみ再発された。　　Pigeon

115

Funk Deluxe　Tender Lovin'

Funk Deluxe　Salsoul 1984

ブラス・コントラクションやスカイを率いて成功させたNYダンサー／ブギーの名人、ランディ・ミューラー。その彼が手がけたユニット、ファンク・デラックスの唯一のアルバム。シックやチェンジのヒット曲を彷彿させる、メロウ&スムーズなシティ・ブギー "Tender Lovin"は、心弾むキャッチーなメロディと女性コーラスが最高にノセてくれる大人気曲。やはりスラップ・ベースが効いた生音ブギーの "Partime Lover"や "She's What I Need"、よりクールなシンセ・ブギーで、ヴォコーダーも楽しい "This Time"などもいい。　　　　　　　小渕

Grover Washington Jr.　When I Look At You

Inside Moves　Elektra 1984

Kuduに数々の名作を残したグローヴァー・ワシントンJrのコンテンポラリーな84作。ここではジョン・ルシアンのバリトン・ヴォイスをフィーチャーした歌ものが光っており、"When I Look At You"は、"Just The Two Of Us"を書いたラルフ・マクドナルドらによる作家チーム、アンティシアの作。"Watching You Watching Me"は翌85年のビル・ウィザーズ作品でも録音されていた。本作はグローヴァーとラルフの共同プロデュースだが、ベースに加えシンセサイザーもプレイしたマーカス・ミラーの色も濃く出た作品であると感じる。　　福田

Kenny Pore　Everyone Needs Someone Like You

Inner City Dreams　ITI 1984

フュージョン／スムーズ・ジャズ系のギター奏者、ケニー・ポーの1stアルバム。CCMグループ、メッセンジャーやソロ作（ともに別枠掲載）で知られるリック・リソーが3曲で歌っており、特に "Everyone Needs Someone Like You"や表題曲の締まったグルーヴが秀逸だ。ケニー本人は作曲とプロデュースにほぼ専念している模様で、ヴィニー・カリウタやロベン・フォードら豪華なバックの顔ぶれは、ベースのジョン・パティトゥッチが声をかけて集めてくれたそう。ケニーは後年もコンスタントに作品を出しており、20年にも新作あり。　　　　福田

Kuh Ledesma　I Think I'm In Love

I Think I'm In Love　Blackgold 1984

82年のサントリーCMソングで、松任谷由実の隠れ名曲「夕涼み」の英語詞カヴァーだった「夏物語（One Day Soon）」も、"Just The Two Of Us"そのままなイントロも強力なメロウ好曲だったクー・レデスマ。フィリピンで国民的人気を誇るシンガーだった彼女の大人気曲が "I Think I'm In Love"。すぐに歌えるほどキャッチーなメロディはアニタ・ベイカー "Sweet Love"を思わせるもので、ストリングスも入ったロマンティックなメロウ・グルーヴは、パーカッションが隠し味となりスロウなのにグルーヴィ。7インチで欲しい歌謡シティ・ソウル名曲。　　小渕

Mike Francis　Let's Not Talk About It

Let's Not Talk About It　Concorde　1984

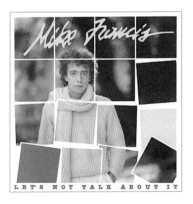

イタリアのMr.シティ・ソウル、マイク・フランシス。14歳でバンド活動を始めた彼のつくる音楽は英語詞で、アメリカ西海岸ロック〜AORの影響下にあるもの。ただそこにイタロ・ディスコのテイストが入ってくることで、独自の味わいのシティ・ソウルが生まれる。ソングライトから、ドラムとベース以外のほぼ全ての楽器演奏やプログラミングも自身で行ったこの1stアルバムは、天性のポップ・センスを備えたメロディ・メイカーであり、歌声も含めてメロウな彼のパーソナリティが隅々にまで発揮されたと思える大傑作。当時流行りのシンセ・ブギーをポップスに落とし込んだ最上の作品として、歴史に残る1枚と言っても過言ではない。テンポも絶妙なタイトル曲や、ヒットした"Survivor"を始め名曲揃い、捨て曲なし。フレーズ、音のひとつ一つまでが完璧に思え、特別なマジックが働いた作品に違いない。以降の作品もそれぞれにおもしろいのでぜひチェックを。　　小渕

①Night Time Lady（Remix）　②Cover Girl　③Ballad　④Late Summer Night　⑤This Love　⑥Fall In Love
⑦Let's Not Talk About It　⑧Check It Out With The Groove　⑨Survivor

New Edition　Maryann

New Edition　MCA　1984

ボビー・ブラウン、ラルフ・トレスヴァント、ベル・ビヴ・デヴォーの3人が在籍したスーパー・キッズ・グループの2nd。自身のヒット"A Woman Needs Love"そっくりにレイ・パーカーJr.本人が仕立てた"Mr. Telephone Man"、マイケル・センベロが手がけたメロウな"Delicious"、そして、クラッキンのバネッタ＆チューダコフが手がけた、ソングライトの妙が楽しめるAORスタイルのポップ曲"Maryann"と、いままで楽しいシティ・ソウルな名曲が。バウ・ワウ＆シアラ"Like You"でリメイクされた切なさ溢れる"I'm Leaving You Again"も絶品。　　小渕

Nightbirds　Hot Massage

not on album　Injection Disco Dance　1984

スウェーデン出身のジャズ／舞台歌手、シンガー・ソングライターのシャロン・ダイオールが、85年のソロ・アルバム前に参加していた作品。シャカタク以降、ナイトバーズというプロジェクトや曲がいくつ生まれたのか知らないが、このバンドもこのシングル限りだ。スロウなブギー・ナンバーでウィスパー・ヴォイスがエロティック。「私にホットなマッサージをして」という歌詞が商業的でなんともバカバカしいが、この薄っぺらい都会感がマイナー・ブギーの醍醐味全てを表している。レゲエ風のカッティング・ギターも心地よい。　　Pigeon

Philip Bailey　I Want To Know You

The Wonders Of His Love　Myrrh 1984

EW&Fのフィリップ・ベイリーによる初のゴスペル・アルバムとなる
2ndソロ。"I Want To Know You"は、作曲者でキーボードも演奏し
ているジョージ・デュークの同時期のソロ作と地続きの、爽快なフュー
ジョン・ソウル。80年代のフィリップは、コロムビアからはポップ・
アルバム、Myrrhからはゴスペル・アルバム、とレーベルを使い分けて
交互に作品を発表しており、フィル・コリンズとコラボした"Easy
Lover"のヒットなどで有名なポップ・サイドだけでなく、本作で見せ
るゴスペルの第一人者としての彼も魅力に溢れている。　　　　福田

Plaisir　Visa Pour Aimer

not on album　Flash Night 1984

フランスのプロデューサー／シンガーのディディエ・マカガ（彼自身の
作品も本当に全部素晴らしいので聴いて！）がアレンジャーとして参加
した、インディ・レーベル、フラッシュ・ナイト発の楽曲。イントロが
ほぼジョージ・ベンソン"Turn Your Love Around"丸パクリなのだ
が、ヴォーカルの入れ方や展開も素晴らしく、フレンチ・ブギーらしい
名曲。同レーベルはこのトラックを使いまわして、タイタス・ウィリア
ムズの"Give Me Some Love Tonight"という曲にして発表している
が、このPlaisirのヴァージョンの方がおもしろいと思う。　　Pigeon

Ralph MacDonald　In The Name Of Love

Universal Rhythm　Polydor 1984

数多くのソウル～ジャズ作品に参加しているニューヨークのパーカッ
ショニスト、ラルフ・マクドナルドの84年作。彼は作曲家としても非
凡な才能を持っており、ウィリアム・ソルターとのコンビで、ロバータ・
フラック&ダニー・ハザウェイの"Where Is The Love"や、グロー
ヴァー・ワシントンJr "Just The Two Of Us"などの名曲を残してい
る。この"In The Name Of Love"も初出はグローヴァーのインスト
版で、そこにビル・ウィザーズが詞と歌を入れた。ロバータ・フラック
や阿川泰子のヴァージョンも有名。　　　　　　　　　　　　　福田

Stanley Clarke　Heaven Sent You

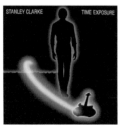

Time Exposure　Epic 1984

チック・コリアのリターン・トゥ・フォーエヴァー出身で、ジェフ・ベッ
クとの共演やジョージ・デュークとのユニット、クラーク・デューク・
プロジェクトでも知られるフュージョン系ベーシストの84年作。
"Heaven Sent You"は、シャラマーのハワード・ヒュウェットを
フィーチャーしたシティ・ソウルで、スタンリー・クラークの愛機であ
るアレンビック社製のベースによる、独特のトーンのソロも聴きどころ。
6分超とやや長いので、3分半の尺にエディットされた7インチ・ヴァー
ジョンの方が聴きやすいかも。サンプリング使用曲も多数あり。　福田

Terri Wells Just Like Dreamin'

Just Like Dreamin' Philly World 1984

フィリーのテリー・ウェルズは、シティ・リミッツの一員として75年にデビューすると、バック・コーラス、ロイ・エアーズ作品のシンガーとして活躍した後、この唯一のソロ・アルバムを出した。ルース・エンズ仕事などでこの時期一斉を風靡したニック・マルティネリがプロデュース。タイトル曲は打ち込みと、スラップ・ベースや、大御所ノーマン・ハリスによる華麗なストリングスなどをウマく合わせた、「生」と打ち込みの狭間の年となったこの84年ならではのサウンドが味わえるメロウ・ダンサー。ロイ参加の"Who's That Stranger"もいい。　小渕

The Kazu Matsui Project Let's Pretend

Is That the Way to Your Heart Passport Jazz 1984

米国在住の尺八奏者、松居和によるプロジェクトの84年作。本人はプロデューサー／コーディネーターとしての仕事に注力しており、集まった楽曲それぞれに合ったシンガーや演奏陣をキャスティングし録音、1枚のアルバムにまとめ上げた。"Let's Pretend"はグレッグ・ウォーカーとローリー・グリフィンをヴォーカルに起用したソウルフルなナンバーで、シンセ・ベースが良いアクセントに。グレッグはケニー・Gのソロ作（別枠掲載）にも参加していたサンタナのヴォーカリスト。ラテン・フュージョン風な"The Music Inside You"も絶品だ。　　福田

The Suttons A Whole Lot Of Love

So Good Rocshire 1984

マイク&ブレンダの夫婦デュオ、サットンズ。75年から、まずはモータウンのソングライターとして活躍したふたりは、82年に1stアルバムをリリース。まさにアシュフォード&シンプソンの後を追うような、スムーズ・ダンサーが聴きもののそちらもいいが、ここでは84年ならではのシンセ・ポップ・ソウルが楽しめる2ndを推薦。セルフ・プロデュースのややチープな=隙間の多いサウンドがかえっていままた楽しめる1枚で、テンポも絶妙な"A Whole Lot Of Love"などはいまのシンセ・ブギーと合わせて聴きたい秀曲だ。メロウな"Pure Love"もいい。　小渕

The System Promises Can Break

X-Periment Mirage 1984

デジタルで鋭角的なサウンド・メイキングを得意とし、"Don't Disturb This Groove"やロバート・パーマーもカヴァーした"You Are In My System"のヒットや、角松敏生氏との共演、ハワード・ジョンソン（元ナイトフライト）のプロデュースなどでも知られるシステムは、シンガーのミック・マーフィと鍵盤奏者のデイヴィッド・フランクによるデュオ。2枚目にあたる本作に収められた"Promises Can Break"は、お得意のプログラミングを駆使したリズムに、スムーズなコードの響きが加わった都会的なナンバーだ。長尺の12インチ版もあり。　　福田

Windjammer　Anxiously Waiting

Windjammer II　MCA 1984

いかにもヨット・ロック風情なジャケットとグループ名だが、ウインド
ジャマーはニューオーリンズ出身の6人組ディスコ・ファンク・バンド
である。80年代にリリースされた3枚のアルバムはどれもアッパー・
チューン揃いで、80sディスコ・ファンク好きに人気が高い。このセカ
ンド・アルバムの白眉はなんといってもアーバンなメロウ・ダンサー
"Tossing And Turning"だけど、よりしっとりとした大人のメロウが
好みなら"Anxiously Waiting"を。スウィート・メロウな"Live
Without Your Love"も捨てがたい。　　　　　　　　　　　エミ

Alfie　Just Gets Better With Time

That Look　Motown 1985

R&B界の超大物、ルイル・サイラスJr.の妹であるアルフィ。この3rd
アルバムは、古き良きモータウン調や、プリンス調の曲があったりとしっ
ちゃかめっちゃかなつくり。それでも、前巻にウィスパーズのヴァージョ
ンを紹介した、ゲイリー・テイラー作のシティ・ソウル大名曲"Just
Gets Better With Time"のカヴァーは紹介せずにいられない。少し
ポップにしたアレンジだが、とにかく曲がいいので聴き惚れる。ディス
コ・ディーヴァ的な打ち出しの82年の1st、後にゴスペルを歌うその喉
の強さを披露したバラード曲が良い2ndにも好曲あり。　　　　小渕

Bobby Jones & New Life　You Can Have Peace

Another Time　Light 1985

TV番組の司会も行っていたゴスペル・シンガー、ボビー・ジョーンズが、
自身のグループも加えた名義で発表した83年作。Myrrhからリリース
した前2作もブラック・コンテンポラリー的な質感を持っていたが、本
作ではそこにポップな要素が加わり、"You Can Have Peace"はレイ・
パーカーJrを思わせるマイルドな出来に。雰囲気の近い都会的な"I
Wanna Go Back"や、モダンなアレンジを施したマーヴィン・ゲイ
"What's Going On"のカヴァーもなかなか。バック・コーラスには系
統の近いボブ・ベイリー（別枠掲載）の名前も。　　　　　　　福田

Christophe Laurent　Nuit Bresiliennes

not on album　El-Baze 1985

フランスのクリストフ・ローランはシングル数枚しかリリースしていな
いが、どれもクオリティの高いAOR、シティ・ソウルだ。この楽曲は「ブ
ラジルの夜」というタイトルの通り、イントロでバトゥカダのようなドラ
ムがオーヴァー・ダブされているトロピカルなシンセ・ポップで、途中
のギターに合わせたスキャットも心地よい。コーラス・アレンジやその
他の楽曲などからもブラジル音楽の影響を色濃く感じる。前作のドリー
ミーなブギー "Voyager"、翌年のボサノヴァ・ポップ"Oublier Son
Visage"、スロウ・ジャムの"Je Craque"、いずれも最高。　Pigeon

Clio　Faces

not on album　Crash 1985

この時期のシンセ・ポップなイタロ・ディスコの一番人気曲だろう
"Faces"。女性シンガー・ソングライターのクリオと、この後シーンの
大物となっていく裏方のロベルト・フェランテによる、ビギナーズ・ラッ
ク的に生まれた奇跡の名曲だ。ベースはNYディスコ、メロディを奏で
るシンセ・ベースが曲を引っ張るシンセ・ブギーで、例えばマドンナの
"Lucky Star"などにも近い。ただそこに乗せたメロディとシンセのフ
レーズがこれ以上なくキャッチーで、聴けば一緒にクチづさみたくなる
こと請け合い。後ノリなテンポ感も絶妙な、永遠のアンセムだ。　小渕

Commodores　Nightshift

Nightshift　Motown 1985

70～80年代にかけて多数のヒットを記録した、かつてライオネル・リッ
チーが在籍したことでも知られるモータウンのソウル/ファンク・バン
ドの11th。タイトル曲である本曲はスパンダー・バレエ"True"にも通
じるハーフ/倍速を行き来するリズム構成、ならびにパーカッシヴなオ
ケが単なるバラードと一線を画す爽やかな名曲。前年に亡くなったマー
ヴィン・ゲイならびにジャッキー・ウィルソンの代表曲の一節を引用す
る粋な演出も◎。ライオネル脱退の痛手を乗り越え、全米・全英3位を
はじめ世界的なヒットを記録した。　TOMC

Dire Straits　Your Latest Trick

Brothers In Arms　Vertigo 1985

本書的にはスティーリー・ダン『Gaucho』でソロを担ったことでもお
馴染みであろうUK史上屈指のギタリスト、マーク・ノップラー率いる
バンドが、全世界で3,000万枚超を売り上げた5th。本曲はUKのみで
シングル・カットされた、ランディ・ブレッカーによる非常にキャッチー
なサックスのリフレインが耳に残る、隠れるにはあまりに惜しい超名曲。
デビュー以来ボブ・ディランに喩えられ続けたマークの苦み走った歌唱、
一夜の情景を巧みな比喩を交え描いた詞など、AOR的文脈で騒がれて
こなかったのが不思議なほど非の打ち所がない。　TOMC

Ernie Watts　Music Prayer For Peace

Musican　Qwest 1985

莫大な数のスタジオ・セッションに参加してきたサックス奏者、アー
ニー・ワッツが、ドン・グルーシンとの共同プロデュースで制作し、ク
インシー・ジョーンズのレーベルから発表したソロ3作目。ここでの注
目点は、なんと言ってもフィル・ペリーを迎えたヴォーカル・ナンバー
の質がとにかく高いこと。アルバム冒頭の"Music Prayer For
Peace"はフュージョン系アーティストによるAORではNo.1に推した
い完成度で、"Don't You Know"も負けず劣らず。デジタル全盛期の
作品だが、ヒューマンな演奏に拘る制作姿勢も素晴らしい。　福田

Ian Willson　Four In The Morning

Straight From The Heart　Ian Willson Music 1985

ベイエリアはオークランドのサックス奏者が、ヴォーカルを始め多くを自身で担いつくった自主制作盤。ガレージ・ソウルのマニアには有名な1枚で、2016年に日本で、2020年にはイギリスで再発された。"Four In The Morning"は、淡々と進むビートがいままた気分な、クール＆メロウなガレージ・ブギー。ポップな"Two Is Better Than One"や、ジャズ・ファンク・ディスコな"Sequel, Baby Let's Play"、女性Vo.が歌うボッサ"If I Were You"、スムーズな8ビートの"Waiting For Sharon"と、確かにこのピュアな音源集はユニークだ。　小渕

Joanna Gardner　Special Feelings

Joanna Gardner　Philly World 1985

フィラデルフィア出身の彼女と友人関係だったルース・エンズが、敏腕プロデューサー、ニック・マルティネリに紹介し、彼女の歌声に惚れ込んだマルティネリが即レーベルに契約させたという逸話のあるジョアンナ・ガードナー。唯一のアルバムはマルティネリが大半の楽曲をプロデュースしており、中でも"Special Feelings"はイントロのウェットなエレピ・ソロで一気に引き込まれる、"Tripping Out"リズムのスムーズ・トラック。AWBとは同名異曲の"Pick Up The Pieces"もTR-808使用のエクセレント・スロウ・ジャム。　能登谷

Malcolm McLaren　Buffalo Love

Swamp Thing　Charisma 1985

セックス・ピストルズらを見出したUKの敏腕プロデューサーとして知られる一方、彼自身の名義による音楽作品は80s初頭時点でのヒップホップの導入、さらにはそこにワールド・ミュージックやオペラを折衷するなど、非常に先駆的な取組みを行なっていたことでも有名。本曲は83年にリリースしたラップ楽曲のトラックを流用し、女性ヴォーカルをフィーチャーしたメロウなシンセ・ファンクに再構築したもの。シングル・カットはされていないが現在に至るまで多くのDJに愛され、今では彼の最も有名な楽曲のひとつである。　TOMC

Nicole　New York Eyes

What About Me?　Portrait 1985

ニューヨーク生まれのニコル（・マクロウド）の1stアルバム。いよいよ時代は変わり、ラテン・フリースタイルと呼ばれたエレクトロのシーンで活躍する人材もプログラミングなどで参加。バキバキのサウンドはいま聴きたいものではないが、"New York Eyes"だけは別。"Why Can't We Live Together"のティミー・トーマスが、その自身のヒットを下敷きにしてつくった、チープな打ち込みとオルガンの音色がなんとも人懐っこいメロウ・ジャムの人気曲だ。ティミーとのデュエット仕立てなのもいい。ニコルは今も現役バリバリ、美魔女している。　小渕

Pino Presti　I Call Your Name / Come Back To Me

B-side of To Africa / Soul Makossa　Best 1985 (2017)

ポップス、ジャズにクラシックと、イタリアの音楽業界で幅広く活躍するマルチ・プレイヤー／アレンジャーの大物、ピノ・プレスティ。この曲はファッション・ショウ用につくった、メロウ・ブリージンな極上の1曲。バレアリックDJに再発見され、2017年に初レコード化された。が、2分しかないため、2020年にはDJのStefano Ritteriがリ・エディットし、6分ある4つ打ちヴァージョンで再リリース。それほどにDJが使いたがる、まさに今が旬のシンセ・ポップ名曲だ。プレスティのつくるさまざまなスタイルの音楽は、どれも聴きごたえあり。　　小渕

Rick Riso　Gotta Have The Real Thing

Gotta Have The Real Thing　Home Sweet Home 1985

CCM界随一の洗練されたブルー・アイド・ソウル感覚を持つSSW、リック・リソー。70年代に組んでいたメッセンジャー（別枠掲載）や数多の提供楽曲でもそのセンスを感じることができるが、極め付けはやはりこの1stソロ作。表題曲 "Gotta Have The Real Thing" は聴き流しても心地よいが、よく聴くと随所にトリッキーなコード使いが見られるのもクセになる。全編を通して曲が粒揃いで、煌びやかなスロウ "Your Loving Hands" は、テッド・パンベイヤンの79年作『Brand New Me』で既に録音されたいた。90年代には奥様キャシーとの作品も残している。　福田

Rikki Aaron　Hey Girl

Say What's On Your Mind　Cordial 1985 (2019)

NYの北東、コネチカット出身のリッキー・アーロン。これは81〜85年に彼らが残した3枚のシングルに、デモ音源などを合わせ2019年にリリースした編集盤。人種混成デュオといえばナイトフライトだが、このふたりも負けず劣らずのメロディ・メイカーで、AORなソウルの好曲揃い。"Hey Girl" は85年録音の、原田真二が歌っていそうな、極上のメロディとピアノが軽快なハジける名曲。かと思えば、81年録音の "Say What's On Your Mind" はシュガー・ベイブのようなガレージ・ソウルの秀曲。音質は悪いが、曲の良さがそれを凌駕する発掘盤だ。　小渕

Rockie Robbins　You Finally Found The One

Rockie Robbins　MCA 1985

2019年の大カムバック作も良かったロッキー・ロビンズ。前巻でAORソウルの傑作である81年の3rdを紹介したが、ミネアポリス出身のシティ・ソウルマンをまだ推し足りない。というわけで85年の、シンセ・ブギーの名盤となった4thを。ダイナスティの一員だったワーデル・プロッツらとつくったこれも真にシャレた1枚で、"You Finally Found The One" のクールさはスゴい。ヒットした "I've Got Your Number" や、ポップな "Caught In The Act" も心弾む仕上がり。さすが、プリンスやジャム＆ルイスと腕を磨き合った男だ。　小渕

Roger Rönning　Cecilia

Brinner Av Lust　Rair 1985

スウェーデンのロジャー・レニングは由緒正しいソフト・ロック〜AOR
を聴かせ、どのアルバムも良いため、どれを取り上げるべきかかなり悩
んだ。今回はDJやフロアのことを考えて、5thアルバムのこの曲をセレ
クト。リンドラムとキーボードで裏打ちされるビブラフォン、リズム・
ギターのバランスがバレアリックで、フロアへの馴染みが良い。ニュー・
ディスコの雰囲気を持つ現行インディーズ・ロック・バンドが参照する
ところの、嘘臭い80年代サウンドにかなり近いため、交互にプレイする
とわざと古く作られた楽曲のようにも聴こえるだろう。　　　Pigeon

Serge Delisle　Germaine

not on album　RCA Victor 1985

フランスは昔からアフリカ音楽と密接だが、特に80年代は、カッサヴの
作品を代表としたエレクトロなディスコ風ズーク作品が大量にリリース
された。中でもDX7のシンセ・サウンドをメインに使用した作品が多いが、
この楽曲もその最高峰のひとつだろう。ちりばめられたドゥビドゥバ系
女性コーラスのアレンジもご機嫌で、つい楽しくなってしまう。この楽
曲をプロデュースしているレイモンド・ジメネスとミシェル・エルモス
ニーノのふたりは、沢田研二がフランス録音でシャンソンをやった"ジュ
リー・イン・パリ"の時のプロデューサー・タッグのようだ。　　Pigeon

Stroke　Take Me Back

Stroke　Omni 1985

フィリーで主にソングライターとして活躍したテリー・プライスや、
ファット・ラリーズ・バンド周辺でキャリアを積んだアルフォンゾ・ス
ミスらが組んだ女性2、男性3のヴォーカル・グループ、ストローク。
この唯一作はフィリー録音で、ブライアン・ローレン（別枠掲載）らが
参加。時代のシンセ・サウンドを取り入れつつ、80〜82年前後のブギー、
スロウのスタイルでとにかくいい曲を聴かせた力作。ポップなメロ
ディの心踊るメロウ・ジャム"Take Me Back"をいち推しに。スロウ
の"Just Let Me Luv You"なども、いままた楽しめる1枚。　　小渕

The Parker Brothers　Make Believe

The Parker Brothers　Crown Vetch 1985

ピッツバーグの人種混成バンドらしいパーカー・ブラザーズ。録音は
81年だというこの唯一作は自主制作でレア盤だったが、2011年に日本で、
2016年にはフランスで再発され入手容易に。一番人気の"Make
Believe"は、やや後ノリのテンポもいいスムーズ・グルーヴに乗り、
サビではマイケル・マクドナルド＆ドゥービー・ブラザーズなコーラス
をキメてみせる、AORファンにはたまらない好曲。ファンキーなスロウ・
ブギー"Roller Dancin'"や、あの"I Wouldn't Change A Thing"を
思い出させる"Walking Alone At Night"などもいい。　　小渕

Whitney Houston　Take Good Care Of My Heart

Whitney Houston　Arista 1985

カシーフ、ジャーメイン・ジャクソン、ナラダ・マイケル・ウォルデン、さらにはテディ・ペンダーグラスまで、モダンなR&Bを持ち味とする才人たちがバックアップを担い、世界的な成功を納めた1st。ハイレヴェルな楽曲群を圧倒的な歌唱力で次々に乗りこなしていく、若き才能の煌きに魅了される、文句なしの名盤だ。本曲はジャーメインとのツイン・ヴォーカルで、R&Bデュエット・ソング史上でも屈指の高揚感が楽しめる。特徴的なリフは、鈴木聖美 with ラッツ＆スター「ロンリー・チャップリン」で引用されていることでも有名。　　　　　　　　　　TOMC

Al Jarreau　Says

L Is For Lover　Warner Bros. 1986

ジェイ・グレイドンと組んだ80〜84年の4作で、ポップ・フィールドへ大きく飛躍したアル・ジャロウ。本作で新たにプロデューサーに迎えたナイル・ロジャーズは、当時ヒット作を連発し波に乗っていたが、自分の色を出しつつも、ここまでのアル作品に関わったジェイやベイジズらを引き続き起用し、バランスを取っていることが興味深い。アルとフィリップ・セス共作の"Says"は、彼にしか歌えない複雑なメロディとスティーヴ・フェローニの鋭いドラミングに耳を奪われる。同時期にナイルと作った映画サントラ提供曲"Moonlighting"もぜひセットで。　福田

Barbara Sand　Take You

not on album　RA - RE Productions 1986

シングル5枚のみを残したバーバラ・サンドの楽曲で、プロデューサーは何百ものイタロ作品を手がけているラフ・トデスコだ。作品が多すぎるせいで1曲あたりに注がれている音楽的アイディアが極端に少ない。この、ちくわにチーズをつっこんでおしまいにしたような、シンプルさが最高であるポイントだ。シモンズSDS-8のほぼタムのようなスネア音と、ビブラートのきいたレイジーなベース・ライン、そえられた偽物の木琴調キーボード・サウンド。イントロの30秒で残り6分ある曲が完結している。ある意味Gファンク的で中毒性がある。　　　Pigeon

Crystal　Turnaround

Clear　BlackHawk 1986

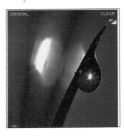

フロリダ州オーランドで結成され、クラブのハウス・バンドなどの地道な下積みをしていたフュージョン・バンドの唯一作。鍵盤奏者チャーリー・カモラータとその妻ホリーが中心人物で、全員がマンハッタン・トランスファーのように歌えるバンドを目指してメンバーを集めた。そんなマントラ的歌ものとインストが半分ずつ、といった構成で、白眉はラー・バンドを彷彿とさせる展開が古くからDJにも人気の"Turnaround"だろう。発売当時に一定量が日本国内にも流通していたようで、現在でも中古レコードを見つけるのはそれほど難しくない。　　　福田

Fun Fun Sing Another Song

Have Fun！ X-Energy 1986

本書の読者は、いわゆるユーロ・ビート系のベース・ラインが苦手でイタロ・ディスコを食わず嫌いしている方も多いだろうと思い、そんな方にも聴きやすいイタロものから1曲セレクト。ファン・ファンはダンロップのCMなどに出演してもいたユーロ・ビートの歌い手、スパーニャが在籍していたグループ。おおよその楽曲は典型的なイタロだが、この"Sing Another Song"はよりブギー的なディスコだ。USのSam Records発のヴィッキー・D "This Beat Is Mine"などに混ぜてかければ、イタロ・ディスコだと誰も気づかないのではと思う。 Pigeon

Herbie Pabst Reach Out For Your Life

not on album Blue Earth 1986

ニュージャージーのハービー・パブストは、いわば趣味でレコードを自主制作、80年代にシングル5枚を残したSSW。で、他は本書とは無縁のフォーキーな曲だが、この"Reach Out For Your Life"だけは無視できない、奇跡の秀曲だ。80年代初頭の西海岸AOR調の爽やかでキャッチーなメロディを、後ノリのステッパー・ビートに乗せた、い〜い感じのメロウ・グルーヴィ・チューン。ドラムは打ち込みで、シンセも含めチープな音色だが、それがいまのシンセ・ブギーに通じる味になっている。2019年にめでたく12インチが再発された。 小渕

Jaume Escala Ciutat

Aeroport Musica Per A Anna 1986

スペインのポップ歌手／コンポーザー、ジャウマ・エスカーラのデビュー・アルバム。かなりスペイン的な抒情的作品が多いアーティストだが、このアルバムを選んだのは全体的にDX7のバッキングでフュージョン的なアレンジが施されているから。同レーベル、ムジカ・ペル・ア・アンナの当時の作品にはこういった音使いのものが他にもある。"Ciutat"はジャジーでメロウなブギー作品で、リンドラムのむき出しで生々しい質感が気持ちいい。イントロがジャスコテックのような軽やかなポップ曲"Fins Molt Aviat"なども最高だ。 Pigeon

Jeff Lorber Back In Love

Private Passion Warner Bros. 1986

フュージョン・シーンを代表する鍵盤奏者ジェフ・ローバー。彼最大のヒット曲"Facts Of Love"を収録したソロ4作目から、キャリン・ホワイトとマイケル・ジェフリーズによる甘いデュエット"Back In Love"を。プロデュースはマクサスのロビー・ブキャナンで、彼は当時ピーボ・ブライソン、モーリス・ホワイト、ジャーメイン・ジャクソン、エル・デバージのブラック・コンテンポラリー系作品に多く携わっていた。それらの作品では、AORの香りを残しつつも、80年代中期らしいダイナミックなサウンド・メイキングを聴かせている。 福田

Jonnie Baby　Special Things

not on album　Elektra 1986

テキサス州ヒューストン出身、本名のジョン・ウィリアムズ名義でグラスというグループを率いてデビュー（そのアルバムはエレクトロ・ファンクの傑作として知られるので興味ある方はそちらもぜひ）。90年代にはミキ・ブルーの名前で数枚のアルバムを発表している彼が、ジョニー・ベイビー名義でエレクトラから発表した楽曲。シングル・オンリーの極上メロウ・シンセ・ファンクだ。レーベル面にはFrom the forthcoming Elektra LPの文言があり、アルバム制作中だったようだが何らかの事情で頓挫したよう。聴いてみたかった…。　　能登谷

Linda Di Franco　TV Scene

Rise Of The Heart　Korova 1986

『スタートレック』や『バットマン』の映画でサウンド・エンジニアを務め、自身で映画監督もしているリンダ・ディ・フランコが、80年代にシンガーとして出したアルバム。イタリア人の彼女はデイヴィッド・ボウイの曲で英語を覚えたといい、フィオナ・フランクリン"Busted Up On Love"のプロデュースに感銘を受けて、同じドン・ウォズの指揮の下で制作した。"TV Scene"は昔からイビザのパーティでも人気の曲で、長い間バレアリック・クラシックとして親しまれてきた。12インチ・シングルも出ているが、私はアルバムVer.が好き。　　Pigeon

Patti LaBelle　On My Own

Winner On You　MCA 1986

全米No.1に輝いたパティ・ラベルとマイケル・マクドナルドの名デュエット。バート・バカラックと前妻キャロル・ベイヤー・セイガーによる曲の素晴らしさについてはもはや説明不要だが、カルロス・ヴェガのドラムが左チャンネルにハイハットのみオーヴァー・ダブされており、これがほのかに16ビートのノリをもたらしているのがミソだと思っている。元々はディオンヌ・ワーウィックの『Friends』(85年)用に録音されるもお蔵入りしていた経緯があり、ディオンヌもライヴではよく披露している。彼女のスタジオ版もいつか聴いてみたいものだ。　　福田

Perri　Maybe Tomorrow

Celebrate　Zebra 1986

アニタ・ベイカーのコーラスを務めたことでも知られる4姉妹グループの1st。パット・メセニーの曲に歌詞をつけたデモ・テープがデビューのきっかけとなったため、パットが推薦コメントを寄せている。"Maybe Tomorrow"はアニタ同様、フュージョンの色彩豊かなコード・ワークを取り入れたクワイエット・ストーム的質感が心地よい。プロデューサーのパトリック・ヘンダーソンは、後期ドゥービー・ブラザーズで"Real Love"や"Open Your Eyes"などをマイケル・マクドナルドと共作したゴスペルの才人で、彼の82年のソロ作もおすすめ。　　福田

Preface　Palace Hotel

not on album　Anya 1986

フランスのスタジオ・ミュージシャン3人によるユニットで、この名義では3枚のシングルを制作した。"Palace Hotel"は特にキーボードのジャン゠イヴ・ディアンジェロによるバッキング・アレンジが素晴らしいシンセ・ポップで、サビでの音色の切り替えがいつ聴いてもフレッシュだ。彼らの作品は、80年代のライブラリー・ミュージックでも聴くことができる。個人的には、ミリー・スコット "Ev'ry Little Bit"のバック・トラックを丸パクりしている『Black Mic Mac 2』という映画のサントラ曲なども、DJの飛び道具的にはおもしろくて好きだ。　　Pigeon

Steve Beresford & Anne Marie Beretta　Comfortable Gestures

Dancing The Line　Nato 1986

ジョン・ゾーンなどと共演するフリー・ジャズ畑のスティーヴ・ベレスフォードが、フランスのレーベルからリリースした、ファッション・ショウのためのコンテンポラリーな音楽集。エレクトリック化されたレフトフィールドなジャズ・ヴォーカル・アルバムという位置づけになるだろうが、音はいたって優しい、アコースティックな雰囲気を残したニューエイジ的なAORだ。スティーヴのヘタウマなヴォーカルがかわいい"Tendance"や、「目つぶし投げてドロンドロン」のフランク・チキン、カズコ・ホーキが歌う"Un Aimant Vivant"も素晴らしい。　Pigeon

Tashan　Read My Mind

Chasin' A Dream　Def Jam 1986

当時ラン・DMCやビースティ・ボーイズ、LL・クール・Jらのヒットを飛ばしていたデフ・ジャムが、"デフ・ジャム版マーヴィン・ゲイ"なる触れ込みで売り出したソウル・シンガー、テイシャーンの全曲セルフ・プロダクションによるデビュー・アルバム。全編音数少なめな打ち込み主体のサウンドで、時代的に少々聞き苦しい曲もあるが、スルメ曲も多し。シングル・カットもされた"Read My Mind"は浮遊感のある上ネタがクセになる一級品のエレクトロ・ソウル。アリソン・ウィリアムズとのデュエット"Love Is"も煌びやかなスロウ・ジャム。　　能登谷

The Fizz　Last Word

State Of Emmergency　no label 1986

フランスのSSW／ドラマーでいまも現役のPatrick Jouanneauを中心とした、人種・国籍混成バンド、フィズ。自主制作だったこの唯一作は知る人ぞ知る1枚だったが、2018年に再発され話題を呼んだ。クールなグルーヴが心地いいメロウ・ブギー "Last Word"を始め、バンド演奏＋打ち込みによるAOR／フュージョンを聴かせるつくり。歌謡ブギー な"Trouble In Mind"などは日本のSHOGUNを思わせる人なつっこさ。エレクトロ・テイストの"Mr Phone"や、チルアウトなインスト"Sweet Mood"なども、インディ作品ならではの味わいがいい。　小渕

The Raining Heart　Raining Heart

not on album　Fog 1986

ドイツのプロデューサー、ピーター・ヘックマンと、インドネシア系ジャズ・シンガー、ユカ・ローズによるスロウなシンセ・ポップ、当時の彼らの唯一作だ。サンプリングされたオケ・ヒットや銃声、キーボードで演奏される声ネタなどがアート・オブ・ノイズ的で、当時の空気感をふんだんに含む。メロウでニューエイジのような美しい楽曲で、ジャケットのスタイリングにもあるような、独特なエロさ、ナンパっぽさというかプレイボーイ感も。2019年に未発表のインスト集を自主リリースしていて、"42nd Street"というトラックも良い。　　　　　Pigeon

Viola Wills　Dare To Dream

Dare To Dream　Wide Angle 1986

バリー・ホワイトに見出され60年代から多数のシングルをリリース。バリーの下を離れた後、80年前後にはディスコ・ヒットも生むなど息の長いキャリアを過ごしたLA出身ソウル／R&Bシンガーによる4thアルバム。7分超に及ぶこのタイトル曲はラー・バンド"Perfumed Garden"にも通じる、美しいシンセの反復フレーズと硬質なリズム・セクションの組合せがクセになるメロウ・グルーヴの傑作だ。本書的にはよりメロディが前面に出た、彼女の円熟の歌唱力が味わえるバラード"You Are The Reason Why"も◎。　　　　　TOMC

Zenit　Colours In My Head

Straight Ahead　Spray 1986

オーストリアの腕利きが集ったバンド、ゼニト。ジャズ・ロック／プログレ調のインストを聴かせていた彼らだが、この3rdでは変身、シンセ・ブギー／フュージョンを聴かせた人気盤だ。2018年に再発されたのは、バレアリック・ポップ"Colours In My Head"の人気も大きい。この時代にしかあり得ないシンセ・サウンドAORの名曲で、フリー・ジャズから身を起こしたアメリカの女性シンガー、リンダ・シャーロックのクールな歌声も極上だ。疾走感溢れる"Magic Words"や、アイディア溢れるインスト各曲も、全て独特な味わいが楽しめる傑作。　　小渕

Cargo　Holding On

The Album　Cargogold 1987

人気ベーシスト、ランディ・テイラーを始めとしたイギリスの腕利きが、ジャマイカのシンガー、デイヴ（"Double Barrel"で有名なデイヴ&コリンズの片割れ）と組んだ人種混成バンド、カーゴ。ブリット・ファンクとアシッド・ジャズ・ブームの狭間の時期の作品ゆえに、型にはまらないAORソウルが聴ける人気盤だ。"Holding On"は、淡々と刻まれるステッパー・ビート、メロウな歌声に絡むヴィブラフォンの音色がアクセントとなるクールな秀曲。同じくメロウでダンディな"Without You"、ボッサな"Sunshine"など全4曲、全てB面にインスト入り。　　小渕

Cheryl　Love Changed My Ways

Cheryl　Optimism Incorporated 1987

LA周辺のスムーズ・ジャズ、ソウル人脈がバックアップした、シェリルの唯一のアルバム。"Love Changed My Ways"はシンセ・ポップ・サウンドで、弾むリズムも、女性軍のコーラス・ワークも楽しい、メロディアス＆メロウな好曲。アン・ヴォーグのドーン・ロビンソンのライター・デビュー作だったようで、彼女が書いた"So Good To See You Again"と"Talking Leaves"はいずれもスムーズな秀曲だ。イヴァン・リンス"The Island"のカヴァーなども、艶のある主役のスムーズな歌声に合っている。これもインディ作ならではの味わいが楽しい1枚。　小渕

Fafa De Belem　Doce Misterio (12inch Version)

not on album　Vogue 1987

ブラジルのシンガー、ファファ・デ・ベレンの名曲。9枚目のアルバム『Atrevida』からのシングル・カットになるが、この12インチ・ロング・ヴァージョンはドイツやフランスなどでしか発売されていないようだ。バックのアレンジが素晴らしいスロウなトラックなので、3分しかないアルバムVer.ではなくこのシングル盤で聴きたい。作曲のエリック・ブリングは、岩崎宏美のLA録音盤『I Won't Break Your Heart』全体の作曲や、ピンク・レディのUSデビュー・シングルで「愛しのルネ（Walk Away Renee）」のディスコ・アレンジなどを手がけた。　Pigeon

Hindsight　Lowdown

Days Like This　Circa 1987

"Walking Into Sunshine"のヒットで知られるブリット・ファンク期の人気バンド、セントラル・ラインのメンバーだったカメール・ハインズとヘンリー・デフォーが新たに組んだハインドサイトの唯一作。"Lowdown"はご存知ボズ・スキャッグスの名曲で、ドラムは生と打ち込みを混ぜたり実験的だが、スムーズ＆メロウなつくりはさすがの人気カヴァーだ。クールなブギー"Stand Up"や、コモドアーズ"Nightshift"路線の"Heaven's Just A Breath Away"なども、イギリス産ならではのきめ細かい、メロウなつくりが独特で、いままた楽しみたい。　小渕

Leo Basel　Quelle Drole De Vie

not on album　Diamant 1987

知る人ぞ知るフレンチAORの名曲。パリ出身のシンガー・ソングライターがインディ・レーベルからリリースしたデビュー・シングルだが、流麗なメロディ・センスとジャズ由来の知的な和声感覚は、すでに完璧な域に達している。ジョージ・ベンソンばりのギターからシャカタクを思わせるクリスタルなピアノへ繋げるソロ・パートも、フュージョン・シーンのトップ・ミュージシャンのような技術を持っており、恍惚として聴き入る。翌88年に2ndシングル、92年に唯一のフル・アルバムがあり、この曲は長尺の12インチ・ヴァージョンも存在。　福田

Millie Scott　Ev'ry Little Bit

Love Me Right　4th & Broadway 1987

60年代からグローリーズ、クワイエット・エレガンス、ホット・シティ、カット・グラスなどとさまざまなグループを渡り歩き、時代のソウルを歌ってきた女傑、ミリー・スコット。初のソロ・アルバムは、ソウル界のヴェテラン・ギタリストながらこの頃はシンセ・サウンドの名人となっていたブルース・ナザリアンらと組んで、やはり時代のサウンドに挑んだ力作。ソウルIIソウルより1年早くグラウンド・ビートを聴かせた"Ev'ry Little Bit"は見事、メロウ・ジャムの定番人気曲に。同路線の"Let's Talk It Over"、スロウ・ジャム"Don't Take Your Love"もいい。　小渕

Regina Belle　Please Be Mine

All By Myself　Columbia 1987

ディズニー映画『アラジン』のテーマ"A Whole New World"がヒットし過ぎてバラード・シンガーと思われているようなレジーナ・ベルだが、彼女はクールなシティ・ソウルも多く歌っていた。この1stアルバム中の"Please Be Mine"は、ジャジーなメロウ・ジャムの定番人気曲。主張するシンセ・ベースが絶妙なグルーヴを生む秀曲だ。都会の夜を駆け抜ける"You Got The Love"なども、アニタ・ベイカーのようなかっこいい歌で魅了する。同様のつくりの、2年後の次作『Stay With Me』にも、この時期ならではのシティ・ソウルな好曲あり。　小渕

Taja Sevelle　Love Is Contagious

Taja Sevelle　Paisley Park 1987

ミネアポリス生まれの彼女はプリンスと意気投合し、彼の『Around The World In A Day』でコーラスをとった後、ペイズリー・パークからこの1stをリリース。プリンスが贈った"Wouldn't You Love To Love Me?"はメロディが非凡なポップ・ファンクで一聴の価値あり。ただここでのいち推しは、小ヒットした"Love Is Contagious"。彼女自身が書き、打ち込んだ、いまのアンビエントR&Bに通じるフワフワとした秀曲だ。この頃のシンセ・サウンドと、10年代以降のサウンドは直接的に繋がっていることがよくわかる曲。他の曲もおもしろく聴ける。　小渕

Billy Bruner　The T-U-L-S-A Song

Billy Bruner　Athens Of The North 1988 (2020)

テキサスの北、オクラホマ州はタルサにてダーウィンズ・セオリー、JOB・バンドといったソウル／ファンク・バンドを率いて活躍してきたローカルの大物、ビリー・ブルーナー。これは当時残した2枚のシングルをもとに、未発表曲をプラスして2020年に編まれたレア音源集。"The T-U-L-S-A Song"は、スムーズな打ち込みビートのメロウ・フローターで、地元レペゼンな歌詞も含めてこの種のギャングスタ・ラップの雛形になった名曲。他のシンセ・ブギー数曲も、TSpoon名義でのスウィート・ソウルもローカル作品らしい魅力に溢れていて、大推薦。　小渕

Christina Vierra　You Can Float In My Boat

Christina Vierra　Warner Bros. 1988

いまはルーツであるブルースを歌っているというクリスティーナ・ヴィエラ。LAでバック・シンガーとして名を上げ出した、これは唯一のアルバム。78年のセルフ・タイトル・アルバム（別枠掲載）が人気のブライアン・エリオットがプロデュースした興味深い1枚だ。小ヒットした"You Can Float In My Boat"は、凝ったメロディを少しラテン・リズムの入ったフワフワなシンセ・サウンドに乗せた、例えば2016年のKing作に直接影響を与えたようなマジカル・ポップ。モータウン・サウンドを88年仕様にした"Jamie"などもシャレている。　　　　小渕

Club Nouveau　Only The Strong Survive

Listen To The Message　Warner Bros. 1988

ニュー・ジャック・スウィングを先取りした86年の"Rumors"で知られるタイメックス・ソーシャル・クラブの解散後、中心人物であるジェイ・キングが新たに結成したR&Bグループ。"Lean On Me"カヴァーの大ヒットで一発屋と目されることもあるが、80sエレクトロと90sR&Bを繋ぐ興味深い録音を多数残している。本曲は数年後のジャネット・ジャクソンを思わせるモノローグで幕をあける、絶品のミディアム・スロウ。繊細なギター・カッティングには不釣り合いにも思える野太いスネアが、特有の忘れがたい味わいを添えている。　　　　TOMC

Easy Pieces　Separate Shores

Easy Pieces　A&M 1988

82年にアヴェレイジ・ホワイト・バンドを解散したヘイミッシュ・スチュワートとスティーヴ・フェローニのふたりに、フェローニとの共演も多い名セッション・ベーシストのアンソニー・ジャクソンと、豪出身シンガーのレネ・ゲイヤーを加えた4人組プロジェクト。この唯一作は、生演奏と打ち込みを自在に使い分けたファンク・サウンドが持ち味で、"Separate Shores"ではヘイミッシュの温かみのある歌心にウットリ。よりデジタルな音のブギー"Daddy's Girl"や、色っぽいスロウ"Tuggin' At My Heartstrings"も美味しい。　　　　福田

Jean Carn　Heartache

You're a Part of Me　Omni 1988

フィラデルフィア・インターナショナル〜モータウン〜アトランティックなど名門レーベルを渡り歩き、その折々で有名プロデューサー陣との作品を残したジョージア州出身のジャズ／R&Bシンガーのキャリア後期の名盤。同時代のアニタ・ベイカーに近いとも言える、しっとりとしたバック・トラックの上で5オクターヴの歌声が自在に飛翔する素晴らしいクワイエット・ストーム作品に仕上がっている。本曲は本人の他グローヴァー・ワシントンJr.ら5人の共同プロデュースによる、非の打ちどころがないパーカッシヴなミディアム・スロウ。　　　　TOMC

Magic Lady　Betcha Can't Lose

Magic Lady　Motown 1988

70〜90年代にヒットを量産したデトロイトのヒット・メイカー、マイケル・ストークス。奥様であるリンダが組んでいた女性3人組、マジック・レディの3作はもちろんマイケルが全面プロデュース。80、82年の前2作もいいが、ロビー・ブキャナンも呼んでシンセ・サウンドのシティ・ソウルを全編で聴かせたこの最終作を推したい。ルーサー・ヴァンドロス"Never Too Much"オマージュで人気のダンサー"Betcha Can't Lose"を始め、歌謡ブギーな"Summer Love"や、ベイビーフェイス節を早くも聴かせるメロウ歌謡"Yes I'm Ready"など好曲揃い。　小渕

Thomas Dolby　Budapest By Blimp

Aliens Ate My Buick　EMI-Manhattan 1988

圧倒的に高品質なデジタル・サウンドを武器に台頭、ジョージ・クリントンや坂本龍一と共演し、フーディーニなどエレクトロ・ヒップホップまで手がけた天才、トーマス・ドルビー。淡々とビートが刻まれる中、静かなスラップ・ベースが要所でグルーヴを引き締める"Budapest By Blimp"は、彼独自のスロウ・ブギーと言えるだろうか。8分間の中で多くのドラマが聴けるイマジネイティヴな人気曲で、バレアリックDJ界隈でも人気が再燃している。プラスチック・ファンクな"Airhead"なども、いままた聴くと発見のある奥深い1枚。　小渕

Tom Grose & The Varsity　More Of You

She Wants Your Money　Neo 1988

CCM界隈でセッション活動をしていた鍵盤奏者トム・グロースによる、グループ名義の88年作。知名度はいまひとつだが、ファンキーなブギーからメロウなAORまでヴァラエティに富んだ好盤で、"More Of You"は、生音と打ち込みのバランスが取れた甘酸っぱいミディアム。より疾走感のある"Helpless"も素晴らしく、80年代らしいバブリーなサウンドがポジティヴなものとして捉えられるようになった現在の耳で、改めて評価したいアルバムだ。この2曲は85年のEPにも入っており、アナログならそちらの方が入手しやすいかも。　福田

Tracie Spencer　Hide And Seek

Tracie Spencer　Capitol 1988

12歳でキャピトルと契約、2000年代以降もカニエ・ウェストや50セントらトップ・ラッパーの作品に客演するなど長いキャリアを持つアイオワ州出身シンガー・ソングライターの1st。ニュー・ジャック・スウィングから意表を突くジョン・レノン"Imagine"のカヴァーまで、多彩な楽曲が並ぶ中、聴きどころは数曲配されたリバーブたっぷりのスロウ・ジャム。本曲は要所のコーラスがバレアリックな趣も感じさせる、80sと90sを繋ぐ魔法のようなアレンジが聴ける。ハーフ／倍テンポを行き来するリズムが小粋なAOR調の"In My Dream"も◎。　TOMC

Chris Jasper　Margie

Time Bomb　Gold City 1989

前巻掲載のアイズリー・ジャスパー・アイズリー"Insatiable Woman"は、竹内まりやさん「Oh No, Oh Yes!」で参照された。山下達郎さんが常々言及しているように、アイズリー・ブラザーズの音楽面の要だったと言えるほど、キーボーディストのクリス・ジャスパーの存在は大きい。特に"Between The Sheets"で極まった、TR-808サウンドも活かした打ち込みメロウ・ジャムはシティ・ソウルの定番の型のひとつだが、クリスはそのマエストロだ。自身でヴォーカルもとったソロ・アルバムも、あらためて聴き直したい好曲の宝庫。この2nd中の"Margie"は、89年という年にあってその先の、ネオ・ソウルの時代まで見据えていたかのような、打ち込みと生演奏を合わせたサウンドのメロウ・ジャム名曲。同路線の"The First Time"や、スウィング・ビートの"It's Workin'"なども絶品だ。87年の前作『Superbad』と合わせていまもう一度、楽しみたい。　　　　小渕

①The First Time　②Hit On You　③In Your Face　④Margie　⑤It's Workin'　⑥Time Bomb　⑦Sanctified You

Dan Hill　What Do You Want

Real Love　Columbia 1989

70年代からコンスタントにソロ作を発表し、"Sometimes When We Touch（ふれあい）"のヒットで知られるカナダ出身のSSW、ダン・ヒル。同郷のセリーヌ・ディオンとのデュエット"Wishful Thinking"が話題に上ることも多い89年作から、クリス・レアあたりを彷彿とさせる哀愁が漂う、男泣きAOR "What Do You Want"をイチオシに。彼は人間味溢れるフォーキーなバラードを得意とするイメージが強いが、この曲で見せるソウル・フィーリングも魅力的。そのバランス感覚は、混血であるという彼のアイデンティティともリンクする。　　　福田

Harry Case　Ride 'Em Off

In A Mood　Ichiban 1989

アトランタの精鋭が集ったスティーヴォ（別枠掲載）での活動を経て、SSWでマルチ・プレイヤーのハリー・ケイスが、ほぼひとりで全てを担ったソロ作の第2弾。シンセを駆使した、アイランド・フレイヴァーの漂うバレアリックなフュージョン・ソウル作品。ウォリー・バダロウの『Echoes』や、佐藤博氏の『Awakening』が好きな人は特に楽しめるだろう傑作だ。爽快なブリージン・ブギーながら、YMOよろしく馬の蹄の音などもコラージュされた"Ride 'Em Off"に始まる全10曲。クールに熱い"Midnight Samba"なども最高に心地いい。　　　小渕

Joe Sample　U Turn

Spellbound　Warner Bros. 1989

クルセイダーズのピアニスト、ジョー・サンプルが、トミー・リピューマのプロデュースで発表した89年作から、テイク6とのコラボ曲"U Turn"を推薦。トラック・メイクはジョー側、ヴォーカル・アレンジはテイク6側がそれぞれ主導しているが、それらがお互いの良さを損わずにブレンドされ、見事なフュージョン・ソウルに織り上げられた。ジョーの強い打鍵力が生み出すクリスタルなピアノの響きも堪らない。このアルバムにはアル・ジャロウや、マイケル・フランクスが歌っている曲もあり、特にAORファンにもおすすめの内容だ。　　　福田

Koinonia　We Know The Way by Heart

Koinonia　Royal Music 1989

エイブ・ラボリエルを中心に、アンドレ・クラウチ周辺のゴスペル作品で活躍するセッション・ミュージシャンによって結成されたフュージョン・バンド、コイノニア。ラスト・アルバムとなったこの89年作では、後にシカゴに加入する鍵盤奏者／シンガー、ルー・パーディニが新たにメンバーとなり、彼の書いた爽やかなヴォーカル・ナンバーがひときわ輝いている。"We Know The Way By Heart"は切ないハイ・トーンと透明感のあるサウンドが、どこまでもロマンティック。これが気に入った方は、ルーが90年代に残した2枚のソロ作も要チェック。　　福田

4am　Passion

4am　Flow 1990

他には作品リリースのないイギリスの音楽好きふたりが自主制作で出した唯一作だが、シンセAORブギー～エレクトロ・フュージョンの傑作と言える1枚だ。2019年に再発され話題に。シンコペイト・リズムもかっこいい、スムーズ＆メロウな"Passion"を始め、メロディ～曲づくりもうまく、ポップス、エレクトロからディスコ～ハウスまでも取り入れたサウンド、ビートづくりも大胆にして繊細で魅力的。強いエレクトロ・ビートに柔らかなメロディと歌声を乗せた"Trouble And Pain"などもいい。新作と言っても通じるような普遍的魅力がある。　　小渕

Paul Jackson, Jr.　This Love's On Me

Out Of The Shadows　Atlantic 1990

千を超えるセッションに参加してきたLAのファースト・コール・ギタリスト、ポール・ジャクソンJr.彼が90年にアトランティックから発表した2枚目のソロ作は、80年代のフュージョン／スムーズ・ジャズと、90年代のR&B／ニュー・ジャック・スウィングの要素が入り混じった、時代の変わり目らしいサウンドが非常におもしろい。"This Love's On Me"はティム・オーウェンズをヴォーカルに迎えたメロウなシティ・ソウル。本作のコンセプトを示す直球タイトルの"The New Jazz Swing"もクールだ。CDにはLP未収のインストが1曲追加されている。　　福田

Prefab Sprout　All The World Loves Lovers

Jordan: The Comeback　Kitchenware 1990

映画音楽やミュージカルをルーツに持つパディ・マクアルーン率いるUKバンドの最高傑作と称される5th。サンバや賛美歌、ボレロ調など多彩なアレンジを楽しめる、ビートルズの『White Album』的大作である一方、比較的シンプルな鍵盤主体のソフィスティ・ポップである本曲や"Wild Horses"などを聴くと、パディのタイムレスな作曲センスはもちろん、シンプルなリズム・パターンでも強いグルーヴを生み出せるニール・コンティのドラムの貢献度も再認識できる。音響の魔術師トーマス・ドルビーによる美しいサウンド・デザインにも要注目。　TOMC

Ricky Peterson　Livin' It Up

Night Watch　Warner Bros. 1990

プリンス作品への参加でも知られる鍵盤奏者リッキー・ピーターソンが、ビル・ラバウンティのAOR名曲をスタイリッシュにカヴァー。原曲のキーや大まかなアレンジは踏襲しながらも、音色やコーラス・アレンジでスムーズ・ジャズ的な爽やかさを表現している。この曲はピーター・ブリングルやスリー・ドッグ・ナイトらによるものなど多数のカヴァーが存在するが、センスの良さは本ヴァージョンが一番。アルバム中では同じくビルの曲である"Look Who's Lonely Now"や、ベイジズのナンバーも取り上げており、インスト曲も充実。　福田

The Winans　Everyday The Same

Return　Qwest 1990

ゴスペル・レーベルからクインシー・ジョーンズのレーベルに移籍し、メジャー・シーンに羽ばたいたファミリー・グループ、ワイナンズの移籍後3作目となるスタジオ・アルバム。ここではマイケル・J・パウエルが4曲、テディ・ライリーが3曲をプロデュースしており、クワイエット・ストームとニュー・ジャック・スウィングの最重要人物が豪華揃い踏み。"Everyday The Same"はマイケル制作のジャジーなミディアムで、ハーモニカ・ソロはスティーヴィ・ワンダー。これを聴いた後は、雰囲気の近いスティーヴィの"Fun Day"をプレイしたくなる。　福田

Yutaka　(If I Only Have) One Chance

Brazasia　GRP 1990

NOVOのメンバーとしてキャリアをスタートさせ、その後セルジオ・メンデスを追いかけて渡米したキーボーディスト／琴奏者、横倉裕の3rdアルバム。本作のタイトル通り、ブラジルと和のエッセンスを融合させ、フュージョン・サウンドに仕立てた音楽性は唯一無二。"(If I Only Have) One Chance"は、琴とヤマハDX7の音色が生み出す耽美的な世界観に引き込まれ、気づけば何度もリピートしてしまう。シーウィンドのポーリン・ウィルソンとデュエットした表題曲も、よりブラジル色が強い人気ナンバー。LPはスイス盤オンリーで探しにくい。　福田

Bill LaBounty　Mr. O

The Right Direction　<small>La Califusa 1991</small>

AOR屈指の名盤である前作を82年に発表後は、裏方に専念していたビル・ラバウンティ。約9年ぶりとなった本作は、ディケイドを跨いだことで、サウンドが90年代らしいシャープなものに変化、曲調もよりファンキーに。"Mr. O"はビルと、共同プロデュースのロビー・デュプリーにジェイ・グレイドンを加えた3人の共作で、家が近所で親交の深いラリー・カールトンがギター・ソロを入れている。よりアグレッシヴな"Good Life"、大人の渋味が滲む表題曲など粒揃い。ジョン・ロビンソン&ニール・スチューベンハウスによるリズム隊も引き締まっている。　　福田

Phil Perry　Forever

The Heart Of The Man　<small>Capitol 1991</small>

ソウル・ファンにはペリー&サンリンのメンバーとして、フュージョン／AORファンにはリー・リトナー周辺でのセッション活動で知られる、ハイ・トーンのミックス・ヴォイスが武器のシンガー。この1stソロは、スタジオ仕事で築いた人脈を活かした豪華演奏陣によるプレイと、時代に合った打ち込みを程よくブレンドした丁寧な造り。"Forever"はブレンダ・ラッセルの作曲／プロデュースで、彼女らしい都会的なトラックがフィルの声によく馴染んでいる。R&Bチャートで1位に輝いたアリサ・フランクリンのカヴァー"Call Me"も感涙もののバラード。　　福田

Tom Scott　Only A Heartbeat Away

Keep This Love Alive　<small>GRP 1991</small>

LA・エクスプレスや数多くのセッション活動で知られるサックス奏者、トム・スコットがGRPから発表した91年作。フュージョン・ファンにはヴォーカルの上手さも有名なベーシスト、ウィル・リーを迎えたこの曲は、クールなコード・チェンジとファンキーなリズムが魅力的。元々はマイケル・マクドナルドに歌ってもらう予定だったが、作詞を手がけたランディ・グッドラムの提案でウィルがマイクを持ったとか。他の収録曲もビル・チャンプリンとブレンダ・ラッセルのデュエット、デイヴィッド・パック作のタイトル曲など、絶品AORナンバーが満載。　　福田

Kevyn Lettau　Your Smile

Kevyn Lettau　<small>Nova 1991</small>

ケヴィン・レトーの音楽はコンテンポラリー・ジャズか、ブラジリアンかAORかそれともポップスか？　どのジャンルにもあてはまる柔軟な歌声の持ち主であるケヴィンは、稀有な存在のシンガーである。ドリ・カイミ、セルジオ・メンデス、横倉裕ら豪華ミュージシャンが参加しているこの1stは、そのさまざまなジャンルを取り入れたまさにクロスオーヴァーな傑作。滑らかに流れる横倉裕の琴と重なり合う、ケヴィンのまろやかな歌声がただただ美しい"Your Smile"が至宝。この心地よさにいつまでも身を委ねていたい。　　エミ

Part 4

1992 - 2014

ヒップホップと、EDMの時代のシティ・ソウル

ヒップホップの人気が爆発したのは、Dr. ドレー
が『The Chronic』を大ヒットさせ、フツーの
人々にも聴かれるようになった1992年から。す
ると歌モノの主流もヒップホップ・ソウルとな
り、スタイルは変えつつもその時代は、代わっ
てEDMが天下を取る2010年頃まで続きました。
もちろんこの時代にもシティ・ソウルとして振
り返りたい作品は多くあります。ただ、いまの
シティ・ソウルとリンクするのは70〜80年代
の音楽であり、この時代の作品の詳細な振り返
りはまたの機会にすることといたしましょう。

City Pop, City Soul In Japan 1992-2014

この時代、日本のシティ・ポップは…

SUNNY DAY SERVICE

MUGEN

サニーデイ・サービス
MUGEN
(Midi) 99

キリンジ
3
(A.K.A.) 00

GREAT3
When You Were A Beauty
(Bodicious) 02

Crazy Ken Band
Brown Metallic
(Substance) 04

流線形
TOKYO SNIPER
(Happiness) 06

土岐麻子
Talkin'
(rhythm zone) 07

七尾旅人 × やけのはら
Rollin' Rollin'
(felicity) 09

Dorian
Melodies Memories
(felicity) 10

Luvraw & BTB
ヨコハマ・シティ・ブリーズ
(Pan Pacific Playa) 10

坂本慎太郎
幻とのつきあい方
(zelone) 11

一十三十一
CITY DIVE
(Billboard) 12

Lamp
ゆめ
(Polystar) 14

欧米のそれと同時に、国内の古典からの影響を表した作品が増えたこの時代。それは自身のルーツの再考を促すヒップホップの台頭も影響していた。そうして、海外におけるAOR～ヨット・ロック・ブームとも呼応する形で、70～80年代のシティ・ポップを受け継ぎ発展させた、いまの時代のシティ・ソウル作品が次々に生まれるようになる。新たな若い才能の台頭も数多く見られるように。　　　　　　　　　　　　小渕

Nelson Rangell Someday

In Every Moment GRP 1992

フュージョン系の大御所とのギグや、デオダートのサポートなどで80年代中頃から頭角を現し、87年にデビューしたスムーズ・ジャズ系マルチ・リード奏者、ネルソン・ランジェル。GRPからリリースした彼の4枚目にあたる本作は、リッピントンズのラス・フリーマンがプロデュースを手がけ、ラグジュアリーな音に仕上がった。"Someday"はシリータ・ライトとコラボしたヴィヴィッドなヴォーカル・ナンバー。デイヴィッド・サンボーンの後継とも評されたネルソンのサックスのトーンも、好きな人には堪らないもののはず。　　　　　　福田

Dee C Lee Things Will Be Sweeter

Things Will Be Sweeter Cleartone 1994

ワム！のバック・ヴォーカル、スタイル・カウンシルのメンバーとして活躍し、ポール・ウェラーの元奥様としても知られるディー・C・リーのソロ2nd。ジャジーで洗練されたメロウ・ソウルがふんだんに散りばめられた良作だ。中でもシングル・カットされたタイトル曲は、DJミックスにもよく使われる、90年代UKソウルを語る上で外せない名曲である。ディー・C・リーの歌声とピアノが心地よく交わるこのサウンドは洗練の極み。ちなみに彼女とポール・ウェラーのご子息ナット・ウェラーは2014年に日本で歌手デビューしている。　　　　　　エミ

Level 42 Romance

Forever Now RCA 1994

英国のジャズ・ファンク・バンドではシャカタクと比肩する人気を集めるレヴェル42。オリジナル期最後のスタジオ・アルバムとなった本作は、米国でもチャートに顔を出していた80年代の諸作品を上回るソウル／ファンク指数を誇るトラックがいくつか。"Romance"は、リーダーのマーク・キングによる濃密なベース・ラインが魅惑的で、準メンバー格の鍵盤奏者ウォリー・バダロウ（別枠掲載）のサウンド面での貢献も大きい。ゴキゲンなタイトル・ナンバー "Forever Now"の作者には、デュークス（前巻掲載）のフランク・マスカーの名も。　　　　　　福田

Esperanto Glad That You Were Mine

Esperanto Soul Jazz 1995

90年代のアシッド・ジャズ全盛期にリリースされたUKの4人組グループ、エスペラントの唯一のアルバム。ロウ・スタイラスのドナ・ガーディアーや90年代UKソウルのニュー・カマー、ドニーなどを起用。曲によってヴォーカルが違う、まるでコンピレーション・アルバムのような豪華な1枚。特にフリー・ソウル系で人気の高いドン・ブラックマンをヴォーカルに展開するメロウ・グルーヴ"Glad That You Were Mine"は格別。ウェルドン・アーヴィン"I Love You"と同じく後世に残していきたいドン・ブラックマン客演の名曲だ。　　　　　　エミ

Spyro Gyra　Fine Time To Explain

Love & Other Obsessions　GRP 1995

79年の「モーニング・ダンス」のヒットで知られ、現在までに20枚以上のアルバムを発表している大御所フュージョン・グループ、スパイロ・ジャイラの95年作。ホーン・セクションの一員としてバンドを支えるテナー奏者、スコット・クライツァー作の"Fine Time To Explain"は、情熱的でロマンティックなヴォーカル・ナンバーだ。転調とともにサックス・ソロが始まる瞬間の高揚感は、宇宙から帰還するロケットが大気圏に突入するときのように劇的で美しい。こういう出会いがあるから、フュージョン・アルバムの歌もの探求はやめられないのだ。　　福田

Ambersunshower　Walter T.

Walter T. Smith　Gee Street 1996

NYで、女優の母のもと育ったSSW、アンバーサンシャワー。沼田充司氏と組んだグルーヴ・ガーデンでの活動を経てリリースした1stアルバム。さまざまな新進ビート・メイカーがつくるビート上で、時にシアトリカルなヴォーカルを聴かせるオルタナティヴなヒップホップ・ソウル／ネオ・ソウル作品で、"Walter T."が小ヒット。アンビエント色の強いこの曲のトラックは、エンヤを始めとした欧州のアダルトなポップスや、はたまたレゲエ～ダブからの影響も感じるものだが、いまのアンビエントR&Bに繋がるもの。いま聴き直すと発見のある1枚だ。　　小渕

Earth, Wind & Fire　Round And Round

Avatar　Avex Trax 1996

96年に自主レーベル、カリンバ・レコードで制作され、日本で先行発売されたEW&Fの活動再開後4枚目のスタジオ・アルバム。海外では『In The Name Of Love』と改題されて翌年にリリースされた。内容はファンク／ディスコではなく、アダルト・コンテンポラリー色が濃厚で、ハデさはないもののじっくり聴かせるミディアム～バラードの完成度が高い。ここではジェリー・ヘイのホーン・アレンジが見事な"Round And Round"をリコメンド。ブレンダ・ラッセルが作曲に絡んだ"Change Your Mind"もシティ・ソウル的。　　福田

Lou Pardini　Some Things Never Change

Live And Let Live　Victor 1996

80年代にはコイノニアに在籍し、09年にはシカゴに加入したルー・パーディニが日本企画で制作した1stソロ。冒頭を飾るこの曲では、切ないハイトーン・ヴォイスと、ポップス、ソウル、ジャズをバランスよく取り入れた作編曲のセンスに降参。後半にさりげなく配されたスキャットやピアノのトリッキーなプレイも聴きどころだ。スモーキー・ロビンソンに書いた"Just To See Her"の自演版など、作品を通して甘酸っぱい都会派ブルー・アイド・ソウルが満載。後発の米盤ではアルバム・タイトルが『Night To Remember』と変更されている。　　福田

Valerie Carter　That's The Way Of The World

The Way It Is　Canyon International 1996

"Ooh Child"や"Da Doo Rendezvous"のカヴァーが人気の、77、78
年の1st、2ndが愛され続けるヴァレリー・カーター。2ndはEW&Fと
も関わりがあったが、この18年ぶりの3rdアルバムの日本盤では彼らの
"That's The Way Of The World"をカヴァー。シカゴのステッパー・
リズムを世界中に広めたこの曲は、シティ・ソウルの歴史における超重
要曲だが、この時代の西海岸ロックの腕利きたちがアコースティックな
サウンドで原曲に忠実に演奏し、その上で昔と変わらぬキュートながら
芯のある魅惑的な歌声を聴かせた見事な名カヴァーだった。　　　小渕

Jason Scheff　Stolen Years

Chauncy　Shemps 1997

AOR系ロック・バンド、キーン(・ブラザーズ)のメンバーとしてキャ
リアをスタートさせ、85年から16年までシカゴに在籍したベーシスト
／シンガーの1stソロ作は、90年代AORの数少ない名作として根強い
人気を誇っている。シカゴでの彼よりも知的でブルー・アイド・ソウル
色の濃い内容で、"Stolen Years"は前面に出たベースの演奏もグルー
ヴィ。シカゴからはビル・チャンプリンが参加しており、キーンのトム
とジョン兄弟、TOTOのボビー・キンボールの名前も。タイトルとジャ
ケットは彼の亡くなった愛犬に捧げたもの。　　　　　　　　　福田

Joyce Cooling　Say You Will

Playing It Cool　Heads Up International 1997

女性スムーズ・ジャズ系ギタリスト、ジョイス・クーリングの2ndに
してメジャー・デビュー・アルバム。ジョイスといえばレアグルーヴな
"It's You"収録のインディ作である1st『Cameo』が人気だが、他のア
ルバムも負けず劣らずで、洗練された上質のスムーズ・ジャズを聴かせ
てくれる。"Say You Will"でのスキャットは女性ならではのしなやか
な美声で、同じ系統の先輩ジョージ・ベンソンとはまた違った味わいと
魅力がある。後に彼女の活動がトミー・リピューマの目にとまり、フュー
ジョン名門GRPからもアルバムをリリース。　　　　　　　　エミ

Les Nubians　Makeda

Princesses Nubiennes　Virgin 1998

フランスの姉妹デュオ、レ・ニュビアンは、この1stがグラミーにノミネー
トされるなど、仏語で歌うアクトとしてアメリカで最も成功した。クー
ルに歌われる、時にラップされる哲学的なまでのリリックは知的好奇心
をくすぐり、ジャジーなトラックは当時のネオ・ソウルの流行りとリン
ク。休止期間にあったシャーデーの不在を埋める存在としてもてはやさ
れた感もあった。というのも、ヒットした"Makeda"の次にウケたのは
そのシャーデー "The Sweetest Taboo"のカヴァーである"Tabou"
だったから。シャーデー人気はこの頃にはもう絶大だった。　　小渕

Hamish Stuart　Midnight Rush

Sooner Or Later　Sulphuric 1999

アヴェレイジ・ホワイト・バンドのヴォーカリスト／ギタリストだった
ヘイミッシュ・ステュアートが、82年のバンド解散後、作家活動やイー
ジー・ピーセズ（別枠掲載）、ポール・マッカートニーのサポートなど
を経て発表した初のソロ作。"Midnight Rush"はインコグニートのブ
ルーイらとの共作で、アシッド・ジャズ界隈の演奏陣によるスタイリッ
シュな生音が心地よいブルー・アイド・ソウル。この曲はアナログの7
インチ・シングルも出ているが、そちらはよりフロア・ユースな4つ打
ちにリ・エディットされている。　　　　　　　　　　　　　福田

Paradise Code　Easy To Love

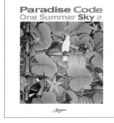

One Summer Sky　Marina 2000

インコグニートなどを手がけたリチャード・ブルらによるプロジェクト、
パラダイス・コードのデビュー作。夏のリゾート感あふれる1枚。当時ワー
クシャイ、バーシア、マット・ビアンコなど"お洒落な洋楽"を聴いて
いたリスナー達が待ってましたと言わんばかりのツボを突く曲満載で、
"お洒落"のひと言に尽きる。ワークシャイのクリスタ・ジョーンズが
ヴォーカルの"Easy To Love"を聴きながら夏の海辺をドライブした
い。ワークシャイの片割れ、マイケル・マクダーモットの歌う"Down
In Brazil"のカヴァーもお洒落の極み。　　　　　　　　　　エミ

Greg Mathieson　Love Will Take You

West Coast Groove　LMNOP 2004

70年代からフュージョンやポップス分野で活躍し、ジェフ・ポーカロの
名演を収録したライヴ盤『Baked Potato Super Live!』でも知られる鍵
盤奏者／作編曲家、グレッグ・マティソン。本作はヴィニー・カリウタ、
エイブ・ラボリエル、マイケル・ランドウら気心知れたLAのセッション・
ミュージシャンたちとつくったソロ・アルバムだ。インストを基調にビ
ル・チャンプリンを2曲でヴォーカルにフィーチャーしており、そのひ
とつ"Love Will Take You"は、複雑なコードを鳴らすキーボードと、
それを覆うビルの多重録音コーラスの響きが病みつきになる。　福田

Norman Brown　Angel

West Coast Coolin'　Warner Bros. 2004

ウェス・モンゴメリー、ジョージ・ベンソンの流れを汲むスムーズ・ジャ
ズ系ギタリスト、ノーマン・ブラウン。92年にモータウン傘下のモ・ジャ
ズ・レーベルよりデビュー以降、コンスタントにスムーズ＆メロウな作
品を出し続けている。ギターとスキャットはジョージ・ベンソンによく
似ているが、ヴォーカルはR&B色強めの艶のある歌声で、よりアーバン・
ソウルな雰囲気を醸し出している。そんな彼のヴォーカルが存分に堪能
できる"Angel"が秀逸。スムーズ・ジャズとR&Bの良いとこ取りのサ
ウンドが大人の上質な時間を演出してくれる。　　　　　　　エミ

Chaka Khan　You Belong To Me

Funk This　Burgundy 2007

圧倒的歌唱力で知られるイリノイ州出身シンガーの、オリジナル・アルバムとしては前作から9年ぶり、復帰作となった11th。本曲は同作からの2ndシングルであり、カーリー・サイモンとマイケル・マクドナルドが共作した70年代ヒット・チューンのカヴァー。AORの象徴たるマイケル本人を招き、ビッグ・ジム・ライトprod.の太いビートの上で原曲に忠実にまとめている。言うなれば往年の超名曲"What Cha' Gonna Do for Me"の再現といった印象で、ジャズ・チャート18位と手堅い数字を記録。もっと光が当たるべき名演。　　　　　TOMC

Gerald Levert　DJ Don't

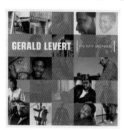

In My Song　Atlantic 2007

オージェイズの創設者／リード・シンガーであるエディ・リヴァートの息子、ジェラルド。弟ショーン、マーク・ゴードンと結成したR&Bグループ、リヴァートで80〜90年代にかけてヒット曲を送り出していた彼が、2006年に心臓発作により40歳の若さで亡くなる直前に制作していた楽曲だ。スヌープ・ドッグ"Ain't No Fun"激似の高音シンセ・メロに思わずニヤリなウィークエンド・ジャム"DJ Don't"は、早過ぎた80sブギー回帰トラックとしても再評価されている隠れ名曲。当時一世を風靡していたR・ケリーの影響も色濃く感じる。　　　　　能登谷

Nightshift　Blame It On The Music

Full Moon　Somekind 2007

LAで音楽を学んだフランス人で、西海岸ロックをベースに持つガエル・ベンヤミンが、メイン・プロジェクトのGeysterとは別に組んだユニット、ナイトシフトの唯一作。"Blame It On The Music"は、まさに流れるようなグルーヴで爽快にトバす、ドライヴィングAORの秀曲。いわばスティーリー・ダン的なジャジー・グルーヴの"You're Free"や、技巧的なソングライトが楽しいシャレたミッド"Cool Wind"などもシティ・ソウルな好曲だ。他はフォーキーまたはカントリーだったりするが、早かったAORリヴァイヴァル作として記憶に残る。　　　　　小渕

James Pants　I Choose You

Welcome　Stones Throw 2008

ストーンズ・スロウでインターンをしながら音源制作をしていたというテキサス出身のDJ／マルチ・インストゥルメンタリストによるデビュー・アルバム。2008年当時としては余りにも早すぎた宅録ブギー・ファンク・トラック"I Choose You"は、先入観なしで聴いて欲しい傑作。このアルバムとデイム・ファンクの1stはその後の音楽シーンの80sファンク再評価に大きく貢献していると言って過言ではないだろう。以降、ジェイムズ・パンツ自身は、よりエクスペリメンタルでサイケデリックなサウンド志向を突き進めていくことになる。　　　　　能登谷

Nicolay　Lose Your Way

City Lights Volume 2: Shibuya　Foreign Exchange Music 2009

フォンテと組むフォーリン・エクスチェンジでブレイクしたオランダの
ビート・メイカー、ニコレイ。最初からヒップホップに止まらなかった
彼の志向はシティ感の強いクロスオーヴァーなビートへと向かい、渋谷
～原宿の街をテーマにしたこのアルバムで華開いた。冒頭に置かれた
"Lose Your Way"は女性Vo.が歌う、後ノリのシンコペイト・ビート、
ストリングス・シンセの響きが耳に心地いいメロウ・グルーヴの秀曲。そ
こから、例えば鳥山雄司氏が聴かせたようなヴィジュアルの見えるサウ
ンドでさまざまな場所を描いていく。優れたフュージョン作品だ。　小渕

Reggie B　Real Love

Get Down With Me　Inmate Sounds 2009

ドラマーの父とゴスペル・シンガーであった母のもとに生まれたレジー・
BことハワードブラッドリーBことハワード・ブラッドリーは、米国カンザス州出身のシンガー・ソ
ングライター／マルチ・インストゥルメンタリスト。2000年代後半から、
ファンク色の濃厚なR&B作品をコンスタントにリリースしているアー
ティストだ。ドリーミーなシンセの音色が堪らない極上スロウ・ジャム
"Real Love"は2009年の曲ながら、今聴いても全く色褪せない。ラファ
エル・サディークをフィーチャーした"A Few Steps Forward"も必
聴のグレイト・ファンク・トラック。　　　　　　　　　　　　能登谷

The Bird And The Bee　Kiss On My List

Interpreting The Masters Volume 1: A Tribute To Daryl Hall And John Oates　Blue Note 2010

あのリトル・フィートの中心人物だったローウェル・ジョージの娘さん、
イナラが、マルチ・プレイヤーのグレッグと組むユニットで、ホール＆
オーツの曲をカヴァーした企画アルバム。原曲に忠実に、シンセでいま
のサウンドに置き換えて、イナラのい～い歌声で名曲たちを現代的なつ
くりにして蘇らせる。全9曲、どれも曲そのものの良さを味わえるつく
りで素晴らしい。クールでかっこいい"Kiss On My List"も、いまのシ
ンセ・ポップそのままな"Private Eyes"も、とろけるほどメロウになっ
た"One On One"も、とにかくなんていい曲なんだ！　　　　　小渕

Full Crate x Mar　Aftersexin'

Conversations With Her　Metling Pot 2010

オランダはアムステルダムを拠点に活動するロシア系アメリカ人プロ
デューサー／トラック・メイカーのフル・クレイトが、男性ヴォーカリ
ストのマーとコラボレートし、ドイツの優良ヒップホップ・レーベル、
メルティング・ポット・ミュージックからリリースした12インチEP。
ソフトなフェンダーの音色と、スモーキーなベース、そしてマーのクー
ルなヴォーカルが絶妙にマッチしたレイド・バックなネオ・ソウル。フ
ル・クレイトはこの後も精力的に活動しており、良質なエレクトリック
R&Bトラックをコンスタントにリリースし続けている。　　　能登谷

Izzi Dunn　Nothing But Love

Cries & Smiles　Idunnit Music 2010

チェロ奏者として2005年にストリングス・アンサブルを結成し、ゴリ
ラズやブラー、マーク・ロンソンら錚々たるビッグネームと仕事を行っ
てきた経歴を持つUKのシンガー・ソングライター。この曲は彼女の
1stアルバムの中でも指折りのキラーチューン。趣向を凝らしたストリ
ングス・アレンジがリサ・スタンスフィールドなど正統派UKソウルの
先人たちを連想させる、ミディアム・ポップの名曲だ。他にも、当時ポッ
プ・フィールドでも隆盛を極めていたダブステップをうまく取り入れた
"Tits And Ass"を始め、佳曲が揃った良盤。　　　　　　　　　TOMC

Kings Go Forth　High On Your Love

The Outsiders Are Back　Luaka Bop 2010

現在は廃業となったウィスコンシン州ミルウォーキーのリイシュー・
レーベル、Lotus Landのオウナー、アンディ・ノーブルによって結成
された10人組ソウル・バンドが2010年にリリースした唯一作。アップ
テンポのファンク・トラック群も素晴らしいのだが、ここでイチ押しし
たいのはスウィート・ソウル"High On Your Love"。エヴァーグリー
ンな輝きすら放つ名曲といえる。2018年にはベルリン出身の新星アン
バー・マークによるカヴァーの発表や、映画『ブックスマート』(2019年)
での劇中使用などがあり、近年再評価の兆し。　　　　　　　　能登谷

Magoo　Funktime

Magoo　Boogie Times 2010

フランスはカンボ＝レ＝バン出身のシンガー・ソングライター／レコー
ド・コレクターであるマグーことフィリップ・ボサミーが、自身が主宰
するレアなポスト・ディスコ音源のリイシュー・レーベル、ブギー・タ
イムズ(2014年に廃業)からリリースしたセルフタイトルド・アルバム。
ハイライト・トラック"Funktime "はクール・ノーツを彷彿させるブ
ライトなエレクトロ・ブギー。ここまで開き直った直球な80sブギー
へのアプローチには、2010年当時かなり衝撃を受けたことを覚えてい
る。この楽曲を収録した12インチは現在プレミア化。　　　　　能登谷

Hannah Francis　Let Me Love You

Means To An End　2Step Music 2011

ビリー・ホリデイからホイットニー・ヒューストンまで、多様な影響元
を持つUKのシンガー・ソングライターの、現時点で唯一のアルバム。
レコードが敷き詰められた、クラシック・ソウルからの影響を主張する
ようなアートワークに対し、サウンドはうまく現代的な要素を取り入れ
たバランスの良い内容に仕上がっている。本曲はアルバム中ダントツと
言ってよいキラー・チューンで、細かい符割りのキャッチーなサビ、ブ
ツ切りの編集が効果的な木管のループ、終盤にかけて登場する多彩な歌
い回し…など美点を挙げればキリがない。　　　　　　　　　　TOMC

Monique Thomas　**Daughter Shine**

Unbroken　Carte Blanche　2011

ゴスペルの影響を受けつつ、声量を抑制した柔らかく諭すような歌唱を強みとするUKのジャマイカ系シンガー・ソングライター。本曲はアコギのループとポジティヴなメッセージがタイムレスな魅力を放つ、美しいミディアム・ポップ。同様の雰囲気を持つアップ・チューン"Colorful"然り、リスナーの感情を押し付けがましくなく鼓舞するグッド・ミュージックの知られざる名手と言えよう。欧州のモダン・ブギー・ユニット、クール・ミリオンの"Love Dance"にフィーチャーされた際にも個性はそのままに、キレのある完璧な歌唱を披露している。　　TOMC

Rojai & E. Live　**Get Down Tonight**

Hard Pressed　Bayonics　2012

いま人気のシンセ・ブギーは、70〜80年代のディスコ／ブギーのスタイルをベースにしているが、踊るため〜フロア用であると同時にリスニング用〜ベッドルーム向けでもあるという点で決定的に違い、独自の発展を遂げている。そのいまのブギーの最人気レーベル、スター・クリーチャーズの看板ビート・メイカーがE・ライヴで、これは彼の初作品。この時点ですでに作風は固まっていて、Rojaiの軽妙セクシーな歌声も映える"Get Down Tonight"を始め、なんとも軽やかでイージーリスニングな（←褒め言葉）ブギー・ビートがずらり並ぶ。快作。　　小渕

Psychic Mirrors　**Midnight Special**

B-side of Charlene　PPU　2013

マーク・デ・グランド4世を中心にマイアミで結成された大型ブギー・ファンク・バンド、サイキック・ミラーズ。オブスキュアな80sソウル／エレクトロをリリースし続けるワシントンDCのレーベル、PPUよりリリースされた彼らのサード・シングル。マークのストレンジなファルセット・ヴォイスも強烈な、気だるいダウンテンポ・シンセ・ソウル"Midnight Special"はなかなかの中毒性。殿下オマージュなブギー・ファンク"Charlene"も80sのレア・ブギー作品と言われたら信じてしまいそうな仕上がり。　　能登谷

Redinho　**Get You Off My Mind**

Redinho　Numbers　2014

アルバム・デビュー以前からハドソン・モホークら当代一流のトラック・メイカーからも一目置かれていた、UKのマルチ奏者による1st。随所でトークボックスが幅を効かせるエレクトロ・ファンクでありながら、ベース・ミュージックやインディ・ポップを通過した世代特有の、煌びやかな音色とイルな緊張感が違和感なく同居するさまには圧倒される。中盤以降の比較的爽やかでスムーズな楽曲の中でも、本曲は特に幅広い層にアピールするであろうフックの効いたミッド・グルーヴ。同路線でさらにキャッチーな"Going Nowhere"もオススメ。　　TOMC

KASHIF
talks for CITY SOUL

ポップス、クラブ・シーンを
自在に行き来し
今を代表するギタリストの
ひとりが語る
「僕を形づくった名曲、名演」

PPP＝Pan Pacific Playaの一員として世に出たKASHIF。ギタリストとしての確かな腕に
加えて、ダンス・ミュージック～クラブ・シーンとの関わりも深い彼は、ワン＆オンリーな才能
として引っ張りだこの人気に。『City Dive』以降の一十三十一作品には欠かせない存在となっ
ているのを始め、多くのレコーディングに参加するのと並行して、スチャダラパーのツアー・
ギタリストを務めるなどさまざまなステージでも活躍中だ。そして、Jintana & Emerelds
の一員として『Destiny』ではドゥーワップを、ヴォーカルも含めほぼ全てをひとりで演じた
1stソロ・アルバム『BlueSongs』ではシティ・ポップ的なスタイルを、今の時代にアップデイ
トした形で聴かせ高い評価を得た。その創作の秘密にせまるべく愛聴するシティ・ソウルにつ
いて話を聴いた。
聞き手：小渕 晃

■ ギター人生を変えた
　アイズリー・ブラザーズとの出会い

　シティ・ソウル的な曲で最初に好きになっ
たのは、アイズリー・ブラザーズの"That
Lady"なんです。今思えば、僕の人生にお
いてかなり重要な曲でした。大学の同級生
で音楽に詳しい友人がいて、彼から細野晴
臣さんやシュガー・ベイブなども教えても
らったのですが、そんな中最初に貸してく
れたレコードがアイズリーの『3＋3』でした。
　高校生の頃まではハード・ロックやヘ
ヴィ・メタルにハマっていて、そのコピーに
明け暮れていました。その頃のヒット・

チャートや友人の影響もあり、少しはヒップ
ホップやさまざまなジャンルなどに興味が
移ったりもしましたが、僕が弾くようなギ
ターと、メロウな音楽は全く別の世界のもの
だと思っていました。それが、その友人が教
えてくれるブラック・ミュージックを中心と
したさまざまな曲はギターと、メロウなテイ
ストが共存できているものが多くて。中でも
"That Lady"との出会いは特に衝撃でした。
ガンガンにディストーションの効いたリー
ド・ギターも入っていて、それでいてグルー
ヴィでメロウで。しかもアーニーのギターの
特色は、カッティングのノリなどいろいろあ
りますが、当時の一方的な思い込みとは言

え、僕と共通点が多いように思えて。それで
「自分がやってきたことが活かせる！」と、答
え合わせができて安心したような気持ちに
なれたのを覚えています。

　そこからはブラック・ミュージックのファ
ンキーなカッティング・ギターをどんどん
やってみたくなって、コピーしまくって。
ハード・ロックにもカッティングはありま
すが、グルーヴの意味合い的にかなり違い
があると思います。ブラック・ミュージッ
クのカッティングは、山下達郎さんの
"Sparkle"を例に出すとわかりやすいです
が、プリング、ハンマリング、ミュート・カッ
ティングといった技法を組み合わせて、演
奏者も聴き手もそれに合わせて体を自然と
動かしやすいグルーヴを生み出していくも
のですよね。休符も活かして、それも含め
た全体のノリでグルーヴを構成するのが大
きな違いかもしれません。好きなギタリス
トを3人挙げるとなると僕は、いつも山下
達郎さん、プリンス、ザック・ワイルドの
3人をあげています。更にあげるとすれば
鈴木茂さん、最近はアル・マッケイも外せ
ないです。

■ ナイル・ロジャースが聴かせた
　　世界一のギター・カッティング

　シスター・スレッジの"Thinking Of
You"も、自分にはとても大きな存在の曲で
す。ここ数年、ギターDJといって、要は
音源をDJブースでかけて、それにかぶせて
決めフレーズやインプロを組み合わせて好
きにギターを弾くというものをやっている
のですが、ラストは大団円的にいつもこの
曲をプレイしています。正確にはDimitri
From Paris Remixを用いていますが。

　この曲のギターは動画も見つつコピーし
ましたけど、僕が重要だと思うカッティン
グ・ギターのメソッドが、1曲の中に全て詰
まっていて、まるで教科書のような曲って
感じです。音色も含めて、ソウルフルなカッ
ティングと言えばこれがナンバーワンと言
える曲だと思います。シックのナイル・ロ

The Isley Brothers
3+3
(T-Neck) 73
＊"That Lady" 収録

Sister Sledge
We Are Family
(Cotillion) 79
＊"Thinking Of You" 収録

Earth, Wind & Fire
The Best Of, Vol. I
(ARC) 78
＊"September" 収録

Syreeta
Syreeta
(MoWest) 72
＊"I Love Every Little Thing
About You" 収録

Keith Sweat
Keith Sweat
(Elektra) 96
＊"Nobody" 収録

ジャースが弾いていますが、彼のすごさは
とにかくずっとグルーヴし続けていられる
ことだと思います。曲の中でずっとパーカッ
ションのようにグルーヴィで居続けるのが
最高です。

　ネオ・ソウル以降、ギター・スタイルの
主流が大きく変わってきた印象が自分には
ありますが、その変化の結晶とも言えるの
がトム・ミッシュやアイザイア・シャーキー
たちなのかなと思います。そういった現代
的なプレイヤーの演奏は、ナイル・ロジャー
スの時代からもちろん地続きではあるけれ
ど、90年代の終わりから2000年代のあた
りで一回転換期を迎えたと思ってて。ヒッ
プホップのサンプリング手法などを通過し
た影響から、ギターを始めとした楽器演奏
のメタ視点が入ったことによる、旧スタイ

ルのストレートな継承のある程度の断絶があったように思っています。FKJを始めとして台頭する、マルチ・インストゥルメンタリストたちのプレイにもそういったものを感じます。そしてそういった継承のある種ポジティヴな断絶というのは、新しい流れの誕生に大きく寄与するものだなぁとも思いました。

そういった面から言えばナイル・ロジャースはやはり旧スタイルのギタリストと言えると思うんですが、ダフト・パンクの"Get Lucky"や"Lose Yourself To Dance"での先達としてのフィーチャーのされ方は理想的だったと思います。フィットする現代的なメソッドを持つ人と組むことで、ナイル・ロジャースがまた輝いたと思いました。トラディショナルなギター・プレイならではの薄まらない芯の強さが、組み合わせの妙で魅力的に聴こえた。ああいった新旧のスターの共演は刺激的ですよね。

■ アース・ウィンド＆ファイアは、生演奏、
　スタジオ・マジック世代の圧倒的な最高峰

この2、3年、自分の中で急にアース・ウィンド＆ファイア（EW&F）の再評価が来ていて。"September"をたまたまかなりの回数繰り返し聴く機会があったのですが、何度聴いてもミックス含めてめちゃくちゃ良くて。ずっと聴いていられる良さがあることを痛感して、改めてこの曲ってすごいなあと。それで今まで未チェックだった彼らのアルバムを10枚ぐらい、一気に聴いてみたんです。

EW&Fはまず、とにかく音が全部めちゃくちゃいいんですよね。アナログ・レコーディングのマジックが楽しめる最盛期の作品と言えるのかもしれませんね。そして、複雑なコード・ワーク、転調などがそう思わせるのですが、簡単にはコピーしようと思えないほど難解で高度です。まるで神々しいゴシックな建造物を見ているような気持ちにもなります。

アナログ・レコーディングで録られたバンド作品は、もう二度と再現できないものばかりですよね。演奏者のテンションによって曲冒頭と終わりでBPMが大きく変わっているものもありますし。高い技術を持った演奏者のフィーリングの高ぶりが直で反映される当時のレコーディングは、どれだけマジックを産んだんだろうと気が遠くなります。昔、鈴木茂さんのギターをコピーしようと聴くと、1回目のAメロでやっていることが二度と出てこなかったりすることに気づきました。"September"の1Aの下っていく印象的なギターのフレーズも同じくそうです。僕は以前Aメロ Bメロなど同じセクションが来るたびほぼ同じフレーズを繰り返すのがあたりまえだと思っていたので、これを知った時は衝撃を受けました。当時の音源は現代のループ性とは対極にある、一期一会の即興性の結晶とも言えるので、そういう意味では現代では真似できない神々しさすら感じてしまいます。

基本的に僕は、数小節のフレーズの録音を繰り返して積んでいく制作方法を主としたループ録音世代とも言えると思うんですが、そこは演奏者・制作者の両面で自分の強みでも、弱点でもあると思うことがあります。若い優秀な音楽家の人たちには、そういったループ性も高度な技術による演奏の一期一会性も、両方持ち合わせている人も多くてハイブリッドですよね。

■ スティーヴィ・ワンダーに
　トータリティのコントロールを学ぶ

大学生の頃は、スティーヴィ・ワンダーにハマっていた時期もありいろいろ聴き込みましたが、その流れで聴いた"I Love Every Little Thing About You"が入っている、シリータの72年の1stアルバムもとにかく大好きな1枚ですね。スティーヴィはジャンルにとらわれない、独自の世界を1曲1曲で完璧に築いていて驚異的ですよね。僕が曲をつくると、気を抜くとどうしても似ている曲が出来てしまったりするんですが、スティーヴィは1枚のアルバムをつくる際、

1000曲のストックの中から10曲を選ぶという話を聞いたことがあって。それなら全く違う最適な10曲を選べますよね。それでいてトータリティのコントロールも完璧で。僕の制作経験だと、アルバム全体に統一性や通底する世界観を持たせるということが、とても難しいことだと思っています。その点スティーヴィの作品はトータリティをコントロールするというか、いくらでも最高の曲をつくっていくらでも選べるという超人的な才能の結果だとも言えますよね。

■ ギターDJは、
　　R&Bに合わせギターを弾くため始めた

　僕はPPP（Pan Pacific Playa）という横浜のクルーに所属していますが、それが始まった15年ほど前からメロウであったりアーバンであったりという要素がメンバーの大きな共通項としてあります。みんなR&Bは基本的に大好きなんです。僕は、自分自身の現実の環境とは距離のある世界観や価値観の音楽に惹かれるところがあります。遠くにあんな素敵な世界がある、それならばもっと探って知ってみたい、というのが抜本的なモチヴェーションになったりするのですが、R&Bの世界は、特にスロウ・ジャムはもうそういう観点からも自分にとって理想郷のような世界です。ギターDJも基本的には、好きなR&Bソングの上でギターを弾きたいという理由でやっていると言っても過言ではないです。そんな中ギターDJで使いやすいR&Bの曲を探したのですが、キース・スウェットの"Nobody"を超えるものはないですね。これと、LSGの"Round & Round"を続けて弾くことが多いのですが、いまだにこの2曲を超えてフィットするものを見つけられていません。
　キックが大きすぎるとか、"Nobody"が入っているアルバム『Keith Sweat』はミックスが荒かったりする部分もあるんですけど、それがキースの世界だし「そういうものだ」と納得させてしまうパワーがありますよね。R&Bに必要な要素が全て詰まっている、

connected
discs
part 2

Danny Boy
It's About Time
(Death Row) 10
＊ "So In Love" 収録

DJ Quik
Trauma
(Mad Science) 06
＊ "Quiks Groove 7" 収録

Vontel
Vision Of A Dream
(Fo Life) 98
＊ "4 My Homiez" 収録

Eric Clapton
Unplugged
(Reprise) 92
＊ "Lonely Stranger" 収録

Mr. Big
Lean Into It
(Atlantic) 91
＊ "Green-Tinted Sixties Mind" 収録

教科書のような曲でありアルバムで、まさに金字塔だと思います。R&Bは、シンプルなつくりのビートや伴奏上での、メロウネスと感情が露骨に交錯するところが魅力ですよね。かたや最近の曲はミックスも完璧でスタイリッシュになっていて、同様のジャンルでもある種対照的な質感になっている気もします。
　R&B、スロウ・ジャムは、隙間が多くギターを被せやすい点もギターDJ的には魅力なんです。このジャンルはご存知の通り、定番のコード進行をみんな何度も繰り返し使います。決まった偉大なフォーマットやテンプレートがあるのはブルースと同じで、それはもう何回繰り返されても、同じような曲がつくられてもむしろそれがいいと思えるジャンルなんですよね。それを聞いた

くなる、そこに帰りたくなる、といいますか。僕のソロ・アルバム『BlueSongs』の"On & On"は、いわゆるR&Bマナーの曲ですけど、このジャンルに思い入れがあったのもあり、いざやるとなると覚悟がいりました。下手なことは出来ないぞ、という。

そういう見方をした時に、今最大の共有フォーマットと言ったらトラップなのかなと。もうフォーマットというかプラットフォームって感じですよね。もしくはリング。世界中があのリングの上で戦い、競い合ってるというか。ブルースはわずかな音楽的共通言語があるだけで、演奏者同士を密なコミュニケーションに導いてくれる訳ですが、トラップにもそういった功績があると思いますし、なおかつその超拡大版だと思います。トラップもR&Bと同じ、ブルースの子孫的な部分がありますよね。

■ メロウな要素と、様式美に溢れる
　ギャングスタ・ミュージックの
　世界に惹かれる

デス・ロウ・レコーズにいたダニー・ボーイが歌う"So In Love"は、リロイ・ハトソンのオリジナルよりも好きなくらいです。DJ・クイックがプロデュースしていて、ビートはヒップホップで、音色もギャングスタ・ラップとスウィート・ソウルのテイストが混ざっていて最高にかっこいい。前述のR&Bと同じかそれ以上に、ギャングスタ・ラップには一貫した強烈な様式美があることに強く惹かれます。乱暴に言えばまず「ワルそう」という印象を受けますけど、このゴリっとした質感の中で対比的なメロウな要素が共存している感じが、より双方を極端なまでに引き立たせる効果を持っていますよね。特にギャングスタもののメロウさは、すべての音楽の中でもトップクラスにピュアな表現だと思ってます。ギャングスタたちが愚直なまでに求める美しさや安らぎやさまざまな欲望が、そこにギュッと凝縮されている気がして。完全に妄想ですけど（笑）。

DJ・クイックは、"Quiks Groove 7"が最高です。こういう、楽器のプレイヤーがつくったヒップホップ・インストゥルメンタルという感じは最高なので、自分の次のアルバムはまるまるその方向性で1枚つくってみたいと妄想したりもします。

ロジャーが参加しているヴォンテルの"4 My Homiez"もめちゃくちゃ好きで、ギターDJでも頻繁に使っています。実は『BlueSongs』中の「Desperate Coffee」という曲のビートは、テンポ感や、手数などの構造はこの曲を参考にしました。

■ 情報が溢れる時代が生んだ、
　クロスオーヴァーな音楽シーン

昨年ドキュメント映画も見に行ったエリック・クラプトンは、ここ数年改めて聴くと、彼の歌はもう本当にソウルだなと思いました。ひたすらにソウルフル。ブラック・ミュージックのフィーリングはいろんな部分に表れているんだろうなぁと思います。アンプラグド・ライヴ収録の"Lonely Stranger"は、特に大好きな曲です。同じくロック枠でいうと、Mr.ビッグの"Green-Tinted Sixties Mind"も最高です。メロ、コード進行、コーラス・ワークもとても洗練されていて、僕の中ではある種ソウル的名曲の位置づけになっています。

今はアーティスト的に表現活動をしていなくても、SNSをやることで誰でも「人に見られる自分」的なものを意識したり俯瞰したりできますよね。「こう撮るとこう写って、こう書くとこういう反応があるんだ」的な。そういうツールの発達で「自己の記録と俯瞰と反芻」が地球規模で容易になったことは、様々な表現物のクオリティをだいぶ高めたと同時に、その絶対数が増えた要因のひとつだと思うんです。

更に情報の細分化と均一化が歪に混在するのも影響して、あらゆる組み合わせが「アリ」になった今、80年代のものとは同音異義的に音楽シーンはクロスオーヴァー状態になってるなと思います。

自分も同じく現代のツールによる制作に依存していると言えるので、前述のクラプトンもEW&Fもそうですが、アナログ手法でレコードをつくってきたアーティストの楽曲の輝きが、途方もなく神々しいと思うことがあります。選ばれし者しか作品を残せなかった時代の、超人たちの記録なのだなと思います。

■ 音楽シーン全体のレヴェルが上がり
　　ヒット・チャートにも
　　ダサい曲が1曲もなくなった

　自分のソロ・アルバム『BlueSongs』をつくるに当たって、大きな刺激になったのはShy Girlsの『Timeshare』。友人のXTALくんが教えてくれたんですけど、10年代以降のモダンなアレンジのソウルでありながらロックっぽい部分もあって、そのバランス感が素晴らしいなと。大きく方向性の指針にしたところがあります。
　最近耳にして気になったのは070シェイク。カニエ・ウェストのレーベルからアルバム『Modus Vivendi』を出しましたが、"Guilty Conscience"がとにかくかっこよくて。80年代と90年代テイストの中間みたいなシンセ使いをしつつ、でも予定調和的にありきたりじゃないという感じがクールでした。他に最近気になったものをあげると、メイヤー・ホーソーンの"M.O."も、

ムラ・マサのアルバム『R.Y.C』も最高でした。
　今はヒット・チャートの上位もかっこいい曲ばかりですよね。80年代や90年代は、チャートの上位の曲はある種ダサかったり、微妙な曲も少なくなかったと思います。それが今は、チャート上位をパッと聞きした際、そういう曲が1曲もないのではと思えるくらいになってて衝撃的ですね。先ほどの話と繋がるんですが、さまざまなクラスやシーン全体の制作クオリティの高まりは、やはりハイエンド・クラスのヒット曲にも当然いち早く反映されてるんだなとも思いました。

```
connected discs
part 3
```

Shy Girls
Timeshare
(Hit City USA) 13

070 Shake
Modus Vivendi
(G.O.O.D. MUSIC) 20

KASHIF

横浜を拠点とする湾岸音楽クルー、Pan Pacific Playa所属のギタリスト・作編曲家・ヴォーカリスト。同じくPPP所属のネオ・ドゥーワップ・バンド、JINTANA & EMERALDSメンバー。ギタリスト活動を主軸としつつも、楽曲提供・サウンドプロデュースも行う。ソロではDJをしながら同時にギターを弾く形でセルフセッションする「ギターDJ」スタイルでも活動中。
http://stringsburn.com

KASHIF
BlueSongs
(Billboard) 2017

JINTANA & EMERALDS
Destiny
(Pan Pacific Playa) 2014

Part 5

2015 - 2020

2度目のクロスオーヴァーの時代
～ 国境や人種を越える
　　ソウル X ポップスのムーヴメント

2010年代前半のEDMのブームは、PCを用いた音楽制作を一般化させ、世界中で新たな音楽のつくり手が爆発的に増えました。また、ヒップホップを聴いて育ったミュージシャンの技術的、創造的な飛躍はすごく、新たな時代のクロスオーヴァー・ミュージックが台頭。世界の音楽ファンの志向はソウル、ダンス・ミュージックをベースにしたクロスオーヴァーな音楽＝シティ・ソウルに集まっています。特に2015年以降は英米に限らず欧州各地と、アジアでも好作が増加。あなただけの名盤を探し当ててください。

City Pop, City Soul In Japan 2015-2020

この時代、日本のシティ・ポップは…

cero
Obscure Ride
(Kakubarhythm) 15

星野源
YELLOW DANCER
(Speedstar) 15

iri
GROOVE IT
(Colourful) 16

冨田ラボ
SUPERFINE
(Speedstar) 16

KASHIF
BlusSongs
(Billboard) 17

Suchmos
THE KIDS
(SPACE SHOWER MUSIC) 17

G.RINA
LIVE & LEARN
(plusGROUND) 17

BLUE PEPPERS
RETROACTIVE
(VIVID SOUND) 17

Mime
Capricious
(P-Vine) 18

PYRAMID
PYRAMID4
(Super Paw) 18

Tsudio Studio
Port Island
(Local Visions) 18

Coastlines
(Flower) 19

音楽シーンはいまや年単位ではなく、数カ月単位でトレンドが移り変わる。シティ・ポップ・ブームはまだまだ続くが、近年は打ち込み、エレクトロ・サウンドも多用したブギー人気や、アンビエント～ニューエイジの世界的な人気とも関連したインスト作品の充実も目立つようになった。もはや世界一耳の肥えているこの国の音楽マニアたちには、世界中から熱視線が注がれている。　　　　　　　　　　　　　　小渕

Chloe Martini　Get Enough

Private Joy　Roche Musique 2015

ポーランドはワルシャワ出身、1993年生まれの新鋭プロデューサー／DJであるクロエ・マルティーニ。坂本龍一に影響を受け音楽を制作し始めたという彼女は、徐々にエレクトロニック・ミュージックに傾倒、サウンドクラウドにアップした自作トラックで注目を集め始める。デビュー作となった本EPはFKJ擁するロシュ・ミュージックからのリリース。ハイライト・トラック"Not Enough"はAlyssなるフィーチャリング・シンガーのコーラス・ワークも素晴らしい、ラヴリーなエレクトロ・ソウル。TR-808愛が溢れ出たアートワークもナイス。　能登谷

L'Impératrice　Agitations Tropicales

Odyssee　L'Impératrice 2015

バンドでは、フランスのニュー・ディスコ・シーンを代表する存在となっている、魅惑的な女性Vo.が人気のチーム。軽快なカッティング・ギターと、キラキラなシンセが80s感たっぷりなディスコ・ブギーの人気曲"Agitations Tropicales"を含むこれは2nd EP。アイランド・フレイヴァーのインスト・ブギー "Parfum Thérémine"や、アンニュイでジャジーな"Parfum Thérémine"なども英米のバンドにはない味わいでおもしろい。2018年にようやく出た1stアルバム『Matahari』は気怠いムードの曲が増え、かつてのようなわかりやすさは後退。　小渕

Men I Trust　Morse Code

Headroom　Return To Analog 2015

メン・アイ・トラストはカナダ、モントリオールで結成された、日本でも人気・知名度ともに上昇中の要注目3人組インディ・ポップ・バンドである。曲ごとにゲスト・ヴォーカルが歌うこのアルバムは実に自由でポップな仕上がり。特にベース・ラインが光る"Morse Code"がクールで最高。ヴォーカルのエマ・ブルークスはこのアルバムに参加したのちバンドに正式加入した。メン・アイ・トラストをはじめここ最近のインディ・ポップ系のアーティストはAOR、ソウル好きのリスナーのハートもしっかりキャッチしている。　エミ

Midnight Runners　Disco Is A Dirty Word

Doherty　Fantasy Touch 2015

インドネシアはバンドンを拠点に活動しているキーボーディスト／DJ／レコード・コレクターであるムニールによる、ブギー・ファンク・オリエンテッドなソロ・ユニット、ミッドナイト・ランナーズ。本作はカリフォルニア出身のDJ、ランディ・エリスが率いる良質エレクトロ・レーベル、ホーボー・キャンプからリリースされた12インチ・シングル。ソーシャル・ラヴァーズの片割れ、メーガン・ドハティのキュートなヴォーカルがフィーチャーされた"Disco Is A Dirty Word"は、ナスティなシンセ・ベースが耳に残る秀逸なミディアム・ブギー。　能登谷

Skylar Spence　Fiona Coyne

Prom King　Carpark 2015

元々はセイント・ペプシ名義で、ヴェイパーウェイヴの派生ジャンルで
あるフューチャー・ファンク黎明期のスターとして活躍。2013年のそ
の名も"Skylar Spence"という楽曲では山下達郎"Love Talkin'
(Honey It's You)"をアッパーにサンプリングし、日本のシティ・ポッ
プが世界的に市民権を得るきっかけを作ったことでも知られる。本曲は
改名後の1stアルバム収録曲で、クリアなギター・カッティング〜ブラ
スなど要所に山達『For You』的な煌きが散りばめられた、正しく「現代
のシティ・ポップ」という呼称が相応しいキラー・チューン。　TOMC

Twin Danger　Save It

Twin Danger　Decca 2015

シャーデーの音楽面の要、スチュアート・マシューマンが、キュートな
歌声の女性Vo.と組んだユニットの唯一のアルバム。シャーデーの音楽
性ほぼそのままだったスウィートバックと違い、アメリカのジャズマン
と、オールドスクールなジャズ・ヴォーカルを聴かせるつくり。なぜか
驚くほど話題にならなかったが、悪いわけがない。シャーデーの1stか
2ndに入っていても違和感のない、スウィンギーでクールな"Save
It"、ポップなメロディがいい"I Love (Loving You)"、ビッグ・バン
ド風のグルーヴィな"Sailor"など好曲が並ぶ。　　　　　　　小渕

The Avalanches　Subways

Wildflower　Modular 2016

数千作ものレコードを用いたサンプリング・ミュージックの金字塔
『Since I Left You』で知られるオーストラリアのグループによる15年
ぶりの2nd。ラッパーを多数フィーチャーし、さらに「サンシャイン・ポッ
プ」という呼称でじわじわと世界的な再評価が進んでいたソフト・ロッ
クの要素を大きく取り入れたことで、見事に前作との差別化に成功して
いる。本曲はビー・ジーズ作のグラハム・ボネット版"Warm Ride"
の華麗なループに子どもの合唱を乗せた、前作で特に愛された「キュー
トでグルーヴィ、かつノスタルジック」な側面を押さえた名曲。　TOMC

Phonte & Eric Roberson　It's So Easy

Tigallerro　The Foreign Exchange Music 2016

2000年代前半より活躍するネオ・ソウル／R&Bデュオ、フォーリン・
エクスチェンジのメンバーであり、DJシャドウをはじめ多数の客演仕
事でも知られる東海岸出身のラッパー。本作はミュージシャンズ・ミュー
ジシャンとして界隈で愛されるエリック・ロバートソンとのコラボ作で
あり、2010年代らしい多彩なグルーヴを乗りこなす両ヴェテランの妙
技と、生音の味わいと強いコンプ感が両立した「ロバート・グラスパー
以降」を思わせる音作りが見事にハマった名盤。中でも本曲はチルのムー
ドと暖かい高揚感を兼ね備えた至高のシティ・ソウル。　　　TOMC

Pomrad　Stop The Thinking

Knights　Jakarta 2016

ベルギーはアントワープを拠点に活動するプロデューサー／キーボーディスト／トークボクサーのポムラッド。現在メジャーで目覚ましい活躍をみせるアンダーソン・パークやケイトラナダといった才能を発掘するなど先見の明をもった、ベルリン発のアンダーグラウンド・レーベル、ジャカルタからリリースされたファースト・アルバム。ブギーからフュージョン、Gファンクまで吸収し、巧みなキーボード・ワークが冴えに冴えた作品だ。女性シンガー、ミラ・ブリューヌをフィーチャーした"Stop The Thinking"はウォームなシンセが心地いいR&Bトラック。　能登谷

Ryle　Something's Got Me Walking On Air

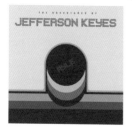

The Adventures Of Jefferson Keyes　Sedsoul 2016

ふたり組ディスコ／ブギー・ユニット、クール・ミリオン（CM）の片割れ、フランク・ライルのソロ・デビュー・アルバム。とはいえ相方のロブ・ハルトも参加しており、内容はCMそのもの。CMの曲にも登場したキキ・カイトとシックのフォラミがツイン・ヴォーカルで攻める"Something's Got Me Walking On Air"は現行モダン・ブギー傑作。他にもCMとミックスしてかけたくなるフロア・ユースなキラー・チューン満載のアルバムである。アーマッド・ジャマル"The Awakening"オマージュなジャケットにも思わずニヤリ。　　　　　エミ

Silver Linings　So Good To You

So Good To You　Gulf Point 2016

フリークウェンシー名義でも数枚のシングルを残しているモダン・ファンク・アーティスト、ベニー・バッジと、女性シンガーのフランソワーズによる、オーストラリアはメルボルンを拠点に活動するブギー／R&Bデュオのデビュー・アルバム。同郷の敏腕キーボーディスト、ハーヴィ・サザーランドもサポートで参加、アルバムの音像に彩りを加えている。オープニング・トラック"So Good To You"は打ち込みソフィスティケイテッド・ファンクの好例。ルース・エンズのようなレイト80sのUK R&Bを思わせる"This Time"もナイス。　　　能登谷

Terrace Martin　With You

Velvet Portraits　Sounds Of Crenshaw 2016

スヌープ・ドッグやケンドリック・ラマーらヒップホップ勢のビートもつくりつつ、サンダーキャットらと新世代ジャズを盛り上げる、西海岸～USブラック・ミュージックのコアを継承する最重要人物のひとり、テラス・マーティン。本作はゴスペル、ソウル、ファンク、ジャズなどを繋ぎ、ブラック・ミュージックの総体を凝縮して聴かせ、絶賛された傑作。ギャングスタ・ラップ・マナーのメロウ＆チルアウトなビートで、ヴォコーダーによる歌をキメる"With You"はクールの極みだ。時代のシンセ・ファンクを聴かせた2020年の『Sinthesize』も極上。　　小渕

Anomalie　Velours

Métropole　Lowtemp 2017

モントリオール在住のフランス系カナダ人、アノマリー。全て打ち込みとキーボードによるものながら、カラフルでメロディアスな、オーケストラによる演奏を聴いているようなインスト曲が大人気。その名を世界中に知らしめたのがこのEPで、タイトル通り都会的できらびやかな、心弾むシンセ・ブギー・ポップが詰まっている。ロマンティックなメロディを後ノリのビートに乗せた、メロウな "Velours" がいち推しだが、ノリノリなタイトル曲や、ドラマティックな "Daybreak" なども全てがいい。2018年の続編も聴き惚れる仕上がり。　　　　　　　　　小渕

B. Lewis　Strange Things

not on album　Needle To The Groove 2017

B・ルイス（本名ブランフォード・ルイス）はカリフォルニア州サンホセ出身のマルチ・インストゥルメンタリスト／シンガー・ソングライター。クリス・ブラウンの『Royalty』やカニエ『Jesus Is King』といったメジャー作品にも作家としてクレジットされている彼が放った、これはシングル・オンリー曲。シルキーなファルセット・ヴォイスとフェンダー・ローズの音色が堪らない極上スローモー・ソウルだ。フックのリリックはNetflixの人気ドラマからのインスパイアか？　7インチが出ているのもアナログ好きには嬉しい。　　　　　　　　　　　　　能登谷

dvsn　Can't Wait

Morning After　OVO 2017

名実ともに現役最高峰のラッパー、ドレイクのR&B路線の決定打となるメガヒット "Hotline Bling" "One Dance" 双方のプロデュースを担ったナインティーン85も在籍する、カナダのデュオ。2010年代の数多あるチルR&Bアクトの中でも特にキャッチーなメロディを書く才能に長けており、2016年の1st以降、アルバムはリリース毎にチャート自己最高位を更新し続けている。本曲は2nd収録の隠れた名曲で、100bpmジャストの心地よいビート感が牽引する、切なさに満ちたコード感・歌声・メロディの全てが美しい。　　　　　　　TOMC

Harvey Sutherland　Expectations

Expectations　Clarity 2017

オーストラリアはメルボルン出身のキーボーディスト／プロデューサー、ハーヴィ・サザーランド。巧みなキーボード捌きを得意とする彼は、ライヴ・インストゥルメントを多用したソウルフルなハウス・トラックを量産している。本作は2017年にリリースした6曲入り12インチ。タイトル・トラックである "Expectations" は浮遊感のあるシンセが心地よいダウンテンポのネオ・フュージョン。彼自身のレーベル名を冠した "Clarity" もエモーショナルなコード進行のインスト・ブギー。ハウスDJだけに独り占めさせておくのは余りにももったいない逸材だ。能登谷

Hemingway　　Love Mirage

Memoirs　Cosmic Resonance 2017

カナダはトロントの新興アンダーグラウンド・レーベル、コズミック・レゾナンスからのファースト・リリースとなる、ジェイムズ・ハリスとクリス・エヴァンスなる人物2名によるユニット、ヘミングウェイの12インチEP。ハイライト・トラックである"Love Mirage"は、中毒性のある跳ねたシンセ・リフが堪らないバレアリック・ファンク。デビュー作とは思えない巧みな演奏で、後半にかけての展開も素晴らしく思わず聴き入ってしまう。骨太なビートの"Ocean Hues"もサイケデリックなギター・プレイが心地いいナイス・チューン。
　　　　　　　　　　　　　　　　　　　　　　　　　能登谷

Homeshake　Every Single Thing

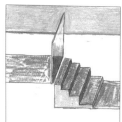

Fresh Air　Sinderlyn 2017

2014年からアルバム・リリースを続ける、カナダのシンガー・ソングライター、ホームシェイクの3rd。打ち込み、ギター演奏など全てを自ら手がけ、いままた多いガレージ・ポップ・ソウルを聴かせる。最人気曲の"Every Single Thing"は、哀感のこもった泣きのメロディがバツグンなメロウ・ジャム。完全にヒップホップ以降なロー・ファイ・ビートもドラムはファットで、いまの耳に心地いい。やはりビートが魅力的な"Serious"もいい。他もものすご～くチルアウトな、それでいてメロディづくりのウマさが随所で光る曲揃い。
　　　　　　　　　　　　　　　　　　　　　　　　　小渕

João Donato E Donatinho　Surreal

Sintetizamor　Deck 2017

ブラジル音楽界のレジェンド、ジョアン・ドナートと、息子ドナチーニョによる共作。1曲目"Lei Do Amor"からいきなり宇宙へひとつ飛び。ヴォコーダーがご機嫌なハービー・ハンコック・トリビュートの"Surreal"で気分は最高潮。ユニークなジャケットの如く、宇宙へといざなってくれる正真正銘のコズミック・ディスコだ。アジムス、エリス・レジーナ、カエターノ・ヴェローゾ、ジャヴァンなどブラジル音楽を代表するレジェンドの2世たちも、このドナチーニョのようにミュージシャンとして活躍している。ブラジル音楽の未来は明るい。
　　　　　　　　　　　　　　　　　　　　　　　　　エミ

Kari Faux　Facetious

Primary　Change Minds 2017

2014年にチャイルディッシュ・ガンビーノのミックステープでフィーチャーされたことを契機に飛躍を続ける、LAを拠点に活動するラッパー／R&Bシンガーの2nd EP。高・中・低どの音域でも旨味ある歌唱が曲毎に活きる、トータルで20分を切る短尺とは思えない濃密な作品だ。冒頭を飾る本曲は力強いベースが牽引する、100bpmのキラー・ブギー。憂いが滲む中域の声質が美しく、その魅力は続く"Gotta Know"でのラップでもたっぷり味わえる。他にもフューチャー・ジャズばりに攻めたトラックが面白い"Color Wheel"など好曲揃い。
　　　　　　　　　　　　　　　　　　　　　　　　　TOMC

Marker Starling　Playin' Along '99

Anchors & Ampersands　Tin Angel 2017

マーカー・スターリングは、カナダはトロント出身のクリス・A・カミングスによるソロ・プロジェクトである。2000年代にはマントラー名義で活動し、のちにマーカー・スターリングに改名。改名後3作目にあたるこのアルバムは、マントラー時代のセルフ・カヴァーを含む大人のメロウなポップスがぎっしり詰まった好盤。マントラー時代よりキャッチーに、よりポップにアップデートした"Playin' Along '99"も好印象。他にもスピナーズ"I'll Be Around"のカヴァーがAORとソウルの程よいブレンド具合で心地よい。　　　　　　　　　　　　　エミ

Misumami & First Love　Prove Your Love

not on album　Neon Finger 2017

2009年に自主レーベルから発表したアルバムが、モダナイズされた80sブギー／ディスコの傑作として高く評価されているドイツ出身の3人組ユニット、ファースト・タッチ。この曲は彼らが、女性シンガーMisumamiを迎え、スペインのレーベル、ネオン・フィンガーからリリースした7インチ・シングル・オンリー曲（2年後に12インチでリプレス）。2000年代のプリンスの人気曲"Chelsea Rodgers"のベース・ラインを拝借しながらも、より洗練された雰囲気へ昇華させた絶品ディスコ・ファンク。DJ的にはプレイしやすい展開も◎。　　　能登谷

Raveena　If Only

Shanti　House Music 2017

NYのSSW、ラヴィーナの1st EP。ライの成功もあり、ポスト・シャーデーなジャジーでメロウなシンガーが次々に出てくるが、ラヴィーナは人気の面で頭ひとつ抜けている。インド系というと70年代はアシャ・ブトゥリが、そしていまはノラ・ジョーンズが人気だが、やはりアジア系と思わせる欧米のシンガーにはない艶を含む歌声が魅力。ラヴィーナの歌声も艶たっぷりで、"If Only"のようなメロウ・ジャムでは特に魅惑的だ。アコースティック・サウンドでファンキーにせまる"Love Child"なども、そして2019年のアルバム『Lucid』もいい。　　小渕

Rayi Putra　Pretty Girl

The Introduction　Roopiah 2017

インドネシアはジャカルタ出身のラッパー／俳優の1st EP。90s R&Bをアップデートしたような手堅い作品が並ぶ中、本曲は太いシンセ・リフとやや捻られたコード感、サビのどこかトロピカルなムードが彼の明るい声質も相まって80sのポップ・アクト、それもメジャーどころとカルト的存在のいずれをも思わせる不思議なバランスのナンバー。AOR、ブギー、エレポップのいずれとも名状し難いミキシングがまた絶妙で、USの作品ではなかなか出会えない面白さがある。本書的には、対照的に現代的でスムーズな"Talk. Chill. Sleep."も併せてオススメ。　TOMC

Sabrina Malheiros　Sol, Ceu E Mar

Clareia　Far Out 2017

ブラジルが誇るジャズ・ファンク・バンド＝アジムスのベース・プレイヤーであるアレックス・マリェイロスの娘、サブリナ・マリェイロスの5枚目のスタジオ・アルバム。彼女の殆どの作品を手がけているダニエル・モーニック（こちらはインコグニートの総帥＝ブルーイの息子）が本作もプロデュースを担当。タニア・マリアのマスターピース "Come With Me"（1983年）のDNAを継承した流麗なミディアム・ソウル "Sol, Céu E Mar" には思わずニヤリ。しっかり時流に乗ったブギーなAORトラック "Celebrar" もグレイト。　　　　　　　　　　能登谷

ADOY　Wonder

Love　Angel House 2018

韓国の4人組バンド、アドイ。例えばブレップにも似た、メロウ＆ドリーミーなシンセをフィーチャーして、メロディアス＆ポップな曲を聴かせるスタイルは、日本のある種のシティ・ポップ・バンドとも同時進行形であるもの。アンビエントR&Bのサウンドをバンドがやるとこうなる、と言えるか。全曲英語詞ということもあり、アジアで広く人気を博している。これまでに2枚のEPとアルバム1枚をリリース。この2nd EPの冒頭を飾る "Wonder" は、特にメランコリックなメロディ、サウンドと、唯一の女性メンバーによるコーラスが情感を際立たせる秀曲。　　小渕

Amber Mark　Love Is Stronger Than Pride

Conexão　Virgin EMI 2018

ジャマイカ人の父を持つアンバー・マークは、低音のハスキー・ヴォイスがクセになるシンガー。ドイツ人の母を持ち、ベルリンやNYなどで暮らし、ジャンルを限定しない曲を次々に発表する。1stアルバムに続いて出したこのEPはメジャー用だからか、シャーデー "Love Is Stronger Than Pride" のカヴァーを収録。アンビエントな原曲のアレンジを活かしつつ、レゲエ〜ラテンなビートで独自色を加えて人気を博した。こちらもシャーデー調に始まり、ダンス・ビートにスウィッチする "All The Work" などでの歌も魅力的。目が離せない逸材だ。　小渕

Elujay　Little Thangs

not on album　Onetime! 2018

オークランド出身の新進気鋭のラッパー／シンガー／ソングライターであるエルジェイ。ディアンジェロやケンドリック・ラマーの音楽に影響を受けたという彼が2018年にリリースしたシングル。ファンク・オリエンテッドなシンセとギターで軽やかにグルーヴするキャッチーなチューンだ。作曲／プロデュース欄を見てみるとサー・ディランなる人物がクレジットされており、何者？と思いリサーチしてみると、トニ・トニ・トニを弟のラファエル・サディークと共に結成したドゥエイン・ウィギンスの息子だと判明。いやはや、納得。　　　　能登谷

Girl Ultra　Duele

Adiós　Finesse　2018

メキシコシティ出身、高校時代からディスコ・バンドで活動していたというシンガー・ソングライター、ガール・ウルトラの2nd EP。エレピと歌声の調和が美しいミディアム・スロウ"Llama"や、スムーズなダンス・チューン"Lejos"、メキシコ～キューバ方面のリズム・パターンが隠し味的に挿入された切ないR&B"Bye Bye"など、メキシコ国外では無名に近いが本書的には無数の聴きどころを持つ佳作に仕上がっている。中でも本曲は歌、オケの抜き差し具合が絶妙な、彼女の哀感を含んだ声質が最大限に活きたベスト・チューン。　　　　　　　TOMC

Jamie Isaac　Wings

(04:30) Idler　Marathon Artists　2018

ビル・エヴァンスからショパン、ビーチ・ボーイズに至るまで多方面からの影響を公言する、94年UK生まれの俊英シンガー・ソングライターの2nd。アルバム冒頭を飾る本曲は、ボサノヴァ風のビートにクラシックを思わせるピアノと柔らかな声質が調和しつつ、終盤にかけ分厚いコーラスとサックス、ドラムが大胆にクレッシェンドしていく、一編の映画のような濃密さに心打たれる逸品。続く美しいサビを備えた"Doing Better"も人気だが、本書的にはミディアム・グルーヴが光る終盤の隠れた名曲"Drifted / Rope"もぜひ聴いてみてほしい。　　　　TOMC

JMSN　Inferno

Velvet　White Room　2018

2006年にはLove Arcadeというバンドのリーダーとして、かのアトランティックからデビューを果たしたこともある才人の2nd。プリンスの影響を公言するマルチ奏者である彼の作品は、近年のR&B勢ではとりわけロック色が強く、多用されるストリングスも他とは一線を画す個性を放っている。本曲は全ての演奏、プログラミングのみならずエンジニアリング工程までをも自身が手がけた、しかし箱庭的な閉塞感は一切感じさせないスマートなダンス・チューン。ややタイプは異なるが、初期レニクラのファンにもオススメしたい好盤。　　　　　TOMC

Joji　Slow Dancing In The Dark

Ballads 1　88rising　2018

累計数億もの再生回数を叩き出した元YouTuberとしての経歴でも知られる、NY／LAを拠点に活動する男が放った2010年代屈指のパワー・バラード。ローファイ・ヒップホップにも準えられるハイを抑えたメランコリックなシンセ～沈み込むような低速BPMは時代の空気を確実に捉え、アルバムはアジア系アーティストとして初のビルボードR&Bチャート首位を記録。もっとも、シンプルなブーンバップ調の"Yeah Right"等を聴けば一目瞭然、サウンドの新奇性を軽々超える歌心こそがこのアルバムを普遍的名盤たらしめていると言えよう。　　　TOMC

Keys Zuna Get Off

Keys Zuna Cascade 2018

フェラ・クティのバンドのギタリストを父に持ち、日系の血も引くヴォーカリスト／キーボーディストのキアラ・オガワを中心とした、フランスはパリ拠点のエレクトリック・ソウル・ユニット。日本語の"絆"がバンド・ネームの由来のようだ。デビュー・アルバムとなる本作に収録の"Get Off"は、ハイエイタス・カイヨーテをよりエレクトリック寄りにしたようなミッドテンポ・ファンク。キアラのルーツでもある日本語で歌われた"Gymnopedie, No.4"も出色のスロウモー・バレアリック・ソウル。　　　　　　　　　　　　　　　　　　　　　能登谷

Leo Sidran Your Secret's Safe With Me

Cool School (The Music Of Michael Franks) Unlimited Media 2018

ベン・シドランの息子、リオ・シドランによる、マイケル・フランクス曲のカヴァー・アルバム。『The Art Of Tea』や『Sleeping Gypsy』からの名曲はもちろん、1970年代から2000年代までの曲がまんべんなくチョイスされているのも実に嬉しいところ。本家より男臭いヴォーカルとビターなサウンドが、オリジナルとはまた違う味わいで楽しめる。よりスロウに、より渋みの増した"Your Secret's Safe With Me"がオトコマエ。ボーナス・トラックのオリジナル曲"Easy"もカヴァーっぽく聴こえてくるから不思議。　　　　　　　　　　　　　エミ

Louis Cole Things

Time Brainfeeder 2018

大学でジャズを学んだ超絶技巧ドラマーで、バンドもオーケストラも指揮する音楽マスターでもある真の天才、ルイス・コール。初の本格商業作となったこの3rdは、バカテクで奏でられる現代フュージョンを、キャッチーなメロディと歌でポップスにして聴かせる大傑作。スライのファンクの現代版のような"When You're Ugly"、メランコリックな名曲"Phone"、ヴルフペックに負けないドコスカ・ファンク"Real Life"、プリンスのようにセクシーなスロウ"After The Load Is Blown"と楽しませた後で、美しい"Things"の余韻がいつまでも続く。　　　小渕

The Marias Ruthless

Superclean Vol. II Superclean 2018

某誌で一十三十一さんが推薦していて知った、プエルトリコ系の媚薬系シンガー、マリアを男4人が盛り立てるLAのバンド、マリアズ。前年のVol.1に続くこれは6曲入りEP。いかにもLAなブリージン・メロウ・グルーヴの"Ruthless"は、西海岸AORをごくごくシンプルにしたような、いまどきらしい肩の力の抜けた演奏に、音色がいいエレピとトランペットが効いている人気曲。とはいえ、マリアの歌がとにかく魅惑的、強力で、その歌声を活かすソングライトもウマい。新曲を出すたびに新軸を聴かせてくるので目が離せない、というファンがすでに山ほど。　　　小渕

Midas Hutch　I'll Go There

The Feels & & The High　Manhattan 2018

オランダのDJ、ビート・メイカー、FS・グリーンが、時代のシンセ・ブギーを聴かせるプロジェクト、マイダス・ハッチ（この名は、ミッドナイト・スター名曲のタイトルでもあることわざ "Midas Touch" のもじりだろう）。長くヒップホップ／R&Bから、クロスオーヴァーなクラブ・ミュージックまでもつくってきた人だが、ブギーをつくらせても本当にウマい。80sなNYサウンドを取り入れたクールな "I'll Go There" や、TR-808サウンドをフィーチャーした "I Feel For You" など、引き出しが多く、さまざまな曲調で楽しませる秀作だ。　　　　小渕

Mildlife　Zwango Zop

Phase　Research 2018

オーストラリアのフュージョン・サイケデリック・バンド、マイルドライフの1stアルバム。クルアンビンをもっと技巧的に、スペイシーにした感じでヴォーカル入り、と言えば聴いてもらえるだろうか。ラテン・ファンクのノリもある "Zwango Zop" は、次々に展開していくファンキー・ジャムだが、最高にかっこいいギターが奏でるリフなどがキャッチチーでポップな名曲だ。他は全て6分以上あるが、歌も含めてポップスとして聴かせてくれるので、テイム・インパラ好きにもおすすめしたい。2020年の2ndはよりわかりやすい曲も増え、ブレイクするか。　　　小渕

Moods　Keep Up

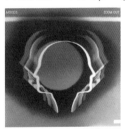

Zoom Out　Boogie Angst 2018

オランダはロッテルダム出身のプロデューサー／リミキサーであるニック・ラバーセンことムーズ。2010年代中期より数々のシングル・リリースとリミックス・ワークを重ねてきた彼が、クラーク＆スマークが主宰するレーベル、ブギー・アンストから満を持して発表したデビュー・アルバム。弾力のあるベース・ラインとジャジーなウワネタが気持ちいい "Keep Up" は徐々にビルドアップしていく展開も秀逸で、FKJファンなら間違いなくツボであろうインスト・グルーヴだ。ヴォーカル曲 "Slow Down" も素晴らしいエレクトリック・ミディアム・ソウル。　　能登谷

Morris Mobley　Movin' On

Movin' On　Arcane 2018

ゲイリー・グリットネス名義でも活躍中のマルチ・プレイヤー、スリック・ティムによる変名ソロ・プロジェクト、モリス・モブレーの1st。ジョージ・ベンソン・ミーツ・ボズ・スキャッグスな "Movin' On" を筆頭に、ジャケットのダンディなイメージそのままに大人の魅力溢れるアーバンな曲がずらりと揃ったアルバムである。AOR好きは反応せずにはいられない、ボズを彷彿とさせる歌声が実にクール。スティーリー・ダン "Glamour Profession" とドン・ブラックマン "Since You Been Away So Long" のカヴァーが絶品。　　　　エミ

Omar Apollo   Ugotme

Stereo   no label 2018

インディアナ州出身のシンガー・ソングライター、オマー・アポロ。2018年のデビューEP『Stereo』は70年代の山下達郎を彷彿とさせるサウンドだが、翌年リリースの2nd EP『Friends』ではマイケル・ジャクソンやプリンスなど80年代ポップスを彷彿とさせるサウンドを聴かせ、曲によって人も変わっているのではないかと思うほど、まるでカメレオンのような変幻自在のアーティストである。2020年のシングル"Stay Back"はまるでアイズリー・ブラザーズのよう。この先も一体どんな変化があるのか彼の活動から目が離せない。   エミ

Parcels   Iknowhowlfeel

Parcels   Kitsuné Music 2018

オーストラリア出身、ベルリン在住の5人組バンド、パーセルズの1st。"Overnight"（本作には未収）がダフト・パンクprod.で話題になったが、ブギーの"Lightenup"や"Everyroad"、メロウな"Withorwithout"などは彼らの『Random Access Memories』収録曲をバンド・スタイルで演っているよう。ナイル・ロジャーズ直系のギター・カッティングがキモだが、ただのパクリに聴こえず、夢中になってしまうのはソングライトのウマさと、実直なヴォーカルの魅力だろう。中毒性の強〜い"Iknowhowlfeel"にはハマる。   小渕

Phum Viphurit   Long Gone

Manchild   White Noise 2018

ここ最近アジアのアーティストの活躍がめざましい。タイはバンコクのシンガー・ソングライター、プム・ヴィプリットもそのひとりである。2018年のシングル"Lover Boy"のMVがYouTubeで驚異的な再生回数を記録し、世界的なブレイクを果たす。ワールド・ツアーの開催や日本でも人気上昇中のトラック・メイカー、STUTSとコラボするなど話題が尽きない。彼の魅力はなんといっても耳に優しく残る低くて温かみのある歌声。まずはこのデビュー・アルバム収録の"Long Gone"を聴いて、そのオーガニックな歌声を堪能してほしい。   エミ

Prophet   Insanity

Wanna Be Your Man   Stones Throw 2018

84年のインディ・シンセ・ファンク作品『Right On Time』が2010年代に新世代ブギー勢から多大な支持を集めた末、現行トップ・ビート・メイカーのひとり、マインドデザインの全面バックアップのもとLA名門ストーンズ・スロウよりドロップされた34年ぶりの新作。『Right...』の混沌とした音像とは打って変わって非常にクリアなミキシングが為されており、彼をカルト的存在に留めず瑞々しく蘇らせたマインドデザインの手腕が光る好盤だ。彼のニュー・スタイルをかみなく提示する、このアルバム冒頭曲からきっと心を掴まれるはず。   TOMC

Raquel Rodriguez　Night's Over

The 310, Pt. 2　no label　2018

ラケル・ロドリゲスはLA出身のシンガー・ソングライター。プリンス
やMJ、ディアンジェロ、エイミー・ワインハウスらに影響を受けたと
いう彼女は、アンダーソン・パークのバック・シンガーを務めるなどし
て徐々に頭角を現す。新進気鋭のソウル・バンド、ムーンチャイルドの
キーボーディスト、アンドリス・マットソンとの共作曲"Night's
Over"は、時折差し込まれるヴォコーダーもアクセントとなった、シャー
プなグルーヴのライト・ファンク・トラック。"I Want It All"もベース・
ラインが格好よい極上メロウ・ソウル。　　　　　　　　　　能登谷

Sunset Rollercoaster　Angel Disco Love

Cassa Nova　Senset Music　2018

台湾の落日飛車、英語だとサンセット・ローラーコースター。2011年の
1stからどんどんと音楽的に進化・深化を続け、いまや日本〜アジア各
国でもその名を知られる人気バンドに。この2ndアルバムでは、16ビー
トのメロウ・グルーヴを多くの曲で聴かせ、世界的なクロスオーヴァー・
ソウル流行りに乗った上で好曲を披露。タイトルからしてキマっている
ブギーの"Angel Disco Love"を始め、よりメロウな"Summum
Bonum"などもいい。2019年のEP『Vanilla Villa』ではサイケなジャム・
バンド調の曲も聴かせさらに進化。今後も本当に楽しみだ。　　小渕

Vansire　Halcyon Age

Angel Youth　Spirit Goth　2018

ミネソタ州ロチェスター出身のドリーム・ポップ・デュオ、ヴァンザイ
アの2nd。フィリピンのベッドルーム・ポップ新星メロウ・フェロウや、
インディ・ロック界注目のポール・チェリーに、ラッパー、トラック・
メイカーとしてマルチな才能を持つジェレマイア・ジェイなどこれから
の音楽シーンを共に担っていく13名のアーティストとコラボしたボ
リューム満点の内容となっている。切ないメロディに涙する黄昏メロウ
"Halcyon Age"を始め、ゆったりとした浮遊感のあるベッドルーム・
サウンドに身も心も委ねとろけたい。　　　　　　　　　　　　エミ

Will Sessions & Amp Fiddler feat. Dames Brown　Rendezvous

The One　Sessions Sounds　2018

デトロイトのブラック・ミュージックの大ボスとなったアンプ・フィド
ラーが、ヒップホップ世代のファンクを強く打ち出す地元バンド、ウィ
ル・セッションズと組み出した企画アルバム。やはり地元の女性Vo.3
人組デイムズ・ブラウンを立て、流行りど真ん中のブギーを聴かせた快
作で楽しい。正統Pファンカーでもあるアンプなので、"Rendezvous"
などは、"One Nation Under A Groove"といったジュニーがつくっ
たP印ブギーを受け継ぎ、いまに蘇らせているような感も。クールなシ
ンセ・ブギー調の"Lost Without You"なども◎。　　　　　　小渕

Young Franco Girls Don't Cry

not on album Of Leisure 2018

オーストラリアはブリスベン出身、1994年生まれの新進気鋭のDJ／プロデューサー。ボーモーやケイトラナダからの影響を自負する彼は、ミュージシャンシップを感じさせるエレクトロニック・サウンドを得意とし、2016年頃からシングルを続々リリース、ストリーミング・ヒットを連発しているニュー・タレントだ。本曲は、同じくオーストラリア出身の女性シンガー、マリベルとのローカル・コラボ作品。80sファンクのインフルエンスを感じさせるスラップ気味のベースと、ヴィヴィッドなシンセが格好良いアップテンポ・トラック。　　　　　能登谷

Adrian Khalif Morning Light

Embrace, Embrace E-Motion 2019

1992年にインドネシアはジャカルタの外交官の家に生まれたエイドリアンは、幼少期をニューヨークで過ごしたことでヒップホップに興味を持ち、ラッパー／シンガーとしての活動を開始する。本曲は強力なベース・ラインが牽引する80s、90sいずれの空気も纏った不思議なバランスのミディアム・スロウで、本書的にはアルバム中のベスト・トラック。他にもスウィートなメロディ・ラインとややいなたいシンセ・ワークを掛け合わせた"Get to You"をはじめ、90s R&Bのエッセンスを現代的にアップデートした佳曲揃い。　　　　　TOMC

Ari Lennox Whipped Cream

Shea Butter Baby Dreamville 2019

ノーザンヴァージニア出身で1991年生まれのR&Bシンガー、アリ・レノックス。ラッパー／プロデューサーのJ・コールが創設したレーベル、ドリームヴィル初の女性アーティストとして契約し注目を集めた彼女が、満を持してリリースしたデビュー・アルバム。2パック"I Wonder if Heaven Got A Ghetto"(1997年)ネタとしてもお馴染みのキャミオ"Two Of Us"(1978年)をスクリュー使いで絶妙に料理した"Whipped Cream"は味わい深いソウルフル・トラック。J・コールがプロデュースした"Facetime"も絶品メロウ。　　　　　能登谷

Berhana Lucky Strike

Han EQT 2019

アトランタ出身の新鋭シンガー・ソングライター。2016年にリリースされたデビューEP『Berhana』収録の"Grey Luh"が、ドナルド・グローヴァー手がける人気ドラマ『アトランタ』のいちエピソードで使用され話題に。初となるこのフルレングス・アルバムには、アンダーソン・パークやマック・ミラーの作品も手がけているカナダ出身のキーボーディスト、ボーモーが共同プロデューサーとして参加。ベース・ラインが格好いいブライトなミッド・ブギー "Lucky Strike"、音数少なめなスローモー・ソウル"Golden"が抜群。　　　　　能登谷

Blood Orange　Benzo

Angel's Pulse　Domino 2019

マック・ミラーやソランジュらビッグネームとの仕事でも知られる、UKの才人デヴ・ハインズのソロ・プロジェクト。本作は傑作揃いの彼のディスコグラフィの中で最も短尺（全32分）であり、時流も踏まえたであろう早い展開＆大方3分未満の短尺曲が連なる構成は、濃密な大作『Freetown Sound』（16年）とは異なるベクトルで粋を極めた作品であると言える。アルカやティナーシェをはじめ豪華客演陣が並ぶ中、単独名義の本曲は短いセンテンスで想像を掻き立てる詞と美しいサビが光る、彼の実力を端的に示す名曲。　　　　　　　　　TOMC

Bronze　Bird's Eye View

East Shore　8Balltown 2019

韓国のインディ・ヒップホップ／ R&Bクリエイティヴ集団、8BALL TOWNのプロデューサー、ブロンズの1stアルバム。永井博のアートワークやG.RINAのゲスト参加など、リリース前から日本でも話題を集めていた1枚。80年代ジャパニーズ・シティ・ポップのバブリーでキラキラしたサウンドをベースにしたコリアン・ブギーはまさに韓国のシティ・ソウルだ。キュートなヴォーカルとムーディなサックスが響き合う"Bird's Eye View"に胸キュン。他にもウヒョやスミンなど韓国で注目のアーティストが参加した曲など、全曲はずせない良作。　　　エミ

Cory Wong　Starting Line

Motivational Music For The Syncopated Soul　Cory Wong 2019

世界中で熱狂的なファンを増やし続けているヴルフペックと、その別動隊であるフィアレス・フライヤーズでも活躍するギタリスト〜マルチ・プレイヤーのコリー・ウォン。ミネアポリス生まれの彼は、実際にNPGメンバーとの共演もしているが、特に初期のプリンスのスタイル、音色を受け継ぐカッティング・ギター・ヒーロー。"I Wanna Be Your Lover"のようにブライトでポジティヴな"Starting Line"など、ひたすらにクリーンなコリーの作風は賛否あるだろうが、爽快なことこの上ない。近作では進化し続けていて、この先も楽しみ。　　　小渕

Dabeull　Dr. Fonk

Intimate Fonk　Roche Musique 2019

セクシーな姿で写るジャケットがインパクト抜群のこの男の名はダベル。"ニュー・フォンク"という新たなジャンルを提唱し、ファンク、ディスコ、ハウスなどを織り交ぜた80sサウンドを繰り出す、シンセ・ブギー・マスターである。FKJを擁するパリのレーベル、ロシュ・ミュージックの看板アーティストのひとりで、その洗練されたアーバンなサウンドは折り紙つき。5曲入りのこのEPは全曲フロア使いOKの濃い内容。タイトル曲の"Dr. Fonk"をはじめディープな"ニュー・フォンク"の世界を存分に味わってほしい。　　　　　　　　エミ

Dent May Why I Came To California

not on album Carpark 2019

ポップス狂ゆえに、いまは時代のシティ・ソウルを奏でるSSW、デント・メイ。前巻でも紹介した人だが、リオン・ウェアのAORソウルとしては一番人気曲 "Why I Came To California" をカヴァーしたので再登場させたい。LAに移住したリオンが歌ったカリフォルニア賛歌は、同じくLAに移住してきたデントにもぴったりな曲であり、例のナヨ声で、原曲に忠実なアレンジで張り切って歌う。彼は2020年に5thアルバム『Late Checkout』をリリース。前作以上に西海岸テイストの、カラッとしたAORポップな好盤なので合わせてチェックを。 小渕

Doja Cat Say So

Hot Pink Kemosabe 2019

LA出身のドージャ・キャットは、セクシーでロマンティックな歌を、ヴィジュアルも含め「カワイイ」センスで表現しブレイク。大ヒットした "Say So" は、70年代末のものがオリジナルで、カイリー・ミノーグが2000年代前半にリヴァイヴァルさせたスムーズ&ライトなユーロ・ディスコを直球で聴かせたもの。ブギー流行りにも乗ったが、主役の歌、ラップ両刀使いのヴォーカルが何より魅力的だ。音楽一家に育った彼女は実力派で、他も曲が粒揃い。シングル "Freak" では60sなドゥーワップをとても魅力的に歌ってみせるので、そちらもぜひ。 小渕

edbl The Way Things Were

not on album edbl 2019

トム・ミッシュやジョーダン・ラカイなど、次々と卓越した才能を持つアーティストが登場し世界を席巻しているサウス・ロンドンの音楽シーン。またひとり、今後要注目な逸材が現れたので紹介したい。edbl（エドブラック）はロンドン出身のプロデューサー／ギタリストで、2019年にシングル4曲でデビュー。その内の1曲であるこのトラックは、フックの "Bad guy in a movie..." のフレーズも耳に残る洒脱なR&Bチューン。2020年9月にはアルバムも発表しており、今後の動向からも目が離せないアーティストだ。 能登谷

Escort City Life

City Life Escort 2019

トレイシー・ソーンも手がける東アジア系の才人とNYのDJが、女性ヴォーカルと組むエスコート。以前はバンド形態だったこともあるが、2011年の1stから一貫して爽快なディスコ・ブギーを聴かせる。前作から4年ぶりのこの3rdには、"City Life" と本書向けなタイトルの好曲が。80年前後のNYダンサーを継ぐ、ベースが曲を引っ張る文句なしのパーティ・チューン。NYディスコのレジェンド、フォンダ・レイがフックで歌うのも高ポイントだ。他にもブライアン・ジャクソン、マイケル・レオンハートらホーン奏者のレジェンドが参加した曲あり。 小渕

J.Lamotta すずめ　If You Wanna

Suzume　JAKARTA 2019

イスラエル出身、ベルリンで活動するSSW、J・ラモッタ・すずめ。ジャズを、J・ディラを愛する彼女は、時にジャズ・ファンクな、時にヒップホップのビートに乗りフリースタイルなヴォーカルをクールに聴かせる。ただ"If You Wanna"は、スモーキー・ロビンソン"Quiet Storm"と、マーヴィン・ゲイ"What's Going On"をモチーフにしたような、誰もが笑顔になるメロウ・ジャムの人気曲。2020年の最新作『Brand New Choice』からは最新モードの音楽スタイルにスウィッチ、魅惑的なヴォーカルがますます輝いていきそう。　　小渕

Jordan Rakei　Rolling Into One

Origin　Ninja Tune 2019

オーストラリアの注目株、ジョーダン・ラカイは、前巻掲載の1stリリース後にロンドンに移住。すぐにトム・ミッシュらとつるむようになり、音楽的な進化をこの3rdで見せつけた。"Rolling Into One"はブギーにサイケデリックな要素も入れて、独特なスタイルで聴くものをノセていく人気曲。新世代ジャズ勢との連携も深い彼ゆえに、FKJに近いスタイルの曲も。2020年末にはDan Kye名義でアルバム『Small Moments』を発表。ハウス、ブロークンビートなどクラブ・ミュージックのビートにヴォーカルを乗せる意欲作で、今後の動きからも目が離せない。　小渕

Kaytranada　10%

Bubba　RCA 2019

マドンナのツアー・サポートやロバート・グラスパーのリミックス・ワークなども手がける、カナダ出身ハイチ系DJ／プロデューサーの2nd収録曲。ヴォーカルを務めるカリ・ウチスはブーツィ・コリンズからタイラー・ザ・クリエイターに至るまでさまざまなコラボレートを果たしてきた実力派で、独特のタイム感で刻まれるビートを完璧に乗りこなし、本曲を無二のポップ・ミュージックに仕立て上げている。アルバム全編を通じ、シティ・ソウル・ファンならリズムのタメ・ナマリだけで一気に心を掴まれるであろうキラー・チューン揃いだ。　　TOMC

KnowKnow　R&B All Night

Mr. Enjoy Da Money　88rising 2019

中国史上初となる世界的な成功を収めたラップ・グループ、ハイヤー・ブラザーズのメンバーによるソロ作。本曲はわざとらしいタイトルの期待を一切裏切らない、音作りの随所で往年のR&Bスタイルをパロディ化したメロウ・グルーヴ。ほぼ打ち込みっぱなしのシンセ・ブラス、他のヘヴィな収録曲よりも明らかに控えめなサブ・ベース、ベタッと鳴るデッドなスネアなど、苦笑いを通り越して唸らずにいられない。この曲で彼は一切ラップを披露していないが、ブルー・アイド・ソウル好きにも訴求するであろう、堂に入った瑞々しい歌唱が聴ける。　　TOMC

Leven Kali　1 on 1

Leven Kali: Low Tide　Interscope 2019

オランダ生まれ、LAはサンタモニカ育ちの新進気鋭のR&Bシンガー／プロデューサー、レイヴィン・カーリ。そのソングライティング・スキルを買われ、2017年にユニヴァーサル傘下のインタースコープと契約し、2年後にリリースされたデビュー作。シドニー出身のニューGファンク・プロデューサー、MXXWLLとのコラボレーション・トラック "1 On 1" はTR-808使いの極上スロウ・ジャム。他にもシド（ジ・インターネット）とのデュエット曲 "Do U Wrong" など、良質R&Bトラックだらけの名盤。アナログ化を切実に希望。　　　　　能登谷

Lion Babe　Into Me

Cosmic Wind　Awal 2019

ヴァネッサ・ウィリアムズを母に持つシンガー、ジリアン・ハーヴィと、新録ソウル・レーベル、トゥルース＆ソウルでインターンをしていたプロデューサー、ルーカス・グッドマンによるニューヨーク拠点のR&Bデュオ。デビュー・シングル "Treat Me Like Fire" が一躍話題となりメジャー・ディールを獲得、2016年にファースト・アルバムを発表している。本作はセルフ・リリースとなった2作目。"Into Me" はアシッドなシンセ・ベースが際立つ4つ打ちブギー・トラック。ネプチューンズのインフルエンスを感じさせる "The Wave" もナイス。　　能登谷

Lynda Dawn　Fonk Street

At First Light　Akashik 2019

リンダ・ドウンはロンドン出身の新鋭シンガー・ソングライター。2018年にジャイルズ・ピーターソンが手がけるコンピレーションに無名ながら収録され、一気に注目を浴びることに。本作は、その翌年にマインドデザインのレーベルであるアカシック・レコーズからリリースされた彼女のファーストEP。現代版にアップデートされたエレガント・ファンクといった趣の "Fonk Street" や、UKストリート・ソウル・クラシックとして知られるフィフス・オヴ・ヘヴン "Just A Little More" ネタのR&Bトラック "Move" など、粒揃いの作品だ。　　能登谷

Majid Jordan　Superstar

not on album　OVO 2019

ドレイクの歌モノ路線における最初の到達点である、タイムレスなポップ・チューン "Hold On, We're Going Home" への参加で大きく名を上げたカナダのR&Bデュオ。本曲は80年代を思わせる華やかなダンス・ポップにループを駆使した超・現代的なエディットが掛け合わされた、"Can't Feel My Face" 以降のザ・ウィークエンドのファンにもオススメしたいキラー・チューンだ。本曲に限らず彼らの作品には、クールな雰囲気と温かな和声進行を両立したジャム＆ルイスにも通じる魅力があり、ここ日本でももっと人気が出て良いと思う。　　　　TOMC

Mandoo　Another One

Pacific Addiction　Mandoo Music 2019

LAで音楽を学んだフランスのおしどりデュオ、マンドゥー。2012年の1st以上に西海岸サウンド～AOR愛を爆発させた2ndアルバムだ。"Another One"は、ホーンやエレピの響きも心地いい、ジャジー・メロウAORの名曲。ジェイ・グレイドンよろしくなギターが魅力の冒頭"Can't We Go Along"から爽快なサウンドが満載。"Brazilian Romance"と曲名からしてロマンティックなメロウ・グルーヴの好曲や、しっかりしたメロディの"Just Like Heaven"など、さまざまなスタイルの曲を書き分けるソングライトも見事。ジャケット負けしていない秀作。　　小渕

Michael Seyer　I Can't Dance

Nostalgia　no label 2019

カリフォルニアの若きアーティスト、マイケル・セイヤーのミニ・アルバム。頭から尻尾の先までみっちり詰まったとびきりメロウな音に、身も心もとろけてしまう至福のベッドルーム・ポップ。マイケル・セイヤーの音楽にどこか懐かしさや親しみやすさを覚えるのは、彼のルーツがフィリピンにあり、アジア人独特のノスタルジック・ムード漂う音が日本のシティ・ポップとリンクするからであろう。AOR好きもシティ・ポップ好きも虜にする"I Can't Dance"は出色の出来。カタコトの日本語が入った"Heaven Only Knows"にぐっと親近感を抱く。　　エミ

The Pendletons　Life To Me

2 Steps Away　Bastard Jazz 2019

マイロン＆Eの片割れ、E・ダ・ボスと、レイラー・リモンによるユニット、ペンドルトンズ。2010年からコンスタントにシングルやEPを出し人気を高め、2019年ようやく待ちに待ったフル・アルバムをリリース。シングル・カットされた"Life To Me"を筆頭に、センスのいいメロウなモダン・ファンクを聴かせてくれる。ナイトフライトのハワード・ジョンソンをフィーチャーした"You Do You"は、西海岸テイストのカラッとした軽快なサウンドがすがすがしい。イチオシを選ぶのが非常に難しい、全曲シングル・カットできる充実作である。　　エミ

Philip Bailey　You're Everything

Love Will Find A Way　Verve 2019

フィリップ・ベイリーの実に17年ぶりのソロ・アルバム。ロバート・グラスパーやチック・コリアなど新旧音楽界のレジェンドが集結した豪華な1枚である。カーティス・メイフィールド、マーヴィン・ゲイ、トーキング・ヘッズ、ファラオ・サンダースなどのカヴァー曲とオリジナル曲で構成された、50年に及ぶ音楽活動の歴史を集約した傑作だ。大人の余裕を感じさせる芳醇なサウンドと艶のあるファルセットはこの上なく贅沢。どの曲も素晴らしいが現行ジャズに生まれ変わったチック・コリアの"You're Everything"が特にお気に入り。　　エミ

Phony Ppl　Either Way

Mo'za-ik　300 Ent. 2019

ヒップホップのレジェンド、DJ・ジャジー・ジェイの息子がドラムを叩く、ニューヨークはブルックリンのバンド、フォニー・ピープル。2009年から作品リリースを続けてきたが、この最新作でついに傑作をものにした。"Either Way"は、みずみずしいメロディと歌を、相反するフリースタルなビートで聴かせる、バンドの円熟を伝える名曲。"Move Her Mind"も、ハイトーンもきれいな歌が引き立つ、メロウながらもクールな秀曲。時代のアンビエント・サウンドを聴かせる"Way Too Far"や、サンバなリズムの"Once You Say Hello"も最高だ。　　　　小渕

Pink Shabab　If Only I Could Hold You One More Time

Ema By The Sea　Karaoke Kalk 2019

イギリスのベーシストで、Baby DeeやBatschの作品に参加してきたジョセフ・カーヴェル。彼のソロ・プロジェクト、ピンク・シャバブの1stには、なるほど変名でやるのも納得の、これまで聴かせた音楽とは違うシンセ・ポップ／ブギーが満載。ゲイリー・ニューマン、YMOなどなど、80年前後のテクノ・ポップを現代に再構築するようなつくりで、確かにこのサウンドはいままだ耳に心地いい。低音の太さなどはいま風で、クールにドライヴするベースがかっこいい冒頭の"If Only I Could Hold You One More Time"から一気に引き込まれる。　　小渕

Puma Blue　Midnight Blue

Blood Loss　Blue Flowers 2019

すでに熱狂的なファン（僕もそのひとり）を抱える、ジェイコブ・アレンのソロ・ユニット、プーマ・ブルー。この人もまたサウス・ロンドン発の才能だ。ジャズのコンボ編成で奏でられる、これ以上なくスモーキーなサウンドのダウン・ビートに乗る、チェット・ベイカーを思わせる中性的で魅惑的なヴォーカルが唯一無二の魅力を放つ。これは2枚目のEPで、真夜中に聴くとハマり過ぎる"Midnight Blue"など好曲揃い。一度ハマればこれまでの曲はどれもOKだが、2021年初頭に出る1stアルバムからは新路線に突入しそうでそちらも楽しみだ。　　　　小渕

Reuben James　If You're Not There

Adore　Ruflo 2019

トム・ミッシュやディスクロージャー（ロマンティックなあの"Where Angels Fear To Tread"でピアノをプレイ）の作品に参加してきたイギリスのキーボーディスト、ルーベン・ジェイムズ。ヴォーカリストとしての非凡な才も披露したこのデビューEPは、ジャズ、ゴスペル、クラシックにも精通した彼ならではの、優雅で美しい曲揃い。ビートレスの冒頭"If You're Not There"は歌声も含めただただ美しい。ジェイムズ・ブレイクの1stを聴いた時の感動が蘇る。4つ打ちのダンス・チューンもあったりと、これからが本当に楽しみな逸材だ。　　　　小渕

Rivage　Face A face

Long-Courrier　Roche Musique 2019

本書にも数組が登場する、フランス最強のシティ・ソウル・レーベル、ロシュ・ミュージック。日本より音楽市場の小さいフランスでは売れないと即キャリアが終わってしまうのだろう、「ミュージック・ビジネス」を理解しているアクトが多く、特にロシュはその点万全だ。この男性デュオの1st EPは、冒頭の"Face A face"が竹内まりやさん"Plastic Love"のビート使い。メロディを変えてあるので嫌味なく聴けるメロウ・グルーヴの好曲に。他の4曲もドリーム・ポップ色もあるメロウ・チューンで、メロディづくりを磨けば化けるか？　　　　　　　　　小渕

Sault　Why Why Why Why Why

5　Forever Living Originals 2019

ディーン・ジョサイア・カヴァーとクレオパトラ・ニコリッチなるソングライター2名が中心人物と思われる、謎多きソウル／ファンク・バンド、ソルト。リトル・シムズやクレオ・ソル、マイケル・キワヌーカといったUKの有望なソウル／ヒップホップ勢の作品にサポートで参加している彼らが自主レーベルから発表したデビュー作。ドープなアフロ臭漂う楽曲がアルバムの大半を占めるなか、唯一80sブギーの影響を感じさせる"Why Why Why Why Why"は本書の読者なら必ずやピンと来るであろうエクセレント・トラック。　　　　　　　　　能登谷

Schwey　Sh'qweyla

Schwey　604 2019

カナダはヴァンクーヴァー周辺で産まれた人種混成バンド、シュウェイの1stアルバム。"Sh'qweyla"は、軽快なカッティング・ギターとシンコペイト・ドラムが生むグルーヴが次第に熱を帯びていく、ライヴで盛り上がること請け合いのパーティ・チューン。生粋のパーティ・ジャム・バンドといった感じで、スロウだろうとリズムがハネていて、陽気で楽しいムードに溢れている。"Our Rhythm"なる曲ではその通り、スロウながらバウンスするリズムのコンビネーションを披露。メロディアスな"Flutter"もリズムはファンキーだ。　　　　　　　　　小渕

Shura　Religion (U Can Lay Your Hands On Me)

Forevher　Secretly Canadian 2019

アレクサンドラ・ライラ・デントンことシャウラは、ロンドン出身のプロデューサー／シンガー・ソングライター。2016年にポリドール・レコーズからファースト・アルバムをリリース、本作はその3年後にインディ・レーベルからリリースされた2作目だ。エレクトロ・ポップ色の強かったファーストに対し、本作ではよりソウル的なアプローチとなっている印象。先行シングルに選ばれた"Religion (U Can Lay Your Hands On Me)"は確信犯的に80sブギーに寄せたアレンジの鮮やかなグルーヴィ・トラックだ。　　　　　　　　　能登谷

Snoh Aalegra　Situationship

- Ugh, Those Feels Again　ARTium 2019

シャーデーとも比較される美声の持ち主で、最晩年のプリンスに師事した経験も持つスウェーデン出身ペルシャ系シンガーのスノー・アレグラ名義での2nd。ヴィンス・ステイプルズやコモンなど、彼女が過去に客演したコンシャス・ラッパー勢と共通のプロデューサー陣がサウンド面を固めており、リバーブのかけ方ひとつ取っても強い美学を感じさせる力作だ。本曲は拍の前後を自在に揺れ動く、彼女のヴォーカル・ワークの巧みさに酔える名曲。5人ものプロデューサーの協働による"I Want You Around"の隙なしの美しさも特筆ものだ。　　TOMC

Steve Lacy　Playground

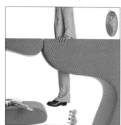

Apollo XXI　3qtr 2019

80年代のプリンスのような、大胆さと繊細さの入り混じったサウンド、ソングライトに引き込まれる"Playground"を聴けば、スティーヴ・レイシーがなぜもてはやされるのか理解できるだろう。ジ・インターネットのギタリストであり、ケンドリック・ラマー、ソランジュといった時代の寵児たちと傑作を生み出してきた男。しかもソングライトやアレンジはスマホで行うことも、というから恐るべき新世代なんである。この自身の1stアルバムは、アイディアのスケッチという感もあってポップさに欠けるが、聴くほどにしみるスルメ盤だ。　　小渕

Yerin Baek　Square

Every Letter I Sent You　Blue Vinyl 2019

ベク・イェリンは2012年に韓国のガールズ・デュオ、15＆の一員としてデビュー。2019年には、NiziUで話題の事務所、JYPエンタテインメントとの専属契約終了に伴い、自らレーベルを立ち上げ、ソロ・デビュー作となる本アルバムを発表。現在はソロで活躍中のアーティストである。繊細で儚げ、だけど芯の強さを感じる"Square"は古内東子や今井美樹などに通じるサウンドで、日本のシティ・ポップ・ファンに自信を持って推薦できる1曲。他も全18曲、彼女の魅力が余すことなく引き出されたコリアン・メロウ・ポップ重要作である。　　エミ

Aaron Taylor　Flowers

Icarus　Edenic 2020

ガーナとアンティグアをルーツに持ち、ロンドンを拠点に活動するシンガー・ソングライター、アーロン・テイラー。2016年のデビューEP『Still Life』収録の"Lesson Learnt"がApple WatchのCMソングに抜擢され、音楽で生計を立てることを決意。その後もコンスタントにEPを発表、本作は彼の初となるアルバム作品だ。テンポ抑えめの極上レイドバック・トラックが揃った快作となっている。浮遊感漂う至高のエレクトリック・ファンク"Flowers"や、ベニー・シングスが共作したメロウ・ソウル"What Do You Do"など、良曲ばかり。　　能登谷

Aldorande　Summer Body

not on album　Favorite 2020

希少AORタイトルの再発から、ミスター・プレジデントやルーカス・アルーダといった現行ソウル・アーティストのリリースまで手がけるフランス発の優良レーベル、フェイヴァリットから、2018年にアルバム・デビューを飾ったジャズ・ファンク・カルテット、アルドランド。本作はその2年後にリリースされた12インチ。80年代のアジムスを彷彿させる"Summer Body"は、女性スキャットが心地よいミッドテンポのスペイシー・フュージョン。B面の"Breakfast In Space"は、スラップの効いたドープなディスコ・ファンクでこちらも◎。　能登谷

Caribou　Like I Loved You

Suddenly　City Slang 2020

カナダの作曲家／電子音楽家ダン・スナイスのカリブー名義での5th。キャリア初期から一貫して音楽的ボキャブラリー／アイデアの多様性を評価されつつも、新作を経るごとにメロディの暖かみ〜ビートの明快さを獲得してきた中、本作はこれまでで最も自身のヴォーカルをフィーチャーした作品。終盤に配された本曲は『Hats』『High』期のブルー・ナイルにも通じる、ミニマルで静謐なソフィスティ・ポップに仕上がっている。往年の彼からすれば驚くほど素直なブーンバップが聴ける"Home"も本書的にオススメの1曲。　TOMC

Cassowary　Belt Notch!

Cassowary　Fat Possum 2020

キャソウェリィなる希少種の鳥の名をアーティスト名にする、LAのマルチ・プレイヤー。サックスのスペシャリストだがこの1stアルバムは、自ら歌うジャズ・ソウルAORなクロスオーヴァー作品だ。"Belt Notch!"は、ファルセットによる歌もクールな、サックスもフィーチャーしたジャジーなファンキー・ジャム。オッド・フューチャーのアール・スウェットシャツらと近しく、リリックスにはクセがあるが、ファンクな"She Funked Me"も、アンビエントな"Starlight"も、どの曲もとにかくクール。サンダーキャットらと並ぶ注目株だ。　小渕

Dae Han　The Flu

Blue　Aloha Got Soul 2020

ヒップホップ育ちのドラマーで、いまはハワイを拠点とするアジア系の才能。この1stアルバムは、さすがヒップホップ人らしくとにかく質感にこだわったサウンドがいまの耳にジャストフィット。ボズ・スキャッグス"Lowdown"マナーの、男性Vo.が歌うメロウ・ブギー "The Flu"や、タイトルからして魅力的な"Honolulu Jazz"などラウンジーだけどーつひとつの音が異常におもしろいインスト・ジャズ曲などが混在。それをリズムと、音色の統一性でもってサラっと聴かせてしまう。FKJへのアジア〜太平洋からの回答とも言える傑作。　小渕

Dinner Party　Freeze Tag

Dinner Party　Sounds Of Crenshaw 2020

テラス・マーティン、ロバート・グラスパー、カマシ・ワシントン、9thワンダーが組んだスーパー・ユニット、ディナー・パーティの1st EP。打ち込みの、あえて90年代風なブレイクビーツに、7曲中4曲はPhoelixのソフトでメロウかつソウルフルな歌声を乗せたつくり。次なるトレンド＝90s ヒップホップ・ソウル？を先んじて、気負いなく試しがてらやってみた、といったつくりにも感じるが、さすがにこの4人だと奥深さが。2019年末には録られていたというが、BLM運動の盛り上がりにも合わせ、豪華ゲストが参加した改訂版も出た。　　　小渕

Donny Benet　Girl Of My Dreams

Mr Experience　Dot Dash 2020

オーストラリアのマルチ・プレイヤー、ドニー・ベネットの最新作。もし80年代に発売していたら、国内盤はきっと写真を差し替えられていたであろう本人の顔ジャケットが最高。一度見たら忘れられない個性的なキャラクターで、日本でもじわじわと人気が高まってきている。ちょっぴり甘い声をのせたイタロ・ブギー、ディスコ、AORな80s全開の、ダサかっこいいサウンドにハマる人が続出。イチオシは"Girl Of My Dreams"。イントロの口笛がたまらない究極の美メロは、2020年代のAOR傑作といっても過言ではない。　　　エミ

Dornik　Temptation

Limboland　Dornik Music Ltd. 2020

サウス・ロンドン出身のシンガー・ソングライター、ドーニックは、ジェシー・ウェアのサポート・ドラマーとしてプロ・キャリアをスタート。自主制作していた楽曲をジェシーが絶賛し、ユニヴァーサル傘下のPMRから2015年にアルバム・デビューを果たす。本作はその5年後にリリースされたセカンド・アルバム。80sファンクをモダナイズしたサウンドと、ドーニックのアンニュイでスウィートな歌声が堪能できる1枚だ。エレクトリック・ブギー "Temptation"、ミッドR&B "Retail Therapy"など、美味な良曲がズラリ。　　　能登谷

Fat Night　Sweet Nothings

Live For Each Other　Acrophase 2020

シカゴの4人組バンド、ファット・ナイトの1stアルバム。"Sweet Nothings"は凝ったリズム・パターンに、やはり譜割りのユニークなメロディを乗せた、しかしそれをポップに聴かせる技ありの秀曲。すでに10年近いキャリアで、バンドのコンビネーションはバッチリ。爽快グルーヴィな "Honest Man" のような曲も実に心地よく聴かせてくれる。シカゴ・ソウルの影響下にあるからか、音色など、シュガー・ベイブを思わせるところも。特に五大湖周辺からは、こういったポップ・ソウル・バンドが続々リリースを続けているが、安定感ではピカイチか。　　　小渕

Free Nationals　Shibuya

Free Nationals　OBE 2020

ライヴが最高なアンダーソン・パーク、そのバック・バンドということ
で知名度は抜群な人種混成の4人組、フリー・ナショナルズ。トークボ
クサーはいてもシンガーはいないので、この1stアルバムはほぼ全曲に
豪華ゲスト満載。シドがアンニュイに歌う"Shibuya"は、リズムはファ
ンキーなメロウ・ジャムの好曲だ。A・パーク参加の"Gidget"や、ベニー・
シングスが歌う"Apartment"もい〜い感じのメロウ・グルーヴ。と、
意外なまでにしっかりとリスニング用につくられた力作。まさにこれが
メインストリームのシティ・ソウル作だ。　　　　　　　　　　小渕

FRNT BZNZZ　Was It Love

not on album　Aloha Got Soul 2020

ブラジリアン・パーカッションの第一人者であるカルリーニョス・パン
デイロ・デ・オウロを父に持つ、ホノルル在住のマルチ・インストゥル
メンタリスト、FRNT BZNZZ。DJ／レコード・コレクターであるロ
ジャー・ボングが主宰し、ハワイ産の新旧グッド・ミュージックを世界
に発信するレーベル、アロハ・ガット・ソウルからリリースされた彼の
サード・シングル。同郷の新鋭シンガー・ソングライター、ニック・ク
ロサワとのローカル・コラボ・トラック"Was It Love"は、カシーフの
プロダクションを彷彿させるソフィスティケイテッド・ブギー。　能登谷

Ivan Ave　On The Very Low

Double Goodbyes　Mutual Intentions 2020

ノルウェイ出身で、ロンドンを拠点とするラッパー／シンガー／ドラ
マーのアイヴァン・エイヴ。クールに洗練されたヴォーカルは最初から
魅力的で、2016年の2ndをマインドデザインが手がけたことで一躍注
目を集めた。翌年の3rdも秀作で、この4thでクール＆スペイシーな路
線を極めた感が。本作のキモは、いまのシンセ・ブギー／フュージョン・
ブームに火をつけた、スウェーデンのギタリスト／サウンド・デザイ
ナー、ササックの全面的な参加にある。彼ならではのギターが光るメロ
ウな"On The Very Low"を始め、どの曲も聴き惚れる傑作だ。　小渕

Jenevieve　Baby Powder

not on album　Joyface 2020

留まることを知らない世界的なジャパニーズ・シティ・ポップ・ブーム。
ここ最近ではタイラー・ザ・クリエイターが山下達郎の「Flagile」をサ
ンプリングで使い、話題になったのは記憶に新しいところ。このジェネ
ヴィエーヴの2ndシングル"Baby Powder"は、杏里の「Last
Summer Whisper」をサンプリング使用したメロウR&Bである。LA
を拠点とする彼女は2020年にデビューしたばかりで、今のところ1st
シングル"Medalion"と、この2ndしか音源がないけど、どちらも非
常に良い内容なので今後のリリースにも期待したい。　　　　　エミ

Jerry Paper Cholla

Abracadabra Stones Throw 2020

ジェリー・ペイパーはLAを拠点に活動する宅録アーティスト、ルーカス・W・ネイサンによるプロジェクトである。世界トップクラスの名門インディ・レーベル、ストーンズ・スロウからのリリース2作目にあたるこのアルバムは、前作『Like A Baby』で獲得したファンのハートをしっかり掴んだまま離さない、中毒性の高いメロウ・グルーヴがひしめき合っている。ビル・ウィザーズ"Lovely Day"っぽい"Cholla"は何度も聴きたくなるやみつきポップス。ヘンテコなジャケットも愛おしい。摩訶不思議ジェリー・ペイパー・ワールド、お試しあれ。　　　　　エミ

Jessy Lanza Ice Creamy

All The Time Hyperdub 2020

ダブステップを世に知らしめたUKの名門ハイパーダブより精力的なリリースを続ける、ベース・ミュージックとR&B、シンセ・ポップを巧みに横断するカナダの才女による最新作。デビュー時のアブストラクトで官能的なサウンドから、作品を経るごとに80sポップス〜 90s R&Bの要素を強めてきた彼女の決定打とも言えそうな均整のとれた名盤だ。本曲はバレアリックな音像とフックの効いたメロディ、更にはジャネット・ジャクソンすら思わせる吐息交じりの高音域の歌唱が活きた、彼女の多岐に渡る強みを如実に感じられる楽曲。　　　　　TOMC

Jitwam I'm A Rock

Honeycome Tartelet 2020

インド北東部に位置するアッサム州に生まれ、現在はブルックリンを拠点に活動するシンガー・ソングライター／マルチ・インストゥルメンタリストであるジタム。本作は、マックス・グレーフやウェイン・スノウといった気鋭のニューカマーを発掘し注目を集めるデンマークのレーベル、Tarteletからのリリースとなったセカンド・アルバム。サイケデリックでスモーキーな唯一無二のアトモスフィアを纏ったトラック群の中でも、ひときわ異彩を放つのが"I'm A Rock"。エモーショナルなコード進行が堪らないミッド・ソウル・グルーヴ。　　　　　能登谷

Johnny Hates Jazz Spirit Of Love

Wide Awake JHJ 2020

87年に"Shattered Dreams"の世界的ヒットを放ったものの、メンバーの脱退・怪我が相次ぎ惜しくも短命に終わったUKソフィスティ・ポップ・グループの、復活後2作目に当たる4th。メロディ・メイクの才に長け、若々しい声質を保った伊達男クラーク・ダッチェラーの魅力が全編に溢れる、往時と遜色ないクオリティの楽曲が並ぶ好盤に仕上がっている。中でも本曲はイントロから心を掴むピアノ・リフ、高揚を誘うサビ前のブリッジ・セクションなど随所でヴェテランの心憎い仕掛けが効いた、爽やかさと哀愁が入り混じる美しい楽曲。　　　　　TOMC

Johnny Tobin　Kameleon

Weekends　Wicked Wax 2020

ジョニー・トビンはカナダはヴァンクーヴァー出身のキーボーディスト／ビート・メイカー。本作はアムステルダムのモダン・ファンク・レーベル、ウィキッド・ワックスからのリリース。ポテトヘッド・ピープルの片割れ、アストロロジカルが共同プロデュースした"Kameleon"は、オレゴンのアーティスト、スワトキンズのトークボックスをフィーチャーしたナイスなGファンクR&Bチューン。ポジティヴなメッセージを込めたグルーヴィなブギー"Praise"など、ヴィヴィッドでウォームなシンセの音色がひたすら気持ちいい快作だ。　　　能登谷

Kiana Ledé　Chocolate.

KIKI　Unoversal 2020

キアナ・レデは1997年にアリゾナで生まれ、現在はLAを拠点に活動しているシンガー・ソングライター。初のフル・アルバムとなる本作は、エムトゥーメイ"Juicy Fruit"ネタの"Labels."や、アウトキャスト"So Fresh, So Clean"を引用した"Mad At Me."など、90s〜00sへのオマージュに溢れた1枚。白眉となる"Chocolate."は、J・コール率いるドリームヴィルの紅一点アリ・レノックスをフィーチャーした、ファットなビートでバウンスするクールなミディアム・ファンク。彼女たちの同志であるアフリカ系女性への賛歌でもある。　　　能登谷

Le Flex　I'll Be Good To You

Flexuality　Crimson 2020

ロンドンのシンセ・ポップのクリエイターでシンガーのル・フレックス。「僕が書きたかった曲」としてTOTO"Georgy Porgy"やラー・バンド"Clouds Across The Moon"、それにホイットニー・ヒューストン"Take Good Care Of My Heart"を原曲に忠実にカヴァーしていたが、とてもシティ・ソウルな人だ。この5thはジャケットにも表されているが、87年前後のスタイルをメインとしたUS R&Bへのオマージュと言える内容。ただイギリスのソウル好きは本当にウマくて、音の質感はアップデイトすることでいまの作品として聴かせる。楽しい1枚。　　　小渕

Matt Johnson　Goddess

With The Music　Sqlash Blue 2020

2005年の『Dynamite』からジャミロクワイのメンバーとなっているキーボーディスト、マット・ジョンソン。この1stソロ・アルバムは、例えるならインコグニートのようなオトナのジャズ・ファンク／フュージョンを生音主体の演奏で、ゲストの女性Vo.入りで楽しませるつくり。ネタとして有名なボブ・ジェイムズ"Nautilus"風の"Laluna"などヒップホップ世代らしい作風もちらほら。その中で、"Goddess"は打ち込み主体のバレアリック・フィールなメロウ＆グルーヴィな好曲で、この心地よさはたまらない。音色の選び方のウマさが光る1枚だ。　　　小渕

The 1975　Tonight (I Wish I Was Your Boy)

Notes On A Conditional Form　Dirty Hit 2020

イギリスはマンチェスターのバンドらしく、ダンス・ミュージックも取り入れた変幻自在なスタイルで世界的な人気を博す4人組。これは4thアルバムで、ラウドなロック、オーケストラ・サウンドのインスト、2ステップ・ビートのダンス・ナンバーなどがごちゃまぜになった、ある意味とてもいまどきなつくり。そんな中 "Tonight (I Wish I Was Your Boy)" は、佐藤博さんの名盤でいまや世界的な人気を誇る『Awakening』中の "Say Goodbye" を遅まわしでサンプリング、なんともシティ・ソウルなメロウ・グルーヴに仕上げた逸曲だ。　　小渕

Paul Epworth　Love Galaxy

Voyager　Columbia 2020

U2からリアーナ、ポール・マッカートニーまで幅広いジャンル、アーティストの作品に携わり、2011年に共作／プロデュースしたアデルの "Rolling In The Deep" がグラミー賞3冠に輝くなど、その地位を不動のものにしているUKのトップ・プロデューサー、ポール・エプワース。本作は、彼の長いキャリアの中で、初となるソロ名義アルバム。グライム・アーティストであるリル・シルヴァのファルセットをフィーチャーした "Love Galaxy" は、タイトル通り宇宙の果てまでトリップさせてくれる至高のエレクトリック・ソウル・トラック。　　能登谷

Pellegrino pres. Zodyaco　Caucciù (Migliera Version)

not on album　Early Sounds 2020

イタリアはナポリ出身のプロデューサー、ペレグリノが主宰する今後要注目な良質レーベル、アーリー・サウンズ・レコーディングスから、彼自身が擁するバンド、ゾディアコによるリリース。2018年に5曲入り12インチを発表しており、本作はそれに続く7インチ。AB面が同一曲の全く異なるアレンジのヴァージョンとなっている点も面白い。ギターとエレピの流麗なせめぎ合いが心地よすぎるAORテイストのA面、BPMを増しフロア・オリエンテッドなシンセ・ディスコとして昇華されたB面、どちらも甲乙つけがたい仕上がりとなっている。　　能登谷

Poolside　Around The Sun

Low Season　Pacific Standard 2020

前巻でも紹介した、まさにシティ・ソウルなLAのデイタイム・ディスコ・デュオ、プールサイド。この3rdアルバム中の "Around The Sun" は、スピナーズの大人気曲 "I'll Be Around" のメロディを拝借、太いベースが効いているスロー・ブギーの好曲に仕上げている。同じく男性Vo.が歌う "Can't Stop Your Lovin'" も、やはりユルいテンポが絶妙なメロウ・ブギーの秀曲。パーカッションを効かせたラテン味の "I Feel High" などもいい。シーズンオフの海にたたずむふたりが寂しげなジャケットだが、中身は1stに戻ったかのようで全てがホットだ。　　小渕

Ricky Hollywood — Le Sens Du Sens

Le Sens Du Sens　Futur 2020

フランスはパリのポップス狂、リッキー・ハリウッド。この2ndは、これまでよりも時代のサウンドに目配せし、シンセ・ポップ／ブギーの好盤として聴ける力作。冒頭のタイトル曲から、太〜いシンセ・ベースがブリブリな、Gファンク大好きなフランスらしいファットなビートが心地いいメロウ・ブギーでたまらない。そこにあくまでポップスなメロディと歌を乗せるのがこの男ならでは。続く、一転して軽快なビートが転がる"Dispo"も、メロディの良さが際立つ秀曲だ。4つ打ちビートで爽快に締めるまで、構成の妙もいい大推薦盤。　　　　小渕

Rosa — Sera A Posillipo

Acqua Di Sale　Periodica 2020

ナポリで録音された、イタリアのシャレ者たちが女性ヴォーカリストを立ててつくった5曲入りEP。冒頭"Sera A Posillipo"は、ファンキーなドラム、リフを弾くベースとギターのコンビネーションで絶品のグルーヴを生み出すメロウ・ブギーの名曲。ハリのあるヴォーカルも実にいい味わい。"Bar Riviera"や"Il Sassofono Blu"も、スタジオでのセッションから生まれたようないいテンポのファンキー・ジャム。一転してドラム・マシンがエレクトロな味わいのタイトル曲や"Tentazione"も楽しい。イタリアはブギーもほんと、レヴェルが高い。　　　　小渕

Surfaces — Dancing With Nobody

Horizons　TenThousand Projects 2020

テキサス州出身のポップ・デュオ、サーフィシズ。2019年に彼らの楽曲"Sunday Best"が、TikTokのチャレンジ動画のBGMに使用され一躍有名に。ストリーミングも驚異的な再生回数を記録。SNSがきっかけで人気に火がつくとは実にイマドキな話である。その人気を確固たるものにして発表されたこの3rdアルバムは期待を裏切らない、彼ららしいハッピーでチルなポップスがふんだんに盛り込まれている。ジャケットの如くサーフィンで遊び疲れた後、サンセット・ビーチを眺めながら"Dancing With Nobody"を聴いてリラックス（チル）したい。　　エミ

Tom Misch & Yussef Dayes — Nightrider

What Kinda Music　Blue Note 2020

前巻のラストを飾った『Geography』一発で、あらゆる音楽好きの注目を集める存在となったトム・ミッシュ。次作はロンドンの新世代ジャズ勢に当たる注目のドラマーとの競演盤だった。いまの、アグレッシヴだけど心地いいドラムに乗るトムのギターはしかし、あのブルーな、メロウなトーンで素晴らしい。"Nightrider"は、リムショットが生み出す魅惑的なメロウ・グルーヴに乗る、トムの歌と、名物ギャングスタ、フレディ・ギブズのラップが映える、この上なくクールな人気曲。いまのロンドンの、時代の気分がこの1曲に詰まっている。　　　　小渕

Dorian
talks for CITY SOUL

コンピューターならではの音楽を追い求めて。
注目のつくり手が語る、
いま音楽を、ポップスをつくるということ。

2009年にリリースされた七尾旅人「Rollin' Rollin'」は、いまに続くシティ・ポップ／シティ・ソウル人気の盛り上がりに火をつけた重要曲。この曲のクロスオーヴァーで洗練されたビートを担い、一躍注目を集めたのがDorianだ。翌2010年の1stアルバム『Melodies Memories』と2011年の『Studio Vacation』では、こちらもいまに続く人気のディスコ・ブギーを国内ではいち早く、誰よりもうまく聴かせ本格的にブレイク。さらに、2013年の『Midori』ではアンビエント〜ニューエイジにも通じるサウンド世界を提示。2017年の、全曲を担った一十三十一『Ecstasy』では歌モノ作品のプロデュースでも非凡な才を聴かせた。いまの音楽シーンをリードするつくり手となった彼の話から、いまのシティ・ソウルがどのように生まれてくるのかを探ってみたい。
インタヴュー・文：小渕 晃

■ ダンス・ミュージックを聴いて育ち、
　打ち込みで音楽をつくり始めた中学、
　高校時代

―― 音楽についての最初の記憶は？
「音楽を音楽として最初に意識したのは、小室哲哉さんの曲です。僕の世代だと一般的だと思いますが、最初に耳にしたJ-Popが小室さんのつくる曲でした。だから、ハウスやテクノなどのダンス・ミュージックをベースとしたポップスを聴いて育ったので、僕、生のドラムやギターが嫌いだったんです（笑）。今はそんなことないですが」

―― 以前、父親がフュージョン好きで、シャカタクの『Night Birds』などはクルマの中でさんざん聴いて、刷り込まれたという話をしていましたね。
「父は、フュージョン好きというよりギター・ヒーロー好きでした。エリック・クラプトンやジェフ・ベック、特にサンタナが好きで、すると高中正義さんも聴くという感じで。その流れでフュージョンを聴いていて、シャカタクも、ということだったと思います。そういう時代だったんですね。僕は高中さんなら、"伊豆甘夏納豆売り"が一番記憶に残っていますが。

父が聴いていたものの中でも、ダンス・ミュージック寄りの曲が印象に残っています。ドゥービー・ブラザーズの"Long Train Runnin'"とか。アース・ウィンド＆ファイアもそうです。あとは、母のテープというのがあって。120分、邦楽ばかりで、レベッカの"One More Kiss"、鈴木雅之さんの"ガラス越しに消えた夏"、米米クラブの"Time Stop"など。いま思うと当時の、洋楽に影響を受けた日本のポップスも聴いていたなと。そのテープを母は繰り返し流していたので、よく覚えています」

―― キーボードは何歳の時に始めたのですか？

「小学校6年生の時に、ファミリー・キーボードみたいなもの、すごく安いものを買ってもらったのが、最初に自分の楽器を手にした瞬間でした。なにか楽器を習いたいということではなく、打ち込みの音楽がやりたくて、それで独学でキーボードも覚えました。だから僕、自分がキーボード奏者だという意識は全くないんです。それで中学校に上がり、シーケンサーを手に入れて、打ち込みを始めました。いまのように、マウスで音符を置いていくような打ち込み方ではなく、ある程度は譜面とリンクしている部分もあって。8部音符は、長さでいったら240、16分音符は120だとか、数値で打ち込まなければならなかったので。音階も、数値が決まっているので、ある程度譜面的な概念を理解していないと打ち込みは難しかったんですよ」

―― プレイヤー的な打ち込みから始めたことは、いまどのように役立っていますか。

「譜面が読める・書ける、コードがわかる・書けるというのはありますね。それと、当時の打ち込みは、こうしたらどうなるだろうとか、試すのがすごく手間のかかることだったんです。こういうフレーズで、こういうテンポで、こういうコードでと、頭の中できっちりまとめておかないと再現できないというものでした。だからいまでも、どうなるだろうという、とりあえず打ち込んでみるといったつくり方は、僕はほとん

connected
discs
part 1

高中正義
Brasilian Skies
(Kitty) 78
＊「伊豆甘夏納豆売り」収録

The Doobie Brothers
The Captain And Me
(Warner Bros.) 73
＊"Long Train Runnin"収録

Earth Wind & Fire
I Am
(ARC) 79

どしません」

―― 中学、高校の頃は、どういった音楽を自作していたのですか。

「J-Popのようなものから、海外のダンス・ミュージックに興味が移っていったのは、小室さんが手がけたCDはエイベックスから多く出ていたので、ジュリアナ東京のものとかコンピレーション・アルバムの発売情報がCDの帯などに書いてあったんです。それを見て、レンタルして聴くようになり。そうしたコンピには、パラパラのような曲もありましたが、初期のレイヴ・ミュージック、UK的なアシッド・ハウスや、ジャングルなども入っていて、かっこいいなって。高校生になると、ドラムン・ベースやスピード・ガラージ、2ステップが出てきて、UKのそういったダンス・ミュージックにならって、自分でもつくっていました。ただある時、複雑なハーモニーといったものに興味が戻って。中学の時にテイ・トウワさんを知って、けっこう衝撃を受けたんです。当時テイさんはR&Bのような音楽もつくっていて。それで僕も、UKのダンス・ミュージックと並行して、USのR&B的なものもつくるようになりました」

■ DJとしての嗜好、経験をベースに、七尾旅人「Rollin' Rollin'」のアレンジ、リミックスを手がけブレイク

—— アシッド・ハウスのルーツとも言える、イタロ・ディスコなど70～80年代のユーロ・ディスコを掘り下げて聴いたりはしましたか？

「それは20代になって、DJを始めてからですね。2000年代の前半くらいのことです。Chee ShimizuさんやDr.NISHIMURAさんたちがDISCOSSESSIONとして活動され、イタロ・ディスコ、コズミックを広めていて。イタロ・ディスコのインスト、ダブ・ヴァージョンがヤバいと。45回転の盤を33回転でかけたり、その逆で回転数を上げてかけてみたり。そういうところからDJを始めたんですけど、イタロ・ディスコってことはユーロ・ビートのもとだよなって、中学生の頃に聴いていたものと繋がったりして」

—— DJを始めてあらためてフュージョンや、いわゆるシティ・ソウルでいいなと思った曲はなんですか。

「語弊があるんですけど、シャカタクなどがカッコイイものだっていう風には、思ってこなかったんです。いまでこそ、いい音楽だと思えるところもありますけど。ただ記憶の中に凄くある音楽なので、クラブ・ミュージックに取り入れたらおもしろいだろうと考えて。僕はもともとラップもやっていて。ただいろいろとありラップはやめて、音楽をつくるのも一時はやめて、DJを始めたんです。それが2006年ごろからまた自分でライヴをやるようになって、その頃に、80年代のフュージョンなどを取り入れたらおもしろいんじゃないかと考えるようになったんです。それこそシャカタクの"Night Birds"などですね。その頃、自分の周りのDJがディープに、アンダーグラウンドにと、ストイックになり過ぎている感があって。僕もそういったものが好きだし、そのようなシーンに身を置いていましたけど、みんなが同じになってしまい、それで

はおもしろくないと。それで逆のことがしたくなって、ハウスやテクノの曲に笑えるディスコ風味のフュージョンの要素を取り入れてみたりしていました」

—— 音楽をつくるのも再開されて、七尾旅人さんの「Rollin' Rollin'」のアレンジ、リミックスが、本格的なデビュー仕事になりました。2009年の時点で「Rollin' Rollin'」のような、ディスコ・ブギーと呼ばれるようなノリの曲は、欧米ではリヴァイヴァルが始まっていましたが、日本ではまだ聞けなかったと思います。

「話が戻りますけど、2000年代のハウスって、複雑に変わっていった時期だと認識していて、細分化もすごかったんです。その中で僕が引っかかったのは、ディスコ・ダブだとかコズミックと呼ばれる、イタロ・ディスコやアンダーグラウンドなディスコ・ミュージックの流れを引くものでした。すごく刺激を受けていたんですけど、そういうものは総じてハウスのフィーリングは感じられても、テンポがすごく遅いものが多かった。だから"Rollin' Rollin'"のRemixも、僕はソウルやブギーというより、テンポの遅いハウスと90年代のR&Bを混ぜる感覚でつくっていました。あの頃はコズミックなどの、BPMが110前後で四つ打ちで、というのが自分の中ではスタンダードでしたので。オリジナル・ヴァージョンに関してもリズムはElektron社のMachinedrumでと、比較的テクノ向きの機材でつくっています。

　あとは、シンセサイザーの音がやはり好きで。あの頃はシンセの音色で複雑な和音を鳴らす人も、あまりいなかったと思って。ああした複雑なテンション・コードは、多くはエレピなどで弾かれるものなので。それを、そのイメージから遠いシンセの音で鳴らしたらいいんじゃないか、といったことも考えていましたね。ギャル・トラみたいな、ハデなシンセの音色で、マイナー9thのコードなんかを弾くのがいいんじゃないかと。ああいう音色でああしたコードを鳴らすだけで、新しいんじゃないかと思

えたんです」
── 1stアルバム『Melodies Memories』も、コアなDJミュージックからの影響を自分なりに表した作品だと。
「あのアルバムはそれこそ自分の周りのDJや、周りの人たちのライヴ、自分が日々買っているレコードからの影響が一番大きく出ています。ただ、DJミュージックだけだとフロアでの機能性重視になってしまうので、そこに自分のポップ感覚といったものを入れられればいいと思っていました」

■ コンピューター・ミュージックで
　あることと、いい曲へのこだわり

── 1stアルバムに限らず、Doriannさんはまず、音色の選び方が突出してうまいと思います。
「僕、プリセット音(機材にもともと入っている音)を ほとんど使わないんです。ほぼイチからつくります。いい音ないかな、と探すのではなく、こういう音がいいと想像したものをつくる感じで。いまはコンピューターで音楽をつくるのがあたりまえで、そうなるとほとんどがシンセサイザーの音みたいなものですよね。でも、シンセって用意された音を鳴らすものではなく、音をつくることが出来るのが、最大の武器というか、最大の特長じゃないですか。だから僕は、音をつくらないとしょうがないと思う。つくらないのであれば、シンセを使う意味がない。さらに言えば、コンピューターで音楽をつくるのなら、生の、楽器演奏の再現をしたって仕方ないとも思います。コンピューターならではの音楽をつくらなければいけないって、思うんです」
── コンピューターならではの音楽をつくっていてすごい、と思えるアーティストは誰ですか?
「テイ・トウワさんはやっぱり好きですし、マリン(砂原良徳)さんや、レイ・ハラカミさん、小山田(圭吾 Cornelius)さんもそうですね。ハラカミさんはプリセット音を用いたりしますけど、デジタル機器の特徴を

connected
discs
part 2

Rah Band
Mystery
(RCA) 85

Change
The Glow Of Love
(RFC) 80

Dr. Buzzard's Original
Savannah Band
Dr. Buzzard's Original
Savannah Band
(RCA Victor) 76

Antonio Carlos Jobim
Tide
(A&M) 70

Deodato
Love Island
(Warner Bros.) 78

最大限引き出して聞かせるというか。すごく安い機材でも、その魅力を引き出しているんです」
── 以前、ラー・バンドが好きだという発言を読んだのですが。
「ラー・バンドも、リズム・マシンは生のドラムの代わりという使い方で、そこはクールとは言い難いと思いますが。ただ、生演奏も用いていますけど、基本はリズム・マシンとシンセサイザーでつくられた音楽だと思っていて。あの83〜85年頃としては、アレンジ、曲の完成度も高くて、コンピューター・ミュージックのひとつの理想形とは思っていました。ラー・バンドはどのアルバムも好きですよ」
── チェンジの1stアルバム『The Glow Of Love』も、フェイヴァリットとして挙げ

ていました。

「単なるディスコ・ミュージックだと、僕の好みとしては"クロ過ぎる"んです。言葉に語弊がありますが。といって、軽すぎてもおもしろくない。80年代しすぎているのも鼻につくといった感じで。チェンジは、ちょうどいいんですね。ヒップポップやR&B、有名なところではジャネット・ジャクソンの"All For You"などでもサンプリングされていて、それでチェンジを知ったというのも僕らの世代では一般的だと思います」

―― サヴァンナ・バンドの1stアルバムも挙げていらっしゃいました。

「彼らは、マシン・ミュージックの話とは全く違うんですけど。僕はエキゾチックな音楽も好きなので、聴いていて気持ちいいんですね。エキゾチックでありつつ、ちゃんとポップで、アレンジもすごい。曲の完成度がすごいです。同じようにムードがいい、好きなのは、ボサノヴァです。有名なアルバムはひと通り聴きましたが、デオダートがやっているものが特に好きでした」

―― 同じ本に載るインタヴューで、鳥山雄司さんもデオダートの名前を挙げていらして。クロスオーヴァーにハマるきっかけだったと。

「デオダート自身の曲もいいですし、彼が手がけた作品も好きです。アントニオ・カルロス・ジョビンに、『Wave』と『Tide』というアルバムがあります。どちらもボサノヴァで、弦が入っていて、姉妹作のようにも捉えられている。知った当初は同じ人のアレンジだと思っていたのですが、ストリングス・アレンジを手がけているのはそれぞれで違って。クラウス・オガーマンが手がけた『Wave』の方が名盤とされていますが、デオダートが手がけた『Tide』の方が僕としては好みで。デオダートのソロだと、どれもいいですが、『Love Island』は特に好きですね。

デオダートも、ちょうどいい感じなんです。『Wave』と『Tide』の話でいうと、『Tide』の方がアカデミック過ぎない。軽さがある。フュージョンや、シティ・ポップと呼ばれ

る音楽の中には、ダサいと思ってしまうところもあって。それは、演奏がうますぎることと関係していると思うんです。いい曲、かっこいい曲を聴かせる上での技術が大事なはずなのに、演奏技術の高さの方が優先されてしまっている。曲よりも、演奏がうまいということが前に出てしまっているものが、好きではないんです。すごいけど、かっこよくはないねと。ならば、演奏はそこまですごくはないけど、かっこいいものを聴かせられる方がいい」

―― 3rdアルバム『Midori』期のインタヴューでは、細野晴臣さんの『はらいそ』が好きという発言もありました。細野さんはやはり、音楽のバランスといったものがいいのでしょうか。

「僕が細野さんを語るのはおこがましいですが（笑）。単純に、あったかい国の音楽、そんな雰囲気のものが好きなんです。『Midori』のような音楽をつくっていると、どうしても細野さんのトロピカル3部作にたどりついてしまう、というのはありましたね。細野さんからの影響を強く表している人は多くいて、僕などはわずかですけど」

■ 音の「聞こえ」が大きく変化したいま。時代のサウンド、音像を求めて

―― 80年代がリヴァイヴァルしているとはいえ、音色やテンポは、いまならではのノリ、流行りがありますよね。

「正直に言うと、僕のつくるものはもう、いまの流行りからは外れてきていると思います。この数年、音楽の流行りのサイクルがさらに早くなっていて、いまはもう月単位ぐらいで移り変わっている。だから、流行りは何っていうのは、もう難しい気がしています。ひとつ言えるのは、音の鳴り、聞こえの変化は、ここ数年で共通して言えることです。かつてのように、自分対音楽といった直線的な関係ではなく、自分を中心に、周りを音楽が取り囲む、といった音像になってきていると思っています。それは、イヤーフォンで聴く人が増えたことも関係

しているし。あとは、ダンス・ミュージックに限らず、いまの音楽は全般的にロー、低音を大きく、倍音を立たせ過ぎていますが、皆同じことをやりすぎなのではという思いがあって。自分の作品ではローを出しすぎない、という点もこだわっています」

── ハイとローに対して、ミドル音域についてはどう考えていますか。いまはミドルこそがカギになる気もします。

「ミックスしていて、一番時間がかかるのがミドルであったりしますね。例えばドラムなら、ハイハットがハイで、キックがローでと考えますが、どの音にもミドルの成分も入っていて。音のキャラクターを司っている部分がミドル、ということは思います」

── 自分の周りを取り囲むような音像というのは、『Midori』や、全曲プロデュースされた一十三十一さんの『Ecstasy』でも試みたことですか?

「そうですね、意識はしましたけど、思っているようなものの半分にも達していません。ダンス・フロアで鳴らすものはまた違うのですが、みんながサブスクで、イヤーフォンで聴くといういまのような状況になってくると、また違う音像が必要と思えてきます。ただ僕はイヤーフォン向けにつくっているわけではなくて、スピーカーで聴くのであっても、いまは先ほどいったような、自分の周りを取り囲むような音像をつくりたい。歌を自分が歌いたいわけでもなく、メロディだけに気持ちよさを感じるわけでもないですし、生演奏が、ライヴがとにかく好きなわけでもない。録音されたものを、おもしろく、気持ちよく聴きたいというのが僕は一番で。だから、聞こえにはこだわりますね。視覚的に見えるような音が好きなんです」

　世界的に、サウンドだけで勝負してきたクラブ・ミュージックの音づくり、センスが、ポップスの世界に浸透しきったいま。そしてヒップホップのメインストリーム化以降、音色とテンポこそが最重要事項となった音楽シーンにおいて、音色とテンポがいかに大切かを知り尽くしているDJ兼クリエイターの活躍が目覚ましい。音楽を聴く環境のかつてない変化とともに、彼らのつくる音楽はますます求められていくはず。Dorianが、この国のポップスをさらにおもしろく、かっこいいものにしてくれることを願って。

Dorian

DJ、ライヴを行うとともに、ソングライター、ビート・メイカーとしての活動も始め、2009年、初の自主制作盤『Slow Motion Love』の発表を経て、2010年には1stアルバム『Melodies Memories』をリリース。七尾旅人、やけのはら、DE DE MOUSE、LUVRAW&BTB、TOWA TEI、一十三十一、VIDEOTAPEMUSIC、ZEN-LA-ROCKなどの作品への参加や、さまざまなアーティストのリミックス、楽曲提供など多数手がけている。

http://huginc.net/
http://fruitsking.exblog.jp/

Melodies Memories
(felicity) 10

Studio Vacation
(felicity) 11

Midori
(felicity) 13

Index

エミ（えみ）
ブルーアイドソウル／AOR bot

1975年生まれ。大阪在住。グラフィック・デザイナー。Twitterで AOR等紹介するアカウント AOR botの管理人。高校生の時に観たSING LIKE TALKINGのライヴで、ケニー・ロギンスとジノ・ヴァネリのカヴァーに感動し、以降AORにどっぷりとハマる。AORはCDより中古レコードのほうが安いのでレコードを買い漁るうちにヴァイナル・ジャンキーとなる。現在は関西を中心にDJ、オーガナイザーとして活動中。

https://twitter.com/AOR_bot

TOMC（とむしー）
音楽家／キュレーター

1989年生まれ。評論家から「アヴァランチーズ meets ブレインフィーダー」とも称される、サウンド・コラージュ的な作風を得意とする音楽家。近年はアンビエント等への傾倒を経て、シティ・ポップ方面に接近したヨシカワミノリとの共演作『Reality』（2020）をLocal Visionsよりリリース。SNS上では井上陽水のチルアウト解釈など、様々な仮説とそれに基づくSpotifyプレイリストを積極的に発信している。元・箱付きディスコDJ。

Twitter / Instagram / SoundCloud / Spotify：@tstomc

能登谷 慧 （のとや けい）
DJ Notoya ／ Tokyo Condition

1988年生まれ。大学在学中にソウル・ミュージックに目覚めレコード収集を開始。現在は新旧のソウル／ファンクなどをプレイするセレクター。国産音源にも造詣が深く、2018年にはビクターの80年代の邦楽曲を使用した公式ミックス作品『Tokyo 1980s Victor Edition - Boogie, Funk & Modern Soul from Japan』をリリース。2020年には和物リイシュー・プロジェクト「Tokyo Condition」を立ち上げ、希少音源の再発監修を手がけるなど、その活動は多岐に渡る。

https://linktr.ee/djnotoya

....

Pigeon （ぴじょん）
DJ

https://deejaypigeon.webnode.jp

https://twitter.com/deejaypigeon

....

福田 直木 （ふくだ なおき）
ブルー・ペパーズ

1992年生まれ。東京都渋谷区出身。幼少期からピアノやドラムに触れ、親世代の音楽に親しんで育つ。音楽ユニット：ブルー・ペパーズでは、アルバム『ブルー・ペパーズEP』（15年）、『Retroactive』（17年）を発表。個人としても杉山清貴らへの楽曲提供を行うほか、AORを次世代に継承すべく、書籍『AOR Light Mellow Premium』（20年）などで執筆活動も精力的に行っている。趣味はレコードの帯蒐集。

https://twitter.com/danaoki0917

シティ・ソウル ディスクガイド 2

シティ・ポップと楽しむ　ソウル、AOR＆ブルー・アイド・ソウル

初版発行　　　2021 年 1 月 10 日

編著者　　　　小渕晃
著者　　　　　エミ
　　　　　　　TOMC
　　　　　　　能登谷慧
　　　　　　　Pigeon
　　　　　　　福田直木
ブックデザイン　森田一洋
制作　　　　　稲葉将樹（DU BOOKS）
発行者　　　　広畑雅彦
発行元　　　　DU BOOKS
発売元　　　　株式会社ディスクユニオン
　　　　　　　東京都千代田区九段南 3-9-14
　　　　　　　［編集］TEL.03.3511.9970　FAX.03.3511.9938
　　　　　　　［営業］TEL.03.3511.2722　FAX.03.3511.9941
　　　　　　　http://diskunion.net/dubooks/

印刷・製本　　シナノ印刷

ISBN978-4-86647-128-0
Printed in Japan
©2021 diskunion

本書の感想をメールにてお聞かせください。
dubooks@diskunion.co.jp

シティ・ソウル ディスクガイド

シティ・ポップと楽しむ ソウル、AOR & ブルー・アイド・ソウル

小渕晃 編著

マーヴィン・ゲイやネッド・ドヒニー、サンダーキャットだけじゃない！
和洋ともに音楽を味わいつくした書き手たちが、「いま」聴くべき、良盤・良曲を600
枚紹介。刊行後、Spotifyの全世界公式プレイリストに「City Soul」が登場するなど、
コンピレーションCDや再発とともに話題になった一冊。
冨田恵一、クニモンド瀧口、DJ JIN、G.RINAの制作者インタビューも掲載。

本体2000円+税　A5　208ページ（オールカラー）　好評2刷！

ヨット・ロック

AOR、西海岸サウンド黄金時代を支えたミュージシャンたち

グレッグ・プラト 著　奥田祐士 訳

「レコード・コレクターズ」、「ステレオサウンド」などで紹介されました！
ロック史が語らない、あの時代。メロウで、スムースで、ソフトな音楽をミレニアル
世代が再評価！　それが、ヨット・ロック！　70年代、80年代の名曲をつくったミ
ュージシャン総勢53名が語った永久保存版。
高橋芳朗による日本版解説、長谷川町蔵のヨット・ロック・ドラマ解説も収録。

本体2500円+税　四六　400ページ+カラー口絵16ページ

オブスキュア・シティポップ・ディスクガイド

J-POP、ドラマサントラ、アニメ・声優... "CDでしか聴けない" CITY POPの世界！

lightmellowbu 著

シティポップ・リヴァイヴァル〜ヴェイパーウェイヴ以降の視点をもとに、おもに90年代の
CDから隠れ名盤を紹介。サブスクの上陸により、ディガーたちの自我が崩壊したテン年
代末。街道沿いブックオフのCD棚から、累計10万時間以上を費やした労作。
「目の前にある充実した音楽世界。すばらしいお仕事だと思います！」（ライムスター宇多
丸さん　TBSラジオ「アフター6ジャンクション」より）

本体2200円+税　A5　272ページ（オールカラー）　好評2刷！

ニューエイジ・ミュージック・ディスクガイド

環境音楽、アンビエント、バレアリック、テン年代のアンダーグラウンド、
ニューエイジ音楽のルーツまで、今聴きたい音盤600選

門脇綱生 監修

癒し（ヒーリング）系だけじゃない！　70年代のルーツから、2次元イメージ・アル
バム、自主盤、俗流アンビエントまで。世界的なニューエイジ・リバイバルを読み
解く決定版。インタヴュー：細野晴臣×岡田拓郎、尾島由郎×Visible Cloaks、
Chee Shimizu×Dubby　コラム：持田保（『INDUSTRIAL MUSIC』）、江村幸
紀（EM Records）、ばるぼら、柴崎祐二、糸山屯、TOMC、動物豆知識bot。

本体2200円+税　A5　224ページ（オールカラー）

DU BOOKS

配信映えするマスタリング入門
YouTube、Spotify、Apple Musicにアップする前に知ってほしいテクニック
チェスター・ビーティー 著

従来の音圧本や、マスタリング本とは違い、CDのフォーマットではなく、ストリーミング、サブスクリプションなど「配信」だけにテーマを絞ることで、最短の手順で実践できる、効率的＆効果的な方法だけを紹介。
せっかくつくった楽曲がネットで聴くとしょぼい…ポイントは3つだけ！　右も左もわからない初心者でも、これだけ読めばDAWで確実にかっこいい音になります。

本体1500円＋税　四六　176ページ

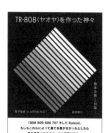

TR-808<ヤオヤ>を作った神々
──菊本忠男との対話──電子音楽 in JAPAN外伝
田中雄二 著

808 909 606 707 そして Roland、もしもこれらによって奏でる音がなかったとしたら、僕の音楽人生もなかったと断言できる──石野卓球（電気グルーヴ）
世界の電子音楽シーンを日本の研究所がリードしていた時代。「TR-808」「TB-303」「TR-909」そして、「MIDI」、これからの開発に携わったプロジェクトリーダーが、初めて語るローランドおよび日本の電子音楽史。

本体2500円＋税　A5　376ページ

ナイトフライ 録音芸術の作法と鑑賞法
冨田恵一 著

音楽誌のみならず、「日本経済新聞」「読売新聞」などの文化面でも話題を呼んだ名著。「音楽」の聴き方が変わった！と大反響。
音楽プロデューサー・冨田恵一（冨田ラボ）による初の音楽書。
ポップ・マエストロが名盤を味わいつくす！
「僕にとってこの本は宇宙の真理を説いた本である」──大根仁（映像ディレクター）

本体2000円＋税　四六　296ページ　好評5刷！

新蒸気波要点ガイド
ヴェイパーウェイヴ・アーカイブス2009-2019
佐藤秀彦 著　New Masterpiece 編

近未来？　ノスタルジー？　インターネット発の謎多き音楽ジャンル「Vaporwave（ヴェイパーウェイヴ）」の誕生から現在までを紐解く、世界初にして唯一の"レコード屋では売っていない音楽"のディスクガイド。総計300作品の年代別ディスクレビューのほか、アーティストやレーベルオーナーへのインタビュー、用語辞典、年表などを収録。

本体2500円＋税　A5　192ページ（オールカラー）　好評2刷！